明治維新史論へのアプローチ

史学史・歴史理論の視点から

佐々木寛司 著

有志舎

明治維新史論へのアプローチ——史学史・歴史理論の視点から——

《目　次》

はじめに——本書の意図と構成——　1

第一編　本源的蓄積論

第一章　日本的原蓄の理論的諸前提——本源的蓄積の二類型——　10

序　問題の所在　10
1　「自己の労働に基づく私有」範疇は原蓄の起点たりうるか
——原蓄期イギリスにおける農民層の存在形態——　13
2　前期原蓄過程の特質　20
3　後期原蓄過程の特質　27
結　日本的原蓄の類型的特質　32

第二章　日本的原蓄の政策体系——資金創出のメカニズム——　47

1　草創期維新財政の基調　47
2　不換紙幣と公債の発行　51
3　金融機関の創設　58
4　統一税制の創出　72
結　日本的資金創出の特色——その創出メカニズムと撒布状況——　77

◇結　日本的原蓄の歴史的特質　87

◇附論一　明治維新経済史研究の方法的基盤　90
1　研究方法の低迷から模索へ　90
2　資本主義形成の類型的特質　94

▽第二編　明治維新史論

◇第三章　明治維新の時期区分　102
1　始期＝天保説　102
2　始期＝ペリー来航説　107
3　時期区分の視座と方法　111
結　小括　118

◇第四章　明治維新論争の今日的地平　125
序　問題の所在　125
1　「資本主義論争」時代の明治維新論争　126
2　「戦後歴史学」時代の明治維新論争　130
3　一九六〇年代以降の明治維新論争　133
4　近年の明治維新論争　137

結　明治維新の分析視点　141

◇附論二　日本資本主義と明治維新　153

◇附論三　地方史研究における理論と実証——経済史的視点からする——　162

序　理論と実証をめぐる状況　162
1　「講座派」理論衰退の背景　164
2　『資本論』と「講座派」理論　166
結　理論と実証——歴史的類型の抽出——　168

◇第五章　最近の明治維新論議をめぐって　174

序　「革命」か「改革」か　174
1　「改革」説の検討㈠——遅塚忠躬の明治維新論——　175
2　「改革」説の検討㈡——中村政則の明治維新論——　183
3　「革命」説の検討——国民国家との関連から——　189
結　近代化の第二段階　196

◇第六章　明治維新の歴史的位置　210

序　研究史の回顧と本章の課題　210
1　一九世紀史というスパーン　213

2　日本的近代化の胎動——近世の変質——　217
3　明治維新の世界史的背景——資本主義と国民国家——　219
4　明治新政府の成立——復古と模倣——　221
5　領有制解体と地域の再編　224
6　国民創出政策の展開と民衆の動向　226
結　明治維新＝過渡期の終焉　229

◇跋に代えて——明治維新史論の現況——　239
1　明治維新の時期区分に関して　239
2　明治維新史論に関して　245

初出等一覧　260
あとがき　263

はじめに――本書の意図と構成――

学部学生時代（一九七〇年前後）に明治維新史に関心のあった筆者は、その関係から「日本資本主義論争」や「戦後歴史学」における明治維新史に関する論争書を読みあさっていたが、その明治維新を「絶対主義の成立」と見做す通説的見解に対して、強い違和感を覚えていた。そのようななかでいわゆる「宇野経済学」の存在を知り、宇野弘蔵の経済学方法論や原理論、大内力の日本経済論や農業経済学、大谷瑞郎のブルジョア革命論などを学ぶことを通して、「講座派」とは対極的な明治維新史論、日本資本主義史論を展開していた「労農派」にも不満を持つようになった。

爾来、「日本資本主義論争」の総括の仕方を独学で「宇野経済学」に学びつつ、地租改正や国立銀行などの経済史研究に従事するようになった。当時の日本経済史研究の主流にあったのは、マルクスの「歴史理論」に忠実な「講座派」以来の伝統的な議論であり、ここでも釈然としない疑問や不信を深めることになる。大学院へ入学後、一九七〇年代の中葉あたりから、拙い実証研究を進める傍ら「宇野経済学」に導かれつつマルクスの「歴史理論」の再検討に着手するようになり、八〇年代にはその成果の一部を公表するに至った。その後、九〇年代の初頭にかけて「明治維新史論」に関する言及にも取り組み、その幾つかの論文は旧著『日本資本主義と明治維新』[*1]『歴史学と現在』[*2]に収めた。

本書は一九八〇年代から最近までに公表した明治維新史に関する史学史的、歴史理論的な論文を中心に収載したものである。今日の明治維新史研究は、たいへん精微な実証研究に裏打ちされた方向が主流をなすのは当然であるが、同時にさまざまな手法からの接近も現れており、研究の多様化が進んでいる。加えて、今日では冷戦の終結、マルクス主義の凋落などの時代状況のなかで、かかる方向性の「旧さ」が喧伝され、かつての教条主義とは裏返しのような精算主義的なマルクス回避の傾向も見受けられるが、かつての教条主義的マルクス理解を整理、批判した論攷を再提示し、あらためてマルクス的回路の可能性を柔軟に見直すことも、研究の多様性の一環として認知されるべきではないかと考え、本書を取りまとめた次第である。

本書で取り上げたテーマは、明治維新の経済過程を理論的に考える上で欠かすことのできない資本主義形成史を、本源的蓄積の視点から研究史を歴史理論的に再検討したもの（第一編）、明治維新に関する研究史を史学史的に検討し、そこから生じる理論的諸問題に関する問題提起を中心としたもの（第二編）を軸としている。筆者の問題関心は、経済史的視点に多少周辺分野の議論を絡めて明治維新の歴史的性格を解明することにあるが、この二つのテーマは筆者のなかで分かちがたく結びついており、その総体としての認識を提示することを課題としている。

第一編は明治維新を包括的、世界史的に位置づけるにあたって、資本主義形成の視点から問題提起したものである。その方法はマルクス『資本論』における「本源的蓄積」章に着目しつつも、かつての講座派・労農派にみられたマルクスへの忠実な解釈とは異なる仕方でその歴史過程を再構成しつつ、日本の同過程の特質についても言及した。その際、宇野経済学の類型論的方法に多くを学んだが、宇野経済学の関心は「本源的蓄積」に向けられることはなく、「原理論」や「現状分析」が主要な研究対象としてあったため、ここで提示した論点は必ずしも宇野経済学のシェーマに忠実なものとはなっているわけではない。

第一章「日本的原蓄の理論的諸前提――本源的蓄積の二類型――」では、マルクス歴史理論への接近方法にも言及しつつ、以下のような議論を展開した。

資本主義の形成過程については、マルクスが『資本論』で「資本の原始的蓄積」あるいは「本源的蓄積」と題してイギリス資本主義の歴史的形成過程を取り上げているところであるが、グランド・セオリーの立脚基盤が崩壊した今日、いまさらマルクスでもないだろうとの声も聞こえそうである。確かに、マルクスの言説を一字一句丹念に現実世界あるいは歴史へと適用する姿勢は、もはや不要である。グランド・セオリーがグランド・セオリーとして通用していた時代も、しかし、マルクス理論への全面的信仰が横溢していたからこそ、グランド・セオリーの汎用性が認められていたという逆説が示しているように、マルクスに対する批判的精神と新たな読み込みによるアプローチは、今日でもその通用性は保証されているように思われる。清算主義的な切り捨てや無視は、かつての教条主義の裏返しでもある。ここで、あらためてマルクス歴史理論を批判的に検討した本稿を掲載した次第である。

この章では、古典派的論理たる「自己の労働に基づく私有」論から出発するマルクスの視点を退けるとともに、資本主義の歴史的形成過程を二つの類型に峻別し、イギリス的な先進資本主義国の特質を世界市場の掌握による資本蓄積の進展と、それに伴う労働力不足の実情をエンクロージャー・ムーブメントなどによる急速なプロレタリアートの創出として特色づけた。他方、日本にみられる資本主義形成の傾向は、先進イギリスなどに比して資本蓄積の未熟な側面を政府が肩代わりし、資金の集中と撒布を一気呵成に進めてゆく点にみられるとし、マルクスが指摘した本源的蓄積における資本に転化する資金ならびにプロレタリアートの創出について、世界市場との関わり等を視野に入れつつ、その歴史過程に対応した類型的展開の内実を示した。

第二章「日本的原蓄の政策体系――資金創出のメカニズム――」では、第一章の提起を承けて、後進国型原蓄の特質たる急激な資金創出の有様を、明治新政府の実施した財政金融政策に求め、なかんずく地租改正の持つ意味を租税の政府への集中策の中核と位置づけ、一連の財政金融政策についても同様の視点から考察し、直接的な殖産興業政策のみならず社会資本の整備や新体制の創出に向けられた財政支出を、政府による資本主義化、近代化への資金撒布と捉えた。

本章では明治維新期における財政金融政策の持つ意味を、上記のように資金の政府への集中とその社会への撒布過程として理解し、本源的蓄積期の資本形成を進める強力な政策体系と位置づけた。新政府は商人資本的蓄積を産業資本へと転化させる媒介となり、農業部門で生産された剰余価値を工業資金として撒布する[*3]などの機能を果たし、日本資本主義育成のための役割を担った。明治維新期の経済的政策が「上から」の資本主義化と称される所以である。

第一編附論一「明治維新経済史研究の方法的基盤」は、第一、二章の内容を敷衍しつつ多少の新たな知見を加えたものであり、重複する面もあるがここに収録した。

明治維新の性格に言及しつつ、直接的にその歴史的位置について論じた数本の論文を所載したのが、第二編である。第三章「明治維新の時期区分」では明治維新史研究を進める上での前提とも云いうる時期区分の問題について、研究史の整理からはじめながら私自身の時期区分論を提示したものである。ここでは、ペリー来航から日清戦争までを明治維新の時代として捉え、さらにその時代を三つの段階に細区分しつつ、時期区分を支える根拠について論じた。

第四章「明治維新論争の今日的地平」は戦前以来の明治維新論争に眼を向け、「講座派」「労農派」「戦後歴史学」において規定された明治維新の性格について、その根源的な発想のレベルから批判的に検討したものである。「講座派」ならびに「戦後歴史学」云うところの「絶対主義の成立」説、「労農派」云うところの「不徹底なブルジョア革命」説、さらに一九六〇年代から顕著になる「講座派」理論の部分的修正の立場から論じられた「上からのブルジョア革命（改革）」説等々、を取り上げその理論的難点に言及しつつ、七〇、八〇年代の新たな明治維新論の傾向についても指摘した。これらの諸説に対して、筆者の積極的な明治維新の解釈を対峙し、一八～一九世紀的世界における後進国型ブルジョア革命であるとの見解を提示した。また、旧著『日本資本主義と明治維新』において書き下ろした「日本資本主義と明治維新」を附論二に配し、資本主義形成の視点から明治維新の性格を総括した。さらに、関連論文として附論三を収めた。

第五章「最近の明治維新論議をめぐって」では、第四章で取り上げた研究史のスタンスが「絶対主義」か「ブルジョア革命」かという二者択一的な思考であったのに対し、七〇年代後半以降、「講座派」の修正的見解として現れた「明治維新＝改革」説の陥穽について論じたものである。一九九〇年代に入ると、かつての「上からのブルジョア革命」説は「上からのブルジョア的改革」と云い換えられ、ウォーラーステインの「世界システム」論等に安易に寄り添いながら、明治維新の「改革」としての性格を全面に押し出すようになり、明治維新解釈の新たな展開が試みられた。しかし、その理論の根源には旧来の「講座派」理論が厳然としてあり、論理矛盾がそこかしこに滲み出ている。筆者はこのような傾向に対して「革命」としての性格を堅持しつつ、国民国家の視点から明治維新は近代化の第二段階に相当するとの試論を提示した。

第六章「明治維新の歴史的位置」は、第五章および一九九八年に発表した「明治維新――近代化の第二段階

――」で試論的に指摘した視点、つまり、明治維新は近代化の第二段階であり、西欧的近代、日本的近代、伝統的世界の間の拮抗と三つ巴の確執のなかで展開したとの認識を下敷きに、茨城県における地域の再編や国民創出政策にも言及しつつ、明治維新を複雑なプロセスの総体としての変革期であり、過渡期であると論じた。この議論が、明治維新に関する現在の筆者がたどり着いた結論ということになる。

「跋に代えて」では、最近の明治維新史に関する研究動向を、本書のテーマに関連するものにしぼって取り上げ、それに関する筆者の感想を記したものである（新稿）。

日本の近代史研究において「日本資本主義論争」段階の問題構成が、もはや終焉していることは誰の目にも明らかであるが、その内実をめぐる認識においては、「ブルジョア革命」論が提示した理解が浸透しているように思われる。ただし、この「ブルジョア革命」なる表現が「絶対主義」説同様に二者択一的であり、イデオロギッシュであり、かつ発展段階論に色濃く染まっていたために、必ずしも肯定的には捉えられてはいない。加えて、「世界システム」論の強い影響もあって、西欧に誕生した近代国際社会への編入の時期が、それぞれの地域での近代の始まりであるとの了解事項が普及したこともあって、「絶対主義」論的歴史認識はほぼ消滅した。[*4]

このように論じるといかにも身びいきのように思われそうだが、たとえば近年の「国民国家」論などは、どう考えても「ブルジョア革命」論的な理解を継承しているように見受けられる。また、西欧近代のみならず、それぞれの地域で多様な近代が「世界システム」のなかに収斂されていることが共通認識とされた場合、それぞれの近代の内実が問われねばならない。本書第二編第三、四章でも指摘したが、いかなる特質を有する近代であったのかが、検討課題なのである。

以上のことはともかくとして、近年では必ずしも政治的な立場にとわれない多様な視点や方法に基づく明治維新史研究が現れており、さまざまな明治維新史像が描かれるようになった。実証的研究はさらに著しく進展し、多くの成果が示されるにいたった。こうした研究状況はもちろん歓迎すべき事柄ではあるが、他方で明治維新の総体的な認識やイメージが捉えがたくなっているという事情もある。旧い論文をも含めて本書をまとめたのは、右のような動向に対して多少なりともお役に立てればとの思いからである。

註

＊1　拙著『日本資本主義と明治維新』（文献出版、一九八八年）。

＊2　拙著『歴史学と現在』（文献出版、一九九五年）。

＊3　農業によって生産された価値が、工業発展のために多用されるこの方策（地租の資本転化）は、その後も寄生地主制下における地代の資本転化、さらに第二次世界大戦戦後の農地改革や食糧政策を通して展開された自作農創設―低米価―低賃金へと繋がってゆくものであり、日本の飽くなき工業化に向けて農業を犠牲にした原基形態ともいいうる（拙稿「茨城県の農地改革と農民組合運動」『鉾田町史研究　七瀬』九号、三七～三八頁、一九九九年）。

＊4　井上勲編『日本の時代史』20（吉川弘文館、二〇〇四年）八～九頁、奈良勝司「徳川政権と万国対峙」（『講座　明治維新』第2巻、二〇一一年）一五〇頁。

【附記】　本書をまとめるにあたっては、基本的に旧稿をそのまま利用した。ただし、誤字、誤植や明らかに誤りと認められるものについては訂正、削除を施し、また、表記の統一に努めた。脚註については本書の参照頁について補足した外、二、三の削除、追加を行った。その他、旧稿で用いた敬称はすべて省略した。いずれも旧稿の論旨に変更はない。

第一編

本源的蓄積論

第一章

日本的原蓄の理論的諸前提

——本源的蓄積の二類型——

序　問題の所在

『資本論』におけるマルクスは、その第一版「序文」において、「産業的により発達している国は、発達程度のより低い国にたいして、その国自身の未来像を示す」[*1]と述べていることからもうかがえるように、後進資本主義国は必然的に先進国型の資本主義へ発達してゆくという理解を示しており、資本主義の発展に関しては、先進国型と後進国型とを類型的に峻別する視角を獲得するまでに至っていなかった。

ところが、同じ『資本論』の「原蓄」（本源的蓄積または原始的蓄積の略語）章には、「序文」の認識とは明らかに矛盾するかのような次の如き叙述がみられる、すなわち、原蓄における「農業生産者からの、農民からの土地収奪は、全過程の基礎をなす。この収奪の歴史は、国によって異なる色彩をとり、順序を異にし、歴史的時代を異にして、異なる諸段階を通過する」[*2]という条りがそれである。福冨正美はこのマルクスの指摘に着目しつつ、当時のマルクスの資本主義史観を、「本源的蓄積論から判断することができる限りでは、『資本論』段階においても彼は単純な『単一的』発展論者ではなかった」[*3]と主張した。事実、一九世紀初頭にはすでに産業革命を経過し、世界市場をも制覇しつつあったイギリスに対して、遅れて資本主義化した諸国は、その生産力水準の大きな較差から、資本主義国としての自立が危ぶまれることとなり、その対応として、当初よりイギリスの先進技術を移植した機械制大工業として出発せねばならなかった。このように、先進国と後進国とではその資本主義化の過程に大きな相違がみられるが、この相違こそ、マルクスが「原蓄」章で論じていた歴史過程の相違にほかならない。

したがって、「原蓄」章の当該記述から判断する限りでは、福富の主張もそれなりに成り立ちうるが、ことは『資本論』の対象と方法に関する問題であり、そう簡単には結論を下しえない。それというのも、一九世紀中葉における資本主義の発展傾向が、社会のすべてを商品経済的関係によって律する、いわゆる「純粋な資本主義社会」へと益々近似してゆく動きを示していたことを背景として、『資本論』が執筆されているからである。『資本論』は、そうした資本主義の歴史的発展傾向に依拠しつつ、その傾向をいわば極限まで抽象化することによって「純粋資本主義」を抽出し、そこにおける資本主義の基本原理を論理的に体系化することを主題としたのであった[*4]。当時の資本主義的発展――「純粋資本主義」化傾向――を典型的に代表するのが先進資本主義国イギリスであり、他の資本主義諸国は、先進国イギリスの後を追いつつ次第に先進国型の資本主義へと発展してゆくものと、マルクスは考えていたのである。つまり、資本主義が一定の発展段階に到達すると、後進資本主義国としての特殊類型は解消され、イギリス型の先進資本主義へと近似してゆき[*5]、最後には同質化するという理解である。

以上のことから、次のような結論が得られる。すなわち、『資本論』におけるマルクスの資本主義史観は、第一版「序文」に記されている如く、後進資本主義国は、先進国型の資本主義へとますます近似的に発展してゆくという、単系的な発展史観に基づいていたこと。しかしながら、資本主義の形成過程――原蓄期――に関しては、必ずしもそうした認識に捉われているわけではなく、各国がそれぞれ異なった歴史過程をたどるという理解に立っていたこと。もっとも、それが福冨の主張するような「『資本論』段階においても彼は単純な『単一的』発展論者ではなかった」ことの証しになるわけではない。各国の歴史がそれぞれ異なるということは、云わば自明のことであり、そうした事実を指摘したマルクスの認識に、先進国型と後進国型という資本主義生成期の類型把握があったわけではない。ここでの問題の本質は、後進資本主義国がある一定の発展段階にまで達すると、先進国型の資本主義へと近似・同質化してゆくというマルクスの資本主義認識を、『資本論』の基本視角として位置づけるということである。

ところで、マルクスの後進資本主義国への認識が、必ずしも先進国と同様の発展をたどるのではないことを示すようになるのは、一八七〇年代以降の一連のロシアに関する発言からである。こうした晩年のマルクスのロシア論に着目し、そこから後進資本主義分析の鍵を探ろうとしたのが山之内靖「後進資本主義に関するマルクス主義古典の再検討」[*6]であり、そこで得られた結論を継承しつつ、後進国型原蓄が『資本論』の「原蓄」章とは異質の内容をもつものであることを主張したのが、海野福寿「日本型原蓄論」[*7]である。山之内、海野の提示した後進国型原蓄の類型的把握、なかんづく海野のそれは、今日においても多くの賛同者を得ているようであるが、[*8]そこには本質的な点において疑問が存在する。

海野は先進国型イギリスの原蓄の特質を、「自己の労働に基づく私有」[*9]の否定・解体の過程としてとらえ、他方、こうした私有を原蓄の起点とすることのできないロシアや日本の後進国型原蓄を、「マルクスが『資本論』で当面度外視した『奴隷および農奴の賃労働者への直接的転化、したがって単なる形態変換』」[*10]として把握し、そこに原蓄の基本類型を設定する。だが、先進国型と後進国型との原蓄類型の基本的差異の指標が、海野の云うように、「自己の労働に基づく私有の解体」（先進国型）、「奴隷と農奴の賃金労働者への直接転化、したがって単なる形態転換」（後進国型）に求められるかどうかには、多くの疑問を禁じえない。第一章では、こうした論点を中心に原蓄の歴史過程を検討しつつ、新たな類型概念を設定し、第二章においては、第一章で剔抉された原蓄類型の特質が、日本においていかなる展開を示したかを、後進国型原蓄の日本的特質という観点から、資金創出の諸問題として具体的に取り上げてゆく。

1　「自己の労働に基づく私有」範疇は原蓄の起点たりうるか
――原蓄期イギリスにおける農民層の存在形態――

マルクスによれば、原蓄とは、「資本主義的蓄積の結果ではなく、その出発点である蓄積」、つまり、「資本主義的蓄積に先行する」[*11]蓄積のことであり、[*12]「労働者を労働諸条件の所有から、分離する過程、すなわち、一方では、社会の生活手段と生産手段を資本に、他方では、直接生産者を賃金労働者に転化する」[*13]歴史過程のことである。換言すれば、原蓄とは、「農業生産者からの、農民からの土地収奪」[*14]をその全過程の基礎とする「生産者と生産手段との歴史的分離過程」[*15]であり、資本主義経済の二大構成原理たる資本と自由な労働力を創出してゆく過程にほかならない。この歴史過程が「典型的な形態をとるのは、イギリスのみであり、われわれがイギリスを例にとるのもそのためである」[*16]。こうして、「原蓄」章第二節以下において、イギリスを対象とした原蓄過程が具体的に分析される。その詳しい追跡が、ここでの課題ではない。本節では、原蓄期イギリスに関するマルクスの史実認識において、二、三の疑問と思われるものを摘出し、それに若干の検討を加えることである。それというのも、先に記した山之内＝海野理論の骨子が、ここで問題とするマルクスの曖昧な史実認識に、全面的に依拠していると考えられるからである。

以下、当該期についてのマルクスの実態認識――なかんづく農民層の存在形態に関する部分――を列記してみよう。

イギリスでは農奴制は、一四世紀の後期には事実上消滅していた。当時、そして一五世紀には、さらに多く、人口の巨大な部分が、自由な自営農民から成っていた。その所有権が、いかなる封建的な看板によって隠蔽されていたにしても。[*17]

一七世紀の最後の数十年間にも、独立農民層であるヨーマンリは、借地農業者の階級よりも多数をなしていた。……一七五〇年には、ヨーマンリはほぼ消滅していた。[*18]

また、「地代」篇最終章にも、次の如き記述がある。

自営農民の自由な細分（分割――引用者）地所有の形態は、支配的な正常な形態としては、一方では、古典古代の最良の時代における社会の経済的基盤をなし、他方では、われわれがこれを近代的諸国民のもとで、封建的土地所有の解体から出てくる諸形態の一つとして、見いだすものである。イギリスにおけるヨーマンリ〔自由農〕……がそれである。[*19]

最初の引用句によると、マルクスは、一四世紀後半以降のイギリスでは、すでに農奴制は事実上消滅しており、「人口の巨大な部分が、自由な自営農民から成っていた」との史実認識に立っている。ここにいう「自由な自営農民」とは、第二、第三引用句にみられる「独立農民層」「ヨーマンリ」「自営農民の自由な分割地所有」なる範疇と、まったく同義であることは明らかである。わが国の経済史学界で一般に用いられている「独立自営農民」「分割地（所有）農民」等々の農民範疇は、こうした農民階層を指していると思われる。この農民範疇を、マルクスの言葉にしたがってもう少しわかりやすく整理すれば、次のように云えよう。すなわち、封建的な「経済外的強制」から解放されていると同時に、「彼自身の扱う労働諸条件の自由な私有者」[*20]であり、この自由な小土地所有に基礎を置く家族労働を主体とした小農経営の担い手である、と。一言で云えば、「自己の労働に基づく私有」[*21]範疇の歴史的定在として「独立自営農民」を捉え、彼らを一五〜一六（乃至一七）世紀におけるイギリス農民の中核と見做したのである。

ところで、当時のイギリスにおける農民層の具体的な存在形態として、慣習保有農（Customary tenants）、定期借地農（leaseholders）、自由保有農（freeholders）の三層の存在があったことは、つとに知られているところである。ここにいう慣習保有農には、その土地保有が裁判所帳簿に基づいていると同時に、マナーの慣習と領主の意志に規制されている謄本保有農（copyholders）と、帳簿上の証拠がなく領主の意志のみに規制される任意保有農（tenants at will）とがあった。次の定期借地農は、端的にいえば、契約関係に基づいて借地をおこなっている農民である。最後の自由保有農とは、「彼自身の扱う労働諸条件の自由な私有者」としての自由な土地所有者であり、その所有権が法によって保障されている農民である。文字通りに解釈すれば、この自由保有農こそ、先にマルクスが一五〜一六（一七）世紀におけるイギリス農民の中核として捉えた「独立自営農民」ということになろうか。

ところが、イギリス農業史の古典として、多くの日本の研究者によって利用されているトーニーの研究によると、[*22]この点の史実認識は大分異なってくる。彼によれば、当時のイギリス農民の六割余は慣習保有農（その八割余が謄本保有農）であり、定期借地農は全農民の一割余、そして、マルクスが「人口の巨大な部分」を占めると指摘した「独立自営農民」に該当すると思われる自由保有農は、全体のおよそ二割程度にすぎないとされている。

同様の認識は、「一七世紀においても、コピー・ホールドは疑いもなく農民の土地保有の支配的形態であった」[*23]とする椎名重明にもみられる。

もっとも、田中豊喜のように、「厳密な意味での古典的ヨーマン」を自由保有農に求めつつも、一五〜一六世紀における拡大された意味に用いられる場合のヨーマンとして、謄本保有農、定期借地農をも挙げる研究者もおり、[*24]その限りでは、マルクスの主張もあながち誤りとはいえないことになる。というよりも、当時のヨーマンと呼ばれる階層自体が甚だ曖昧な「中流の人」[*25]という漠然とした意であったことを想起すれば、ヨーマンなる階層は必ずしも自由保有農のみに限定されるわけではなく、謄本保有農もまた、その階層の担い手だったと考えられたのである。

だが、ここに、マルクスおよびその後の研究者の混乱がある。先の第一引用句によれば、当時すでに領主的支配に基づく土地保有形式は事実上消滅しており、「自由な自営農民」の圧倒的存在があったという。すなわち、大多数の農民は、封建的（領主的）束縛—「経済外的強制」から解放されていたとの主張である。この史実認識に誤りはあるまい。問題は、ここにいう「自由な自営農民」と自由保有農との混同にある。それは、この、「自由な自営農民」を土地所有農民と同義に解釈している点にみられる。確かに、第一引用句にあっては、土地保有関係への言及はなく、農奴から事実上の自由農民へと解放された事実を指摘しているにすぎない。だが、第三引用句をみれば明らかなように、そこでは自由農民は同時に土地所有農民でもあると論じている。つまり、「自己の労働に基づく私有」範疇として理解しているわけである。

しかしながら、領有権—「経済外的強制」が事実上消滅し、謄本保有が形式化したとしても、謄本保有農の耕作地は彼らに属したわけではなく、後述するように、それはなし崩し的に契約関係へと移行しつつ、地主化した領主の所有に帰せられていた。したがって、労働と所有の即自的統一態たる「独立自営農民」範疇として謄本保有農をとらえることは、論理的に不可能である。結局、落し穴は、封建的（領主的）束縛から事実上解放された自由農民を、自由保有農と私念したところにあったことになろう。

如上のマルクスの不分明な記述が、多くの研究者をして、労働と所有とが即自的に統一されている形態を、「自由な自営農民」「独立農民層＝ヨーマンリ」「自営農民の自由な分割地所有」等々と観念させたのであり、マルクスの文脈上にそうした理解を生む余地が多分に存在していたのである。事実、すでに指摘したように、マルクス自身、「自己の労働に基づく私有」範疇こそ、「独立自営農民」の本質と捉えていた。以上のことから、「自己の労働に基づく私有」を原蓄の起点におくことができないことが明らかとなろう。[*26]

とすれば、一八世紀以降における大借地農の生成といわゆる三分割制――土地所有者―資本制借地農業者―農業プロレタリアート――の前史としてあった一六〜一七世紀における地主制の存在は、いかに説明されるべきであろうか。この点を実証的に検討し、領主の地主化を立証したのが、堀江グループの一員たる松村幸一であった。その結論部分の一部を、次に記そう。

領主的土地所有と農民的土地所有との重層的二重構成をなしていた封建的土地所有は、後者の収奪によって前者が排他的な単一の私的土地所有に転化し、ブルジョア的発展に適合的な土地所有形態に改造された。……領主的囲込によって創出された囲込地＝領主私有地は、生産力の点からしても生産関係の点からしても、農業におけるブルジョア的発展を促進する舞台を提供した。最大限の土地収入をえるために囲込をおこなった領主階級は、その土地を自ら経営するか地代増収のために貸出すかしたが、囲込地の経営は資本主義的におこなわれた。[*27]

こうして、いわゆる「自己の労働に基づく私有」の自己分解という視角からする原蓄論の矛盾の一半は、すでに堀江グループによって的確に否定されていたのである。[*28] もっとも、このグループ――殊に堀江――の理解にも問題がないわけではない。それは、「封建領主が貨幣地代・ファインなどを搾出できたのは、自由な契約関係にもとづくのではなくて、農民が登録保有地・慣習保有地をもつという属性としての経済外強制のためである」[*29] とする指摘に端的に認められる。さらに、イギリス革命において「『地主独裁』が樹立されたからには、封建領主は『実質上』も解消していなかった」[*30] と主張する点も同様である。だが、地主の系譜がかつての封建領主であったとしても、地主＝封建領主という図式が成り立つ術もない。もし、そうした図式が成立するのならば、あえて領主と地主の二つの概念を用いる必要はあるまい。堀江がこの両概念を同義としてであれ併用しているのは、地主がかつての封建領主とは異なる性格――土地領有者→土地所有者――を徐々に備えはじめたという事実を、暗黙の裡に前提としているからではあるまいか。つまり、一六―一七世紀の地主は、かつての封建領主の範疇で捉えるには、あまりに近代的性格を色濃くもつようになったのではないかということである。[*31]

ともあれ、かつては大塚史学の基礎範疇でもあり、今日では山之内＝海野理論へと継承され、通説的立場を獲得するに至った「自己の労働に基づく私有」の両極分解論は、理論的にも実証的にも、原蓄論の基軸概念としては成り立ちえないことが、以上の検討から明らかとなろう。結局、一五～一六（一七）世紀のイギリスにおいて、マルクスのいう意味での「自己の労働に基づく私有」範疇の歴史的定在たる「独立自営農民」が、「人口の巨大な部分」を占めていたとする議論は、まったく史実とは反するということである。つまり、先進国イギリスにあっても、「自己の労働に基づく私有」範疇を原蓄の起点とするような事実は存在しなかったのである。したがって、マルクスの以上のような誤った史実認識から抽出された、次の如き原蓄の理論的規定も、必然的に背理たらざるをえない。[*32]

資本の本源的蓄積、すなわち、その歴史的生成は、いかなることに帰着するか？　それが奴隷と農奴の賃金労働者への直接転化、したがって単なる形態転換でないかぎりは、直接生産者の収奪、すなわち、自己の労働に基づく私有の解体を意味するにほかならない。[*33]

ところが山之内＝海野理論[*34]は、理論的にも実証的にも多くの難点を孕むこのマルクスの規定に全面的に依拠しつつ、原蓄の先進国型と後進国型との類型設定を行なうのである。つまり、直接生産者のプロレタリアートへの転化には、「自己の労働に基づく私有の解体」として「独立自営農民」がプロレタリアートへ転化する先進国型と、「自己の労働に基づく私有」を原蓄の起点としえない国における、「奴隷と農奴の賃金労働者への直接転化」、すなわち、「単なる形態転換」にすぎない後進国型、との類型把握がそれである。[*35]　こうした論理が成り立たないことは、すでに指摘したとおりであり、また、後にみるところでもある。

ところで、一九六〇年代末に平田清明によってその意義を高く評価され、七〇年代において一部の研究者の強い関心を惹いたフランス語版『資本論』には、本頁冒頭に掲げたドイツ語版からの引用箇所が、次のように簡潔に書き直されている。

かくして、資本の本源的蓄積の根底に、すなわち、資本の歴史的生成に横たわっているものは、直接生産者の収奪であり、占有者の自己労働に基づく所有の解体である。[*36]

ここでは、ドイツ語版に記されていた「奴隷と農奴の賃金労働者への直接転化、したがって、単なる形態転換でないかぎりは」という限定句が削除されている。この間の事情を、平田は次の如くに説明する。「マルクスは、この原蓄論の序章において、彼の考察の対象を西ヨーロッパ諸国（その典型としてのイングランド）に限定しておいたからこそ、その理論的終章『歴史的傾向』の冒頭において、ドイツ語版に記載されている……限定句を削除したのである。そしてすでに指摘したように、原蓄の本質は『占有者の人格的労働にもとづく所有の解体』であると、規定したのである[*37]。こうして、平田も山之内＝海野理論と同様に、原蓄の類型的区別を「自己の労働に基づく私有の解体」「奴隷と農奴の賃金労働者への直接転化」に見出すのである。

限定句の削除の経緯は、おそらく平田の指摘した通りであろう。ということは、フランス語版にあっても、「自己の労働に基づく私有」論的発想が払拭されてはおらず、なかんづくその歴史的定在の典型を、一五～一六世紀のイギリス農民に求めていることになる。要するに、本節で対象とした原蓄期イギリスにおける農民層に関する史実認識、そしてその認識を理論的に支えた「自己の労働に基づく私有」論については、フランス語版にもまったく変化はなかったということである[*38]。

以上の検討により、マルクス内部に潜む古典派的残滓にはじまり、大塚史学を媒介として山之内、海野、平田等へと受けつがれた「自己の労働に基づく私有」範疇を主軸概念とする原蓄論が、単なる理論的虚構にすぎなかったことが明らかとなった。次節以下においては、したがって、この「私有」範疇とはまったく別箇の視角から、原蓄論へと接近してゆくことが課題となる。

2　前期原蓄過程の特質

前節で明らかなように、原蓄とは、社会の生活手段、生産手段を資本に転化するとともに、直接生産者と生活手段、生産手段との原生的結合関係を解体し、直接生産者をプロレタリア化する歴史過程である。つまり、マルクスは、封建的（領主制的）な束縛と生産手段から解放された二重の意味で自由な労働力の創出を、原蓄の一方の基礎過程と捉えているのである。

ところで、現実の原蓄過程を仔細に検討すると、農業生産者からの土地収奪と、彼らのプロレタリアートへの転化という二つの事実は、必ずしも同時並行的に進行したわけではない。世界史的に最も早く資本主義の生成をみたイギリスにおいても、その開始期たる一五世紀末〜一七世紀末にあっては、農業生産者からの土地収奪という側面は比較的広汎に展開するが、他方、直接生産者——なかんづく農民——のプロレタリアートへの転化という動きは、農工の未分離と未熟な資本家的生産関係とに規定されて、歴史の趨勢的動向とはなりえない。ところが、一七世紀末以降になると、国内における毛織物マニュファクチュアと資本家的農業経営の著しい成長を背景として、農業生産者からの土地収奪の進行と、彼らのプロレタリアートへの大量転化という傾向が顕現化してゆく。このように、等しく原蓄期といっても、前期と後期とではその特質に大きな違いがみられるのである。以上の趨勢は、後進資本主義国たる日本においても同じである。ここでも、イギリス前期原蓄と同様に、資本家的生産関係が未成熟のため、土地を失った農業生産者は、直ちにプロレタリアートへと転化する可能性に恵まれず、小作農として再生するほかはなかった。すなわち、一七世紀末以降にはじまる地主制的な土地収奪が、それである。

イギリスの前期原蓄過程にあっては、生成途上の「ヨーロッパ世界経済」[*39]——世界市場の端緒——の下で、他国と競合しつつそれへと積極的に対応する過程で、商人資本的な資本蓄積を進めていったが、その後の後期原蓄の過程（一七世紀末〜一八世紀中葉）においては、既述した毛織物マニュと資本家的農業経営の発展という国内的条件を背景として、世界市場を掌握してゆく新しい動きがはじまり、他の諸国に対して規定的な作用をおよぼしてゆくことになる。この時期に至って初めて、イギリスは、その先進国としての強力な地位を獲得する。

ところが、国内における資本主義生成期に、世界市場へと積極的に対応しうる条件に恵まれていなかった諸国は、資本蓄積がイギリスに比して相対的に低位な状況に置かれることとなり（前期原蓄過程）、イギリスの領導になる世界市場の拡大の結果、そこからの逼迫がはじまり、独立を維持するための対応が急がれることになる。すなわち、世界市場からの規定作用を受けるのである。ここにおいて、先進資本主義国イギリスとは自ずから異なる原蓄過程を経過することになる。つまり、後進資本主義国としての特質が、明確な形をとって現れてくるのである（後期原蓄過程）。一九世紀中葉以降の日本が、その一例である。

以上のように、原蓄と呼ばれる資本主義生成期を世界史的段階の一環として解明するにあたっては、従来よりおこなわれてきた先進国型と後進国型との類型設定に加えて、当該段階をその特質により前期と後期とに峻別することによって、問題解決の緒を見出してゆく必要がある。この点について、前期原蓄過程を本節において、後期原蓄過程を次節において、イギリス（先進国型）と日本（後進国型）とを例証として検討してゆく。

まず、イギリスの前期原蓄。封建制下における主要な生産手段たる土地に対する関係は、領主―農奴間における領有―占有という重畳的関係を基礎としているが、イギリスでは領主の事実上の地主化、農奴の事実上の小作人化という動きがその趨勢として展開してゆき、一元的な土地所有関係――近代的土地所有関係――が次第に形成されつつあった。[*40] このことは、換言すれば、自然力として制限された生産手段たる土地に対する重畳的な権利関係を解体することによって、「資本家的商品経済自身がその私有制の基礎前提をなすものとして」[*41]の、一元的な土地所有関係を歴史的に生成してゆく過程であった。つまり、原蓄とは、土地に対する共同体を媒介とした直接生産者の諸権利を収奪し、そこに新たな契約関係を導入することによって、資本主義的生産に適合的な土地所有形態たる近代的土地所有を創出する過程でもあった。
また、農村への商品経済の浸透によって封建制の弛緩が著しく進み、旧来の社会関係の解体が進行する過程で、農家の副業として毛織物工業が次第に発展していったが、この生産過程は商人資本により問屋制的に支配され、農民は、その収奪の下に没落を余儀なくされていった。
以上のような特質を有するイギリスにおける原蓄の開始期を、マルクスは、次のように分析する。
資本主義的生産様式の基礎を創出した変革の序曲は、一五世紀の最後の三分の一期と一六世紀の数十年間に起こった。[*42]
土地から農民を暴力的に駆逐することによって、比較にならないほど、大きなプロレタリアートをつくり出したのである。これに直接の原動力を与えたものは、イギリスでは、とくにフランドルの羊毛マニュファクチュアの勃興と、それに対応する羊毛価格の騰貴とだった。[*43]
この第一次エンクロージャの過程で、土地を失った直接生産者が大量のプロレタリアートへと転化したことをマルクスは強調するが、実はこのプロレタリア化という動向以上に、没落農民の多くは流民化しているという事実がある。というのも、「一六世紀のマニュファクチュア企業と農業企業家経営とは、被収奪者農民大衆のすべてを吸収する」[*44]ほどには広汎化しておらず、またその規模も後のそれに比して小さかった。そのため、失業者、乞食、強盗、浮浪人等々の流民層が、大量に生み出されたのである。[*45]こうした流民層は、当時、羊飼い一人に対して二〇人を数えたといわれる。[*46]時代がくだった一七世紀末葉には、さすがに流民層の存在は激減したが、彼らとそれほど生活水準に大差ないと思われる小屋住農・貧民層が、イングランドの総人口五五〇万人中の一三〇万人（二三・六％）をも占めていた。この数値は、当時の労働者数とほぼ同じである。[*47]

ところで、ヨーロッパをその核とする世界市場の成立（一六世紀）を契機として、かつての羊毛輸出国イギリスは、その豊富な原料を用いて輸出用の毛織物を生産するための刺戟が与えられることとなり、都市ギルドのみならず農村においても毛織物工業が発展していった。[*48] この結果、一五世紀から一六世紀にかけて羊毛輸出は半減し、逆に毛織物輸出は一四世紀中葉から一六世紀中葉までの間に、およそ三〇倍もの増加を示したのである。[*49] このような毛織物工業の飛躍的発展は、必然的にその原料たる羊毛の需要を増大させる。第一次エンクロージャは、以上のような世界史的条件を背景として遂行されたのであった。イギリスにおける直接生産者の土地からの分離は、こうしてエンクロージャとしておこなわれたがゆえに、広汎な流民・貧民層が輩出されたのである。したがって、原蓄期における大量の流民・貧民化現象という特殊イギリス的事実は、まさしく、イギリスが成立まもない世界市場へと積極的に対応した結果から生じたものであり、その限りではイギリスの「先進」性に基づくものである。

以上の如く、イギリスにおける一五世紀末～一七世紀末に至る前期原蓄過程にあっては、その世界史的―国内的条件によって農業生産者からの土地収奪は著しい進展をみせたが、いまだ資本家的生産関係が未成熟なために、土地から放逐された直接生産者は、プロレタリアートへと転化することが甚だ困難であり、流民・貧民として滞留せざるを得なかったのである。

次に、日本。一七世紀後半における農業生産力の上昇と、商品経済の飛躍的発展にともなって生じた地主―小作的分解を「変革の序曲」として、日本における前期原蓄過程（一七世紀末～一九世紀中葉）が開始される。この段階における石高制[*50]の下にあっては、大名が封建領主として「経済外的強制」に基づいて土地と農民とを一体化して支配しており、その土地に対する関係は、封建領主の領有権と直接耕作農民の占有権とに重畳化していたが、在地領主の存在が欠如しているため[*51]、領有権が次第に衰退してゆき、逆に農民の土地に対する権利が強化されてゆく。したがって、イギリスにみられたような領主の地主化（土地領有者→土地所有者）とは異なり、ここでは、農奴の土地占有権の強化を通して事実上の土地所有権が形成されるという方向が、石高制原理のなかから準備されてゆくことになる。

一七〜一八世紀の境あたりからはじまる急激な商品経済の進展により、地主制が成長してくるにおよんでそうした変化の兆しが現れてくる。質地→流地という形態での事実上の土地売買の進行がそれである[*52]。このことは、土地の処分権が事実上、農民の手に移りつつあったことを示すものとして重視せねばならない。さらに、土地に対する作付制限も少なからず有名無実化していったことをも考慮すれば、一八世紀以降における地主制の発展は、農地の土地に対する権利の強化――事実上の土地所有の進行――という動きを基礎としていたことが明らかとなろう。加えて、農業生産力の上昇に対して、固定的な石高がその現実の生産力を掌握しえないという矛盾が生じ[*53]、領有体制は、その危機の方向を顕現化させることにもなる。同様のことは、領有体制の根幹をなす貢租収入についてもいいうる。一八世紀中葉以降におけるその停滞、減少傾向[*54]がそれである。この事実は、領有権に基づく貢租収奪の後退現象を意味しており、その対極としての農民的所有権の前進の証左となる。

幕藩体制下における以上のような動向は、土地に対する二つの権利――封建的土地領有権と農民的土地占有権――の力関係が徐々に変化してきたことの反映であり、重畳的な土地領有―占有関係が一元的な土地所有関係へと変転してゆく過程であった。

ところで、一七世紀末以降に顕著化する商品経済の発展は、特産物生産地帯の形成を通じて、一八世紀後半には全国的に拡大し、新たな商人・高利貸資本の擡頭とその蓄積を促すと同時に、「自給」的農民経済を根底から揺がし、農民の困窮化を深めてゆく。この過程で農民は自らの土地を手放さざるをえなくなるが、没落農民の多くがその労働力を包摂されうるまでには資本家的生産関係が広汎化しておらず[*55]、そのため、農民は土地を失ったにもかかわらず、小作農として土地との結びつきを却って強化せざるを得なくなる。こうして、地主―小作的分解が進行するのである[*56]。勿論、土地を喪失した農民のすべてが小作農化したわけではなく、なかには半プロ化してゆく層もあったし、農村から流出して都市の貧民層を形成してゆく場合もあった。だが、日本では、イギリスのようなエンクロージャという形態で、土地からの農民の放逐が徹底的におこなわれたわけではないから、挙家離村にともなう流民層の大量創出という事態は現出せず、多くの農民は農村にそのまま滞留していた。つまり、土地を収奪された直接生産者が、直ちにプロレタリアートへと転化しうる条件に欠けていたことは、イギリスとまったく同様である。

以上の検討から、前期原蓄過程の特質を次のように要約しうる。すなわち、社会的分業の進展、生産力の上昇等々により、商品経済が農村にまで浸透するようになるが、その結果、封建的土地領有―占有関係が衰退し、一元的な土地所有関係が成長してくる。その過程は同時に農民からの土地収奪の過程でもあった。だが、いまだ農工分離が著しく不充分であり、かつ資本家的生産関係が未成熟であるために、土地を収奪された農民がプロレタリアートへと転化しうる条件は、必ずしも生じていなかった。そのため、イギリスでは没落農民が大量に流民化・貧民化し、日本では小作農や半プロ層が農村に滞留していった[*57]。要するに、直接生産者がプロレタリアートへと転化するには、流民層や小作農といった貧民層を媒介としてのみ可能だったのである[*58]。つまり、前期原蓄過程の特質とは、直接生産者からの土地収奪→プロレタリアートの創出という歴史的過程のうち、その前者たる直接生産者からの土地収奪を広汎に展開する点に認められるのであり、プロレタリアートへと転化しうる可能性を有する無産者層を創出してゆく過程に外ならなかった。したがって、この過程にあっては、いまだ先進国型と後進国型とを類型的に峻別しうる程の、質的な差異を生じるまでには至っていなかったのである。このことは、通常いわれている程には、当時の日本の経済的発展が、イギリスに比して遅れてはいなかったことを物語っている。

3　後期原蓄過程の特質

本章第1節においても指摘したように、原蓄とは、「資本主義的生産様式の結果ではなく、その出発点である蓄積」、つまり、「資本主義的蓄積に先行する」蓄積のことであり、「労働者を労働諸条件の所有から、分離する過程、すなわち、一方では、社会の生活手段と生産手段を資本に、他方では、直接生産者を賃金労働者に転化する」歴史過程のことである。とすれば、原蓄を構成する基本的要素は、資本に転化すべき資金の創出と、自由な労働力の担い手たるプロレタリアートの創出という二つの事項に求めることができる。

前期原蓄過程にあっては、この二つの要素の展開を類型的に峻別しうるほどの差異が、各資本主義国に生じていたとは見做しがたいが、生成期の世界市場へと積極的に対応し、それなりの成功を収めたイギリスの場合は、他の資本主義国に比して相対的に「先進」国の位置を獲得しつつあったといいうる。[*59] そのため、社会的富は、漸進的にではあるが資本へと転化しうる資金として、商人資本的に蓄積されていった。これに反して、他の資本主義諸国は、イギリスに比較すれば、その点に遅れをとったことは否めない。しかし、この差はあくまで量的なものにすぎず、質的にそれを峻別しうるまでには至っていなかった。また、直接生産者のプロレタリアートへの転化についても、すでに前節で論じた如く、そこにはイギリスと他の資本主義国との間に大きな相違は存在しなかった。こうした原蓄過程の特質が明確に異なってくるのは、イギリスにおける産業革命を契機とした新しい世界史的段階を迎えてからである。[*60] 産業革命は、イギリスをして世界市場の編成替＝確立の主導権を完全に掌握せしめ、その世界市場が各国の資本主義的発展につよい規定要因をもたらすことになり、イギリスとは自ずから異なる原蓄過程を生み出すことになる。ここに至ってはじめて、イギリスを除く他の資本主義国の発展が、後進国型のそれとして位置づけられるわけである。以下、この産業革命前後を画期とする後期原蓄過程の特質について検討してゆく。

まず、先進国型の類型として、イギリスにおける後期原蓄過程（一七世紀末〜一八世紀中葉）の特質からみてゆこう。成長著しい世界市場に対して、主要輸出品たる毛織物生産を担うマニュファクチュアのいっそうの発展とともに、穀物輸出の急速な増加に支えられて成長しつつあった資本家的農業経営の広汎化という条件を背景として、いわゆる第二次エンクロージャがはじまり、直接生産者の大量な無産者化が進行してゆく。この無産者層は、しかし、前期原蓄の過程とは異なり、厖大な流民層を形成することなく、発展途上のマニュファクチュアや資本家的農業経営の労働力として漸次吸収されつつ、プロレタリアートへと転化していった。勿論、雇傭機会が大幅に拡大されたとはいっても、それは、あくまで前期原蓄と対比してのことであって、直接生産者のプロレタリアートへの転化の完成は、いうまでもなく一八世紀後半以降の産業革命を俟たねばならなかった。

かように、イギリスにあっては、一七世紀末以降における毛織物マニュファクチュア、資本家的農業経営の著しい発展を通して、世界市場への支配力をますます強化してゆくなかで、資本に転化すべき資金と自由な労働力とが創出されていった。それは、まさに産業革命を準備してゆく過程でもあった。かかる資本関係の社会的拡がりのなかで、土地と結びついていた直接生産者は、第二次エンクロージャによって、第一次のそれとは比較にならない程の大量な無産者として土地から放逐され、プロレタリアートへと転化していった。こうした急激なプロレタリアートの創出は、他に類例のみられないものであり、イギリス資本主義の特質をなすものである。ここに、先進国型原蓄の類型的特質を見出すことは、あながち不可能ではあるまい。すなわち、資本に転化すべき資金とプロレタリアートの創出という原蓄の基本的要素のうち、後者のプロレタリアートの創出という側面が積極的に展開されたのが、先進国型原蓄の特質なのである。[61]このことは、原蓄のもう一方の側面たる資金の創出が、先進国型原蓄において微弱であったことを意味するものではない。逆に、すでに前期原蓄においてそれなりの資金創出＝商人資本的蓄積の前進があったからこそ、後期原蓄においてその商人資本の産業資本への転化に際して、それ相当のプロレタリアートの創出を必要としたのである。

　イギリスを典型とする以上のような先進国型原蓄に対して、世界市場へと強制的に編入され、そのつよい逼迫下に資本主義的自立を実現せねばならなかった他の資本主義諸国は、その後進性に規定されて、資本の創出が積極的に展開される。[62]

　日本の場合（一九世紀中葉~同末）も、一九世紀後半の自由主義末期から帝国主義への移行期という世界史的段階に世界市場と接触したがために、[63]そうした後進国型原蓄が進行することとなる。すなわち、イギリスを筆頭とするヨーロッパ先進資本主義諸国[64]に比して、資本蓄積が著しく低位であるために、列強によるいわゆる「自由貿易」の強制が、国内における封建制の解体過程から生じた経済的諸矛盾をさらに深めることになる。加えて、当時の「自由貿易」の論理が、必ずしも後進諸国に対する政治的支配の意図を全面的に排除するものではないため、後進諸国における植民地化、半植民地化の危機意識を高揚させ、旧支配層の無力化と相俟って政治的混乱をいっそう醸成させてゆく。かかる政治的、経済的混乱―危機からの脱却を図るためには――すなわち、外圧に対処し、独立国家として「万国対峙」を図るためには――、新たな統一国家形成の下で、ヨーロッパ諸列強の生産力水準に追いつくための、自立した資本主義国家―社会の早急な育成が不可避となる。「富国強兵」「殖産興業」の諸政策がそれである。日本における明治維新は、かかる諸課題を担うべく遂行された。すなわち、統一国家体制の整備と、近代産業および諸制度の育成政策がそれである。こうした新体制の創出のためには、それに見合った大量の資金創出が必然化されるが、この課題に応えるべく、公債政策、銀行政策、租税政策等々の統一的展開が急がれたのであった。

　ところで、先進諸国の生産力水準に近づくためには、先進諸国の技術水準を移植するほかはない。このため、当初より有機的構成の高い機械制大工業として、国内における資本主義的生産が開始されることになった。この結果、雇傭労働の機会が相対的にせばめられ――後進性ゆえに資本主義的生産の規模が著しく狭小であったことが、その傾向に一層の拍車をかけた――成年男子のプロレタリア化を妨げ[*65]、消極化させた。このため、イギリスにみられたような大量の農家の挙家離村による激しい農民層分解は現出せず、一方での離農化傾向を含みつつも、松方デフレ下における地主的土地収奪の下で、農民はあくまで農村にしがみつき、そこに過剰人口を形成してゆく。つまり、地主―小作関係が一層の展開を遂げるのである。日本における高率小作料の要因もそこにある。そして、この高率小作料の負担を支えるかのように、農家の子女、二・三男が離村しプロレタリア化する現象、および賃労働等に片足を踏み入れた兼業農家の増大等々が顕著となってゆく[*66]。いわば「半プロ」小作農家の大量の出現である。要するに、農民からの土地収奪は、イギリス同様に激しい勢いで進行するが、被収奪者農民のプロレタリアートへの転化は、イギリス程急激には行なわれなかったのである。以上のような資本主義の生成過程における世界史的条件の相違が、原蓄の類型的差異を生じせしめたのである。

この点について、もう少し別の例を挙げて検討しよう。一八〜一九世紀に世界市場を制覇したイギリスにより、当時の後進資本主義諸国は、多かれ少なかれその世界市場へと強制的に包摂された。その過程で、すでに産業革命を経過した先進資本主義国イギリスの安価な製品が後進資本主義国へと流れ込み、そこにおける在来産業に壊滅的打撃をあたえ、経済的逼迫の度を加えることになる。そのため、後進資本主義諸国は、自国の経済的自立を図りイギリスに対抗してゆく手段として、「上から」の資本主義化政策を急がざるをえない。[*67] その典型がドイツ資本主義であり、ロシア資本主義の場合も、また、基本的には同様である。

ただし、ロシアにあっては、一九世紀中葉にクリミア戦争——「イギリス産業資本とロシア商人資本との争い」[*68]——の敗北という大打撃を受けたため、その国家体制は破局寸前に陥っていたという厳しい状況が、危機的様相にさらに拍車を加えた。この危機からの脱却は、旧来の方向——「農奴主的国家体制」[*69]——から資本主義の育成へと転換する以外に途はなかった。それに加えてドイツ以上に後進性が顕著であったがゆえに、その自立化のための急速な資本主義化が要請されたのである。このため、資本に転化すべき資金の創出政策は、いっそう急激に展開せざるをえない。いわゆる「大改革」時代の経済的諸改革がそれである。かかる状況下において、農民収奪と外債募集を基軸としつつ国家的に資金を集中し、それを基礎として高度な外国機械を導入するという方法で、「上から」の資本主義化が遂行されたところに、ロシア資本主義の特質がある。[*70] だが、このロシア資本主義の内容を、多少とも立ち入ってみると、「都市における工業の一面的発展、つまり全体としては狭小な規模で、しかも個々的には高度の集中をみた工業の発展、少数の極度に集中したプロレタリアート」[*71]という構造を示していたために、資本主義化の進展にもかかわらず、直接生産者の多くはプロレタリアートへと転化する機会に恵まれず、農村に過剰人口として滞留していたことを認めることができる。

以上のように、後進資本主義国における後期原蓄の特質は、資金の創出とプロレタリアートの創出という原蓄の二側面のうち、その世界史的条件に規定されて前者が積極的に展開されることとなり、その結果、直接生産者のプロレタリア化は緩慢化し、農村に過剰人口を堆積させることとなる。この歴史的定在が、日本の地主―小作的分解の下で生成した「半プロ」小作農家であり、農奴解放後の「雇役制的労働報酬体系」[*72]下に置かれたロシア農民にほかならない。

要するに、先進国型原蓄にあっては、前期原蓄の過程で析出されたプロレタリアート創出の前史を構成する媒介項たる流民・貧民層が、その後の発展の過程で次第に資本主義的生産関係の下に吸収されていったのに対し、後進国型原蓄の場合は、前期原蓄の過程で析出された媒介項――日本の例でいえば小作農や半プロ層――は、その世界史的条件に既定されてプロレタリアートへと転化することが甚だ困難であり、過剰人口として農村に滞留してゆく。つまり、媒介項自体が拡大再生産されるわけである。こうした後期原蓄過程の類型特質が、その後の確立期資本主義の性格に、規定的作用をおよぼすことになる。

結　日本的原蓄の類型的特質

「自己の労働に基づく私有」なる概念には、その論理性に大きな難点がみられることは、宇野弘蔵によってつとに指摘されているところであるが、ここでは、そうした論理性の次元からではなく、その歴史的定在の典型と見做されていた「独立自営農民」が、一五～一六（乃至一七）世紀のイギリス農民の中核をなすものではなかったことを明らかにすることによって、「自己の労働に基づく私有」範疇を、原蓄類型を把握する際の基軸概念とする視角を退けた。[*73] そして、新たな原蓄類型として、原蓄の二つの側面たる資金の創出とプロレタリアートの創出とが、その置かれた世界史的条件の下でいかなる展開を示すのかという視点から、プロレタリアートの創出が積極化される先進国型と、資金の創出により重点がおかれた後進国型とを設定した。

こうして、日本的原蓄の類型的特質の一半が明らかとなった。本章では、「自己の労働に基づく私有」論に対する批判的展開を導入部としつつ、直接生産者のプロレタリアートへの転化過程を中心に検討してきたが、次に、この後進国型原蓄の特質たる資金創出が、日本においていかなるメカニズムの下で展開されたのかを検討する段となった。この作業に着手するにあたっては、マルクスが「原蓄」章で指摘している植民制度、国債制度、近代的租税制度、保護制度等々[*74]の諸政策を体系的に取り上げてゆく必要があろう。

その際、次の諸点に留意すべきである。

㈠マルクスが「ヴェイ・ザスーリチの手紙への回答」(第一次草稿)のなかで、後進国ロシアにおける資金創出が、「農民の犠牲と負担」[*75]の下で急がれたことを強調し、山之内＝海野理論も、この点に注目している事実である。[*76] 海野はマルクスの「手紙」に拠りつつ、先進国型原蓄が「農民からの土地収奪」であったのに対して、後進国型のそれは、「封建的農民からの『農業労働の生産物』の収奪」[*77]であったと論じる。被収奪者が、果たして封建的農民であったかどうか、はたまた、「農民からの土地収奪」という原蓄の基礎過程を、先進国型の類型的特質のみに認めうるものかどうか、[*78] 多くの疑問が残るところではあるが、後進国型原蓄における資金創出の基底に、「農民からの『農業労働の生産物』の収奪」を挙げている点は、今後に具体化すべき重要な論点である。

㈡以上の事実は、後期原蓄過程におけるイギリスの租税収入が、関税、消費税、地租の三項目を軸としていたのに対し[*79]、関税、消費税に多くを望みえない日本では、地租の比重が極端に大きくなっていることとも関連する[*80]。これに地主—小作関係の下で生じた高率小作料の問題を結びつければ、「農民からの『農業労働の生産物』の収奪」のメカニズムが、「地租および地代の資本への転化」として具体化されるわけである[*81]。

㈢また、「本源的蓄積のもっとも精力的な槓杆の一つ」であり、「魔法の杖で打つかのように、不生産的な貨幣に、生殖力を与えて資本とな[*82]」す公債も、イギリスではその多くがフランスとの間での重商主義戦争の戦費調達の手段として発行されたのに対し[*83]、日本では、旧体制の変革—新体制の整備を目的とした公債が多く発行されるという好対照を示している[*84][*85]。

さらに、イギリス後期原蓄の過程にあっては、それほど積極的な産業政策がみられないのに対し、日本やロシアのような後進資本主義国の同過程にあっては、いわゆる「上から」の資本主義化—殖産興業政策が積極的に展開される。この事実こそ、後者において資金創出が急がれた根本的理由の一つであろう。

以上の相違点に着目しつつ、日本の後期原蓄過程における資金創出のメカニズムをやや具体的に考察してゆくことが、次章の課題となる[*86]。

註

＊1　カール・マルクス『資本論』第一巻、向坂逸郎訳（岩波書店、一九六七年）三頁。
＊2　同右、八九七頁。
＊3　福冨正美「B・Иザスーリッチの手紙への回答およびそれの下書き」（『マルクス・コンメンタール』Ⅴ、現代の理論社、一九七三年）二〇四頁。
＊4　『宇野弘蔵著作集——経済学方法論——』第九巻（岩波書店、一九七四年）。

＊5　淡路憲治『マルクスの後進国革命像』（未来社、一九七一年）二二一頁。

＊6　『歴史学研究』三〇八号、一九六六年。後、山之内靖『イギリス産業革命の史的分析』（青木書店、一九六六年）に収載。

＊7　歴史学研究会・日本史研究会編『講座日本史――明治維新――』5（東京大学出版会、一九七〇年）。

＊8　例えば、山下直登「日本型原蓄」（吉田晶・永原慶二・佐々木潤之介・大江志之夫・藤井松一編『日本史を学ぶ――近代――』4、有斐閣、一九七五年）、石井寛治『日本経済史』（東京大学出版会、一九七六年）等々。なお、海野福寿「原蓄論」（石井寛治・海野福寿・中村政則編『近代日本経済史を学ぶ――明治――』上、有斐閣、一九七七年）をも参照されたい。

＊9　この「自己の労働に基づく私有」なる範疇が、論理的に多くの難点を含むことは、宇野弘蔵によってつとに指摘されているところである。その一例を掲げる。「元来、『自分の労働にもとづく個人的な私有』なるものが、実は自分の労働にもとづかない土地の私有を前提としている」云々（前掲『著作集――資本論と社会主義――』第十巻、一九七四年、三五〇頁、その他、同右書三四九頁、『資本論に学ぶ』東京大学出版会、一九七五年、九七頁等々）。また、同様の視角から「私有」論を批判したものとして、山本哲三「『否定の否定』――資本主義の生成・発展・消滅の『必然性』をとく――」（佐藤金三郎・岡崎栄松・降旗節雄・山口重克編『資本論を学ぶ』Ⅱ、有斐閣、一九七七年）、同「所有論としての経済学批判――『領有法則の転回』の批判的検討――」（『経済学批判』4、一九七八年）他がある。なお、この「私有」論的発想の地平が古典派的残滓であることについては、大内秀明『宇野経済学の基本問題』（現代評論社、一九七一年）二二五頁以下を参照されたい。

＊10　海野、前掲論文、二三九頁。『資本論』（向坂訳版）の該当頁は第一巻九四九～九五〇頁（前掲）。

＊11　マルクス『資本論』第一巻（前掲）八九五頁。

＊12　原蓄を資本主義的蓄積とは峻別して、それに先行する蓄積と見做す見解に対して、平田清明、望月清司等は、資本主義的蓄積の下でも日々進行するものと捉える立場を表明しているが※（平田『経済学と歴史認識』岩波書店、一九七一年、望月「第三世界と本原的蓄積論」『経済評論』一九八一年一二月号、同「本原的蓄積論の視野と視軸」『思想』六九五号、一九八二年――傍点は引用者。以下、ことわりのない場合は同様――）、そうした理解では、原蓄の世界史上における意味を見誤り、それが資本―賃労関係の原生的成立の過程であることの意味を把捉しえまい。平田が絶賛するフランス語版『資本論』における「原蓄」篇の取扱いが、ドイツ語版における第七篇「資本の蓄積過程」中の第二四章として置かれていたのに対し、独立の第八篇として

位置づけられていることが、とりも直さず、資本主義的蓄積とは区別する点を明確化した措置と考えられるのではあるまいか。

※最近のいわゆる「従属理論」等にもかかる視角がみられることは、望月の指摘するところである。なお、「従属理論」の詳細な内容紹介については、湯浅赳男『第三世界の経済構造』（新評論、一九七六年）が、また、この理論の問題点に関しては、伊藤誠『現代のマルクス経済学』（TBCブリタニカ、一九八二年）第五章が、それぞれ詳しい。

＊13〜＊18　マルクス『資本論』第一巻（前掲）八九六〜九〇五頁。

＊19　同右、第三巻、一〇〇七頁。

＊20＊21　同右、第一巻、九五〇頁。

＊22　R.H. Tawney, *The agrarian Problem in the sixteenth Century,* トーニーの古典を利用した日本の研究者の一例を挙げると、以下の通りである。堀江英一「イギリス革命における土地問題——全体への序論——」（同編『イギリス革命の研究——その農業変革を中心として——』青木書店、一九六二年。後、『堀江英一著作集』第3巻、青木書店、一九七六年に収載）、越智武臣『近代英国の起源』（ミネルヴァ書房、一九六六年）第二章、山之内前掲書（第三章）、鈴木鴻一郎「『本源的蓄積』」（同編『マルクス経済学の研究』上、東京大学出版会、一九六八年）等々。

なお、鈴木はこの論稿において、「『本源的蓄積』は『一連の暴力的方法』を含むもの」（前掲論文、一二三頁）とするマルクスの規定に疑問を提示し、次の如くに主張する。「一六世紀のイギリス農民は、カピー・ホルダーのばあいでも、フリー・ホルダーのばあいでも、さらにリース・ホルダーのばあいでも、その保有地を地主の『個人的暴行』として『暴力的』に『収奪』されたとは一般的にいいがたいように思われる」（同右、一三四頁）とし、原蓄期における「土地収奪」は、「暴力」の介入なしに——つまり、純粋な経済過程として——遂行されたと断言する。このことを以て、鈴木は原蓄論の経済学上における位置を、次のように論じる。「『本源的蓄積』の全過程は、その『基礎』をなす『農民からの土地収奪』はもちろんのこと、すべてこれを経済的過程として処理することができるのではないかと考えられるのである。もしそういうことがいえるとするならば、従来のようにマルクスの立言をそのままに踏襲して『本源的蓄積』を政治的過程として取扱い、これを経済学の原理論から排除するやり方は反省を要するものがあるといわねばならない」（同右、一三五頁）と述べ、原蓄の全過程を経済学の原理論の中に位置づけるべきだとするのである。かかる鈴木の原蓄理解は、その独自な経済学の方法——「世資本主義」論的立場――から導出されたものであることは、一目瞭然である。すなわち、この「世界資本主義」論によれば、経済学の原理論は、「『世界市場』を『出発点』とする資本主義的生産様式の生成、成長、爛熟をその内部から原理的に模写し叙述するもの」（鈴木鴻一郎編『経済学原理論』上、東京大学出版会、一九六〇年、一七頁）であり、原蓄はその生成過程として内的に位置づけられるべきと考えられているのである。鈴木の以上のような原蓄理解に対して、最近、福留久大より「伝統的慣習法の世界を、契約的成文法の世界と錯覚」（「一五・一六世紀英国農民の状態――マルクスの農業革命論――」、日高普他編『マルクス経済学――理論と実証――』東京大学出版会、一九七八年、四三八頁）したものとの批判がされている。鈴木の「世界資本主義」論を検討するだけの余裕も能力も現在の筆者にはないが、そのユニークな「暴力」論抜きの原蓄論は、福留の批判をも射程に収めつつ、あらためて検討する価値があるかと思われる。

＊23　椎名重明『イギリス産業革命期の農業構造』（御茶の水書房、一九六二年）三一一頁。

＊24　田中豊喜『産業的中産者と前期的資本』（泉文堂、一九六二年）一二〇頁。

＊25　越智、前掲書、二四一頁。

＊26　こうした問題を別の角度から取りあげたのが堀江英一による大塚史学批判である。その要旨を以下に示す。「『実質上』農民的分割地所有が成立するという第一の方向で封建的土地所有が解消するとすれば、封建領主は『実質上』解消し貨幣地代も『実質上』解消する。だが、資本制的借地農が一般的に成立するという第二の方向がつらぬくとすれば、封建領主は旧来の農民占有者から土地を収奪するほど強力でなければならず、『実質上』解消していてはならない。一方が成立すれば、他方は成立することができない」（『堀江英一著作集』前掲、三〇四頁）。

＊27　松村幸一「領主経済の資本主義経済への移行――第一次囲込運動を中心として――」（堀江編、前掲書）一九五頁。

＊28　ただし、堀江グループの理解は硬直にすぎ、二者択一的な泥沼にはまり込んでいるきらいがある（註＊26に引用した堀江の主張は、その典型であろう）。「独立自営農民」が少数ではあっても決して架空の存在ではなかった以上、その両極分解による地主の生成という事実は認めないわけにはいかない。ここでの問題の本質は、すでに詳述したように、「独立自営農民」が全面開花したとする認識が、単なる観念上の産物にすぎないのであるから、地主制の形成―原蓄の歴史的趨勢として、両極分解を位置づけることが誤りだという点にある。なお、筆者とはその視角がおよそ異なるが、斉藤修の発言――「十七世紀のイン

グランドは（また、中世に遡っても――引用者）、比較的均質な小農からなる農村社会という姿からはほど遠い社会構成であった」（『プロト工業化の時代――西欧と日本の比較史――』日本評論社、一九八五年、一五二頁）――も、かかる両極分離論に対する否定の表明であろう。

*29 『堀江英一著作集』（前掲）三〇四頁。

*30 同右、三〇五頁。

*31 地主的土地所有を半封建的土地所有と見做す旧来の見解に対して、椎名重明の発言以来（『近代的土地所有――その歴史と理論――』東京大学出版会、一九七三年）、戒能通厚『イギリス土地所有法研究』（岩波書店、一九八〇年）、原田純孝『近代土地賃貸借法の研究』（東京大学出版会、一九八〇年）等の研究者によって、その近代的土地所有としての性格を強調する主張が、今日、趨勢を増しつつある。その研究史上の意義については、岩本純明「近代的土地所有と地主的土地所有――最近の論議をめぐって――」（『農業経済研究』五〇―三、一九七八年）、牧原憲夫「『近代的土地所有』概念の再検討――最近の西欧近代地主制史研究を手がかりに――」（『歴史学研究』五〇二号、一九八二年）を参照されたい。

*32 史実認識の誤りから理論的誤謬が生じたというよりは、むしろ、マルクスの内部に潜む古典派的残滓が、史実認識を誤らせたといった方が正鵠を得ているようである。

*33 マルクス『資本論』第一巻（前掲）九五〇頁。

*34 海野は、一五世紀のイギリス農民を「自己の労働に基づく私有」範疇の一方の典型として挙げ、小経営的生産様式＝土地所有農民＝分割地農民としての特質をもつものと理解しているが（前掲論文、二二九頁）、これらを一括して同一の範疇と捉えることには、大いに疑問がある。なぜなら、「小経営」とは、「土地の所有が労働者自身の生産物の労働者による所有にたいする一条件であり、また、自由な所有者であると、隷属民であるとを問わず、耕作者はつねに生活手段を自分自身で、独立に、その家族とともに、孤立した労働者として、生産」（マルクス『資本論』第三巻、前掲、一〇〇八頁）する形態をいうのであって、そこでは、自由な所有者であるか隷属民であるかは、問題ではないからである。つまり、「小経営」にとって、その経営主体が土地の所有者であるか否かは――すなわち、自作農であるか小作農であるか、あるいは農奴であるかは――、本質的な問題ではないということである。

＊35 海野、前掲論文、二二八～二三〇頁、二三九頁。

＊36 マルクス『資本論第一巻フランス語版――第7篇「資本の蓄積」・第8篇「本源的蓄積」――』林直道編訳（大月書店、一九七六年）一九六頁。

＊37 平田、前掲書、四六九頁。

＊38 フランス語版『資本論』を吟味しつつ、本源的蓄積といわゆる「第一の否定」との区別を提唱した大野節夫は、「自己の労働に基づく私有」論と同一の発想次元にある「単純商品生産社会」（本章註＊73参照）の歴史的非実在性を認めつつも、「資本家的所有の生成の歴史分析」をなす際には、その社会を理論的に想定することが許容されると論じた（『生成様式と所有の理論――『資本論』における「一般的結論」――』青木書店、一九七九年、一八六～一八七、一八九頁）。しかしながら、この過程は、まさに資本主義の歴史的生成過程そのものであり、その過程の抽象化作業がそれなりに必要であるとしても、旧社会から新しい社会へと移行しつつある過渡期社会を理論的に想定しうるとするのは、まったくのいい過ぎである。なんとなれば、過渡期社会にあっては、その体制固有の原理は存在せず、かかる原理のない社会を理論的に想定することは、論理的に不可能だからである。

＊39 ウォーラーステイン『近代世界システム――農業資本主義と「ヨーロッパ世界経済」の成立――』Ⅰ、川北稔訳（岩波書店、一九八一年）九九頁。

＊40 大谷瑞郎『資本主義発展史論』（有斐閣、一九六〇年）三五―三六頁。なお、浅田毅衛はこの間の事情を次の如くに説明している。「従来の農奴は賦役の金納化にともなって、コピーホールダーへと推転していった。かれらは、保有地の多くを一定期限付きかあるいは終身契約として貸借する土地保有農民なのである。したがって、従来の領主と農民の経済外的強制関係から貨幣的な契約関係へと農奴は事実上農奴制的隷属から解放されていったのである」（『イギリス賃労働形成史論』白桃書房、一九七四年、三九―四〇頁）。さらに、松村の先の主張（本書一七～一八頁）をも想起せよ。

＊41 『宇野弘蔵著作集――経済原論Ⅱ――』第二巻（岩波書店、一九七三年）一二九頁。

＊42 マルクス『資本論』第一巻（前掲）八九九頁。

＊43 同右、九〇〇頁。

*44　サプルイキン『イギリス農業革命と農民運動』福冨正美訳（未来社、一九六六年）七四頁。およびマルクス『資本論』第一巻（前掲）九一九頁。

*45　勿論、マルクスも流民層の広汎な存在という事実を無視していたわけではない。「原蓄」章第三節において、いわゆる「血の立法」の分析をおこなっているのが、その証左となる。だが、ここでのマルクスは、その「血の立法」への告発的要素が激列なあまりに、流民層の広汎な存在という事実を、原蓄を構成する契機の一つとして自覚していないという欠陥がある。

*46　渡辺寛「イギリス農業問題の展開過程」（大内力編『農業経済論』旧版、筑摩書房、一九六七年）五九頁。

*47　この数値は、「一六八八年のイングランドの家族別の収入支出一覧表」（G. King, *Natural and Political Observations and Conclusions upon the state and Condition of England*, 1696）より算出したものである。こうした史実認識を可能ならしめる有力な発言として、「救貧法の歴史とか、キングやダヴナントといった人びとの計算結果は、一七世紀末の貧民数は一六世紀の初めよりも人口構成の中ではむしろ高い比率を占めていたことを示している」と断言した、フィッシャー（『一六・七世紀の英国経済』浅田実訳、未来社、一九七一年、二〇頁）の一文を挙げておく。

*48　船山栄一によれば、一四〜一五世紀中葉が農村毛織物工業の開始期にあたり、一五世紀後半から一六世紀にかけての時期に至って、それが国民的産業として確立されたといわれている（「イギリス毛織物工業の構成と海外市場の動向」、高橋幸八郎・古島敏雄編『近代化の経済的基礎』岩波書店、一九六八年、三一五頁）。

*49　矢木明夫『資本主義発達史』（評論社、一九八〇年）四六〜四七頁。

*50　石高制の特質を一、二点挙げれば、そこでは在地領主制が基本的に否定されており、その存在がみられたとしても遺制的なものにすぎなかったことである。本来の封建制からすれば、これは相当に異質な体制であり、領主の在地制が否定されている分だけ、土地に対する領有権の弱化を準備していくことになる。加えて、石高制下における米納原則が、必ずしも生産物地代＝現物納とのみ理解することはできない側面を有しており、また、その体制当初より石代納形態の貢租が存在していたことも、封建制原理からすれば、その乖離は著しいというべきである。以上の石高制の特質をみただけでも、幕藩体制を従来の議論のごとくに「純粋封建制」とか「封建制の確立」とか理解する説が、その本質を捉えていないことは明らかであろう。次註*51に掲げる論者の見解は、如上の矛盾に対する有力な批判でもある。なお、拙稿「租税国家と地租」（近代租税史研究会編

『近代日本の形成と租税』有志舎、二〇〇八年）を参照されたい。

＊51　在地領主制を伴わない点に、幕藩体制の基本的特質の一つを見出す論者に、大谷瑞郎（『幕藩体制と明治維新』亜紀書房、一九七三年）がいる。また、中村吉治（『幕藩体制論』山川出版社、一九七二年、『日本の封建社会』校倉書房、一九七九年）、飯沼二郎（『石高制の研究――日本型絶対主義の基礎構造――』ミネルヴァ書房、一九七四年）、秀村選三（「石高制に関する二つの問題」『経済学研究』二九―二、一九六三年）等の研究者によって代表される「石高制」理解も、必然的に在地領主制の消滅という事実を、幕藩体制の特質として強調する見解に連なる。これら研究者の幕藩体制社会の位置づけは、したがって、かつての「純粋封建制」論とは好対照をなし、「初期近代社会」（大谷）、「解体期封建制」（中村）、「絶対主義」（飯沼）等々の理解となって表現される。

＊52　この点については、大石慎三郎による幕府法令を中心とした克明な分析がある（『享保改革の経済政策――第一部　享保改革の農村政策――』増補版、御茶の水書房、一九六八年）。ところで、この一七～一八世紀の境に成長をはじめたいわゆる質地地主の性格については、質入主の請戻し権が認められている点にその土地所有としての未成熟をみ、明治以降の寄生地主的土地所有とは質的に区別する見解が有力であるが（丹羽邦男『形成期の明治地主制』塙書房、一九六四年、他）、これに対して中村政則は、「ともかくも元利金の返済に耐えうるだけの条件が小農の側にあったから受戻しができるのだと主張することさえできるのであり、従ってかかる生産的条件を前提にしているからこそ、質地小作関係それ自体がなりたっている」（書評「丹羽邦男著『形成期の明治地主制』」『歴史学研究』三〇一号、一九六五年、四五～四六頁）とまったく逆の理解を示した。この二つの相異なる見解は、しかし、耕作農民による質地請戻しが現実的に可能であったとする点で同じ土俵に立っている。問題は、請戻し規定が存在したとしても、果たして現実的にそれが可能かどうかという点にある。おそらく、この解答は否定的なものしかあるまい。当時――一八世紀中葉――の政策担当者の質地に関する実態認識――「質地ニ入候程之もの者請戻候手当も無之、流池ニ罷成候類、数多有之候」（大石、前掲書、二四八頁）――が、それを端的に物語っている。したがって、質地請戻し規定は現実を直接に反映したものではなく、崩れつつある幕藩体制の原理――田畑永代売買の禁――の単なる反覆、乃至は小農側からする現実の条件――成長しつつある商品経済的契約関係――をほとんど無視したところから発する最後の抵抗の産物にすぎないのであって、歴史はそれを越えて質地請戻しが不可能な程に小農層の没落を進めていたのである。

以上のことから、この質地地主の生成という事実は、原蓄の日本における端緒的現象として理解すべきである。

＊53　幕藩体制の初期には、領主による新田開発・治水事業等々によって、現実の生産力の把握もそれなりに可能であるが、その後は再検地以外に方法がなくなり、農民の抵抗が予測されうるその実施は到底不可能であり、現実の生産力の掌握も放棄せざるを得ないことになる（中村哲『世界資本主義と明治維新』青木書店、一九七八年、二一一頁）。

＊54　古島敏雄『近世経済史の基礎過程――年貢収奪と共同体――』（岩波書店、一九七八年）二六四、三三五頁以下。

＊55　商業的農業や農村加工業の展開にともなって、新たな雇傭労働機会が生じることになるが、その生産規模は概して零細であった。この点は、今日までの豊富な研究史が示しているところでもあるが、近年では、水戸藩村方地主平戸家の絞油生産における雇傭労働力が五、六名にすぎなかったという山口徹の報告（「幕藩制市場の再編と商品生産」歴史学研究会・日本史研究会編『講座日本歴史――近世2――』6、東京大学出版会、一九八五年、二五七頁）がある。

＊56　一八世紀以降、農民層分解が急激に進行するが、勿論、その内容は一様ではない。山崎隆三によれば、「萌芽的利潤」の一般的形成の有無に応じて、「ブルジョア的分解」と「質地地主的分解」との二つの型が生ずるとされているが（「江戸後期における農村経済の発展と農民層分解」、岩波講座『日本歴史――近世4――』12、岩波書店、一九六三年、三六二頁以下）、イギリスをも含めた西ヨーロッパ諸国の場合にも、この「ブルジョア的分解」が「両極分解」論を含意する限りでは、一般的傾向としては展開しなかったといってよい。

＊57　海野によって、その理論的意義を高く評価された佐々木潤之介によると（海野、前掲論文、二四六〜二四七頁）、無産大衆の広汎な存在にもかかわらず、「資本関係」が未熟な展開しか遂げていない点を日本の原蓄の特質として取りあげ、そこに日本の停滞性の根拠を見出すのであるが（『幕末社会論――「世直し状況」研究序論――』塙書房、一九六九年、六二〜六三頁）、本文においても指摘したように、この資本家的生産関係の未成熟というのは、すぐれて前期原蓄過程一般に通ずる特質なのであるから、それを日本の停滞性の根拠とすることはできない。

＊58　ロシアにおける「雇役制」、ドイツにおける「農場領主制」等々も、直接生産者のプロレタリアートへの転化の媒介項として位置づけることができる。勿論、それらを通説の如くに「再版農奴制」といって済ましてしまうわけにはいかない。「雇役制」等を「再版農奴制」と捉え、そこにおける農民を「債務奴隷」というのならば、それに対応するのが、「プロレタリアー

ト＝賃金奴隷」といういいまわしである。後者の場合は、比喩的な意味における表現以外の何物でもないことは言を俟たない。同様に前者の用語法も、説明概念というよりは、むしろ記述概念として用いるべきものであろう。何故なら、その債務はあくまで契約関係に基づいて生じたものであって、いかに労働によって弁済しようとも、そこに農奴支配のための「経済外的強制」が存在していなければ、その語は説明概念として成り立たないからである。結局、「雇役制・農場領主制」＝「再版農奴制」という発想は、農奴や奴隷と同様の過酷な労働と生活条件の下に置かれている農民の立場に目を奪われすぎたがゆえに、その本質を見失ってしまった理論的立場にほかならない（同様の見解は、渡辺寛『レーニンの農業理論』御茶の水書房、一九六三年、一二三頁）にも表明されている。また、最近ではウォーラースティンが――本書の視角とは異なるが――、「再版農奴制」や「分益小作制」の資本主義的性格を強調している点が、注目される（前掲書Ⅰ、一二九、一七八頁、同Ⅱ、一三八、一九六頁等々）。

＊59　オランダ等も、本文に記した意味からすれば、ある特定の時期までは「先進」国であった。

＊60　産業革命以前の世界に「先進―後進」図式が成り立ちえないことを、イギリスとエジプトの例をとって解明した最近の労作として、冨岡倍雄「産業革命と途上国」（冨岡倍雄・梶村秀樹編『発展途上経済の研究』世界書院、一九八一年）が挙げられる。

＊61　これを別の観点からみれば、農業部門における土地所有者―資本制借地農業者―農業プロレタリアートといういわゆる三分割制が成長し、近代的土地所有の完成形態たる資本家的土地所有の確立の方向性が明らかとなった時期といえる。

＊62　こうした理解は、柴垣和夫の発言（『日本金融資本分析』東京大学出版会、一九六五年、四六～四七頁）から示唆をうけている。なお、旧稿「本源的蓄積の二類型――日本的原蓄の理論的諸前提――」（『歴史評論』四二七号、一九八五年）で同様の註記をした際に、「資金創出」を日本的原蓄の特質と捉えた最初の研究は、楫西光速・加藤俊彦・大島清・大内力『日本資本主義の成立』Ⅱ（東京大学出版会、一九五六年）ではないかとの指摘を、石井寛治氏よりうけた。この点は、確かに石井氏の指摘の通りであるが、同書では、まだ意識的には後進国型原蓄の特質として「資金創出」を位置づけてはおらず、維新期の財政・金融政策の一部を、「資金の創出」という項目を立てて取扱っているにすぎない。このことから、筆者がヒントを得た先行研究として、柴垣の発言を註記したのである。ところで、柴垣は、『シンポジウム・日本歴史――日本の産業革命――』第一八巻（学生社、一九七二年）七二頁においても、同様の主張をしているが、他の参加者からはまったく無視されている。

＊63　この段階における世界市場の特質を、英、米、仏等々の各資本主義国の具体的な動きのなかから捉え直し、その世界史的拡

がりのなかで幕末開港のもつ意味を確定せんとした最近の意欲的なコンファレンスとして、石井寛治・関口尚志編『世界市場と幕末開港』（東京大学出版会、一九八二年）がある。

*64 ここにいう先進資本主義国とは、その典型たるイギリスを除けば、あくまで日本に比して相対的に「先進」国であったという意味で用いている。

*65 大内力『日本経済論』上（東京大学出版会、一九六二年）一三一～一三二頁。なお、このような成立期の日本資本主義の特質について、大谷瑞郎は、「『産業革命』が、いわば資本主義の本源的蓄積過程の仕上げのような色彩を強くおび」（『世界史のなかの日本史像』亜紀書房、一九八一年、八九頁）ていたとの、注目すべき発言をしている。こうした指摘も、後進資本主義国における原蓄の一面を物語るものであろう。

*66 隅谷三喜男『日本賃労働史論——明治前期における労働者階級の形成——』（東京大学出版会、一九五五年）二六頁以下。

*67 こうしたイギリス資本主義のインパクトが、ヨーロッパの後進資本主義国に対してその自立を余儀なくさせ、保護関税の採用やイギリスからの機械輸入の動きを顕著にし、国内経済の発展とイギリスへの対抗のための大きな刺戟をあたえることとなった点については、角山栄「イギリス綿工業の発展と世界資本主義の成立」（河野健二・飯沼二郎編『世界資本主義の形成』岩波書店、一九六七年）を参照されたい。

*68 和田春樹「近代ロシア社会の構造」（『歴史学研究——世界史と近代日本——』一九六一年大会別冊特集）七頁。

*69 同右。

*70 同右、および日南田静真『ロシア農政史研究』（御茶の水書房、一九六六年）第二章第三節。なお、中山弘正「ロシア資本主義成立期の諸問題——工業をめぐって——」（『経済史林』三一—四、一九六三年）をも参照。

*71 渡辺寛『レーニンとスターリン』（東京大学出版会、一九七六年）三七頁。この具体的内容については、レーニン『ロシアにおける資本主義の発展』（マルクス＝レーニン主義研究所訳『レーニン全集』第四版、第三巻、大月書店、一九五四年）五三六頁以下で分析されている。

*72 日南田、前掲書、二五二頁以下。

*73 「自己の労働に基づく私有」論的発想は、本章で対象とした「原蓄」章のみならず、『資本論』の他の箇所にも見出される

ものである。冒頭「商品」章における価値の実体規定は、その典型である。また、この「私有」範疇が歴史的にも実在したとする史実認識と相俟って、冒頭商品の性格が歴史上の単純商品と見做される。こうして、「自己の労働に基づく私有」範疇は、歴史上にいわゆる「単純商品生産社会」なる架空の社会が実在したとする論拠にされるわけである。かかるマルクスの古典派的発想の残滓を丹念に探りだし、それをいっそう強調する通説的立場こそ、原蓄論を無用の混乱に陥れた元凶なのである。

＊74 マルクス『資本論』第一巻（前掲）九三八頁以下。

＊75 『マルクス・エンゲルス農業論集』大内力編訳（岩波文庫、一九七三年）五八頁。

＊76 山之内、前掲書、九三頁、海野、前掲論文、二三六頁。

＊77 海野、前掲論文、二四三頁。

＊78 「農民からの土地収奪」は、本章の論旨からも明らかなように、全原蓄過程の基礎をなすものであり、したがって、前期原蓄のみならず、後期原蓄における先進、後進両類型にも共通するものである。

＊79 山根誠一郎「一八世紀イギリスの戦争財政の構造」（『経済学批判』6、一九七九年）三五頁表2。

＊80 ただし、このことは、地租改正が農民層の分解に与えた影響を過大視する通説的見解を容認するものではない。改租後の農民層分解は、むしろ松方デフレ下における経済的諸条件によって惹起されたとみるべきである。詳しくは拙著『日本資本主義と明治維新』（文献出版、一九八八年）第三章第三節を参照されたい。

＊81 原蓄期において、この「地租および地代の資本への転化」のメカニズムが創出され、それを歴史的前提として、地主制が資本主義の構造的一環のうちに繰り込まれてゆく過程を実証的に解明した労作に、中村政則『近代日本地主制史研究――資本主義と地主制――』（東京大学出版会、一九七九年）がある。

＊82 マルクス『資本論』第一巻（前掲）九四二頁。

＊83 山根、前掲論文、二九頁。

＊84 藤村通『明治前期公債政策史研究』（大東文化大学東洋研究所、一九七七年）一一頁表2。

＊85 一八世紀初頭のイギリスにおける公債投資が、「相対的に供給過剰の状態にあった国内資本によってまかなわれた」（浜林正夫『イギリス名誉革命史』下巻、未来社、一九八三年、三四一頁）という事実も、資本蓄積の低位な日本の状況――一八八五

年までに交付された公債のうち、発行形式が募集によるものはわずかに二割弱（外積をも含む）にすぎず、残余の大部分は交付公債であった（『大内兵衛著作集』第二巻、岩波書店、一九七四年、二〇頁）――こととは、おおいに異なる点である。ここにも、その類型的差異の一端がうかがえよう。

＊86　本章で検討した直接生産者のプロレタリアートへの転化過程に関する記述は、あくまで原蓄の類型化作業の一環としてのスケッチの範囲を出ていない。このテーマは、農民層分解―地主制の形成との関連に留意しつつ、具体的に分析されねばならないが、ここでは、それを体系的に取り上げる余裕はないので、以下、研究史の動向について、一言だけ述べておきたい。形成期地主制の研究は、一九五〇年代に多大なる実証的成果を残したが、それを理論的に総括すべき段階を目前にして、まったくの停滞状況へと陥ってしまった。六〇年代に入ると、歴史学界の問題関心は、資本主義の成立期から確立期へと移行し、それに応じて地主制の研究も形成期から「確立」期へと、その対象とする時期を変えていった。その間、形成期地主制の研究に関しては、わずかに大石嘉一郎（「農民層分解の論理と形態――いわゆる『寄生地主制』の研究のための一試論――」『商学論集』二六―三、一九五七年）や、安孫子麟（「日本地主制分析に関する一試論」『東北大学農学研究所彙報』一二―二・三、一九六一年）、同「寄生地主制論」（歴史学研究会・日本史研究会編『講座日本史――日本史学論争――』9、東京大学出版会、一九七一年）による理論的総括が試みられた外は、みるべき成果を挙げえなかった。六〇年代の地主制研究は、周知のように、日本資本主義と地主制との相互関連および地主制の「確立」期をめぐって、中村政則（「日本地主制史研究序説――戦前日本資本主義と寄生地主制との関連をめぐって――」。後、中村、前掲書に収載、他）と、安良城盛昭（「地主制の展開」、岩波講座『日本歴史――近代3――』16、岩波書店、一九六二年、他）との論争を軸として展開されていった。だが、高村直助が鋭く指摘しているように（『日本資本主義史論――産業資本・帝国主義・独占資本――』ミネルヴァ書房、一九八〇年、四一頁）、地主制が資本主義の従属的ウクラードとして存在していたのだとすれば、その「確立」期を設定することに、それ程の意味を見出すことはできない。したがって安孫子が、原蓄期の地主制と資本主義の構造的一環の下に繰り込まれた地主制とを明確に峻別せよと強調された視角（前掲論文）も、かつての形成期地主制研究の理論的弱点を、それなりに補強しうる意義を認めるにしても、その主張に全面的には賛意を表しがたい。なお、安良城―中村論争の問題点に関しては、拙稿「茨城県畑作地帯の地主制と農地改革」（丸山雍成編『日本近世の地域社会論』（文献出版、一九九八年）を参照されたい。

第二章

日本的原蓄の政策体系
——資金創出のメカニズム——

本章では、マルクス云うところの原蓄の諸契機たる植民制度、国債制度、近代的租税制度、保護制度等々の日本における展開を、資金創出のメカニズムの一環として解明する。こうした一連の政策体系が実施に移されるのは、いうまでもなく明治維新期の財政・金融政策をおいて外にはない。ところで、以上の諸政策のうち、植民制度としては、朝鮮、沖縄、北海道との関係を検討する必要があるが、当該テーマに関する研究蓄積が著しく立ち遅れていることに加えて、筆者の能力不足もあり、また、イギリスとは異なり、日本では他の諸契機よりはおよそその存在意義が弱いことから、とりあえず本書では割愛せざるをえなかった。保護制度の場合も、当時の強制された対外関係下にあっては、保護関税や特定商品に対する輸出入制限等々の実施が不可能であったため、ここでは直接取り上げない。したがって、国債制度と租税制度、その両制度と深い関連を有する銀行制度の分析が、本章の中心をなす。

1　草創期維新財政の基調

一八六七（慶応三）年一二月九日の討幕派による王政復古クーデターの成功後も、新政府部内における公議政体派の勢力は依然として大きく、政局は両グループの複雑な連合と対立を孕みつつ進展してゆく。この状況に終止符を打ったのが、翌六八(慶応四)年正月三日の鳥羽・伏見の銃撃戦にはじまる戊辰戦争であった。この鳥羽・伏見の戦いは、新政府部内における討幕派の優位を決定的なものとし、その後の一連の内乱の過程で、彼らは維新官僚として成長し、集権化を推し進める担い手となってゆく。[*1] こうして成立した維新政府にとって、国家統一のための課題は内外ともに山積していたが、それを遂行すべき財政基盤はすこぶる脆弱であった。発足当初の維新政府にあっては、およそ八〇〇万石程度の旧幕府領と佐幕諸藩からの接収地とを直轄したにすぎず、残余は旧態依然たる状態のまま藩として割拠していたのである。

したがって、維新政府の歳入には多くを期待できないにもかかわらず、国内統一のための戦費、新体制創出・整備の諸費用等々の支出がかさみ、その財政事情はすこぶる不安定であった。次に掲げる表1が、その間の事情を端的に表明している。

旧くは関順也、[*2] 近年では千田稔[*3]によってつとに指摘されているように、この草創期の維新財政は、一・二期と三・四期とでは、その特質に大きな相違がみられる。それを歳入面から捉えると、一・二期では租税収入が全歳入のわずか一割前後であるのに対して、三・四期になると四五~五八%にまで激増する。かかる変化は、一つには、「明治元年ニ属スル諸税ノ大半ハ二年ニ至ラサレハ之ヲ納入セス。而シテ宜シク本期ニ納入スヘキ前年ノ諸税ハ各地ノ兵燹ニ罹リ若クハ賊徒ノ掠奪スル所ト為リ、耗失ニ帰スルモノ亦少シトセス、唯僅カニ残存ノ貢納有ルノミ」[*4] という内乱による影響と、当時の水害等に対する減免、大量の延滞納、府県経費の控除(一期—六九%、二期—五七%、三期—二八%、四期—七%)等々の諸事情が重なったためである。[*5] こうした租税収入の不足を補なったのが、太政官札の発行であり、豪農商からの借入金であった。その収入は、一期八七%、二期

表 1　明治初期歳入出表

単位：千円，（　）内は百分比

		費目＼期間	第 1 期		第 2 期		第 3 期		第 4 期	
歳入	通常歳入	租税収入	3,157	(9.5)	4,400	(12.8)	9,324	(44.5)	12,852	(58.0)
		地租	2,009	(6.1)	3,356	(9.7)	8,219	(39.2)	11,341	(51.2)
		海関税	721	(2.2)	503	(1.5)	648	(3.1)	1,072	(4.8)
		各種税	427	(1.3)	541	(1.6)	457	(2.2)	439	(2.0)
		官業等収入	50	(0.2)	84	(0.2)	110	(0.5)	329	(1.5)
		官工収入	—	(—)	34	(0.1)	38	(0.2)	119	(0.5)
		官有物所属収入	50	(0.2)	50	(0.1)	72	(0.3)	210	(0.9)
		雑収入	458	(1.4)	184	(0.5)	609	(2.9)	2,160	(9.8)
		小計	3,665	(11.1)	4,666	(13.5)	10,043	(47.9)	15,341	(69.3)
	臨時歳入	紙幣発行等収入	28,769	(86.9)	24,875	(72.2)	10,137	(48.4)	2,145	(9.7)
		紙幣発行	24,037	(72.6)	23,963	(69.6)	5,355	(25.5)	2,145	(9.7)
		公債・借入金	4,732	(14.3)	912	(2.6)	4,782	(22.8)	—	(—)
		雑収入	655	(2.0)	4,899	(14.2)	779	(3.7)	4,658	(21.0)
		小計	29,424	(88.9)	29,772	(86.5)	10,916	(52.1)	6,804	(30.7)
		総計	33,089	(100.0)	34,438	(100.0)	20,959	(100.0)	22,145	(100.0)
歳出	通常歳出	官省経費	1,675	(5.5)	2,425	(11.7)	2,847	(14.2)	2,790	(14.5)
		陸海軍費	1,060	(3.5)	1,548	(7.4)	1,500	(7.5)	3,253	(16.9)
		地方費	938	(3.1)	1,571	(7.6)	1,269	(6.3)	979	(5.1)
		国債元利償還	—	(—)	—	(—)	—	(—)	439	(2.3)
		家禄・賞典禄	295	(1.0)	1,607	(7.7)	2,031	(10.1)	4,048	(21.0)
		雑支出	1,538	(5.0)	2,210	(10.6)	2,102	(10.5)	717	(3.7)
		小計	5,506	(18.0)	9,360	(45.0)	9,750	(48.5)	12,226	(63.6)
	臨時歳出	征討費	4,512	(14.8)	2,316	(11.1)	1,227	(6.1)	96	(0.5)
		貸付金	18,444	(60.5)	4,923	(23.7)	977	(4.9)	1,206	(6.3)
		返済金	461	(1.5)	1,768	(8.5)	2,540	(12.6)	2,027	(10.5)
		雑支出	1,580	(5.2)	2,419	(11.6)	5,613	(27.9)	3,681	(19.1)
		小計	24,999	(82.0)	11,426	(55.0)	10,358	(51.5)	7,009	(36.4)
		総計	30,505	(100.0)	20,786	(100.0)	20,108	(100.0)	19,235	(100.0)

註）「歳入出決算報告書」上巻（『明治前期財政経済史料集成』——以下，『史料集成』と略記——第 4 巻，明治文献，1962 年）46〜47（折込）頁より作成．
各期の期間は以下の通り．
第 1 期　1867（慶応 3）年 12 月〜1868（明治元）年 12 月
第 2 期　1869（明治 2）年 1 月〜1869 年 9 月
第 3 期　1869 年 10 月〜1870（同 3）年 9 月
第 4 期　1870 年 10 月〜1871（同 4）年 9 月

表２　明治初期の官工諸費

単位：千円

費目＼期間	第１期	第２期	第３期	第４期
鉄道建築費	—	—	1,561,491	958,775
鉄道常費	—	—	18,356	9,411
鉱山諸費	16,628	131,376	262,931	308,553
電信諸費	3,739	4,274	9,703	5,854
燈台諸費	43,669	223,411	282,275	387,459
製鉄所諸費	256,362	231,972	357,086	—
造船製作所諸費	—	—	—	462,188
造幣諸費	257,307	163,958	244,674	334,840
紙幣製造費	117,502	262,343	555,851	51,123
総計	695,207	1,017,334	3,292,366	2,518,203
（百分比）	(2.3)	(4.9)	(16.4)	(13.1)

註）「歳入出決算報告書」上巻（『史料編成』第４巻，前掲）48頁以下より作成.

七二％と歳入の大半を占めていた。三・四期に入ると、歳入構成は一変する。大きな変化として挙げられるのは租税収入の急増であり、それにともなう紙幣発行額の減少である。この結果、歳入に占める通常歳入の割合が顕著に増加し、わずかながらも歳入構造の安定化の方向がみえはじめる。ここにきての租税収入の増加は、直轄地を中心とした租税増徴政策の展開[*6]と前期の延滞納分の徴収によるところが大きく、この期における集権化政策の前進の一環として捉えることができる。

次に、歳出についてみると、一・二期には臨時支出たる貸付金と征討費が大きな比重を占めるが、三・四期にはこの二項目の支出が激減し、代わって通常支出部分の官省経費・陸海軍費等の行政費、および家禄・賞典禄の増加がやや目立つ。一・二期に支出の主要部分を占めた貸付金は、先述した太政官札の発行とその流通促進のための諸藩・豪商への貸付政策の結果であり、征討費は云うまでもなく戊辰戦争費がその大半を占めている。また、三・四期に入ると雑支出の増加がみられるが、ここで括った支出部分のうち、表2における様に官工諸費がその大半を占めている。つまり、「上から」の資本主義化を目指すための、官営事業への支出がこの期に至って顕在化するのである。

以上のように、草創期の維新財政は、内乱期にあたる一・二期と、一応その終熄を果たした三・四期とを対比すると、そこに、財政構造の上で大きな変化がみられた。その変化を要言すれば、臨時歳入中心の財政構造から、通常歳入中心のそれへの転換であり、財政の安定化の方向であった。もっとも、安定化の方向とはいっても、それは、いまだその緒を見出したにすぎず、本格的に財政基盤を整えるためには、租税権の中央統一を図る必要があり、また、それによる安定した財源を確保せねばならなかった。そのための諸政策が廃藩置県であり、地租改正である。前者は、租税権を集中した反面、俸禄や旧藩債の処理の諸費用を維新政府が担わねばならなくなり、その支出削減のための秩禄処分が必然化される。加えて、三・四期頃からやや目立ちはじめた官営部門への投資は、先進諸列強からの経済的自立のための唯一の方策として、さらに積極化せざるをえず、いわゆる殖産興業政策の推進を図らねばならなかった。こうして、維新政府は、対外的独立のための新体制の創出・整備、そのための資金創出という巨大な課題を背負うことになる。

2　不換紙幣と公債の発行

前節でみた如く、成立当初の維新政府にとって、その財源不足は極度にまで達しており、「政府財政ノ困難ナル殆ト名状スヘカラサルモノ」[*7]という状態であった。当時の財政担当者たる会計局判事も、一八六八（慶応四）年四月の財政状況について「当局ノ会計ハ名ハカリニテ空局同様ノ儀」[*8]と、その危機を訴えている。かかる財源不足に対処し、諸経費を捻出するための方法が紙幣の発行であり、公債の発行であった。

表3　会計基立金応募者別集計表

			人（口）数	正金応募額	金札応募額	合計	1人（口）当金額	百分比
				両	両	両	両	%
商人	三都商人	為替方三組	3人	179,000	150,000	329,000	109,666	11.5
		御用達商人	57人	396,500	230,000	626,500	10,991	22.0
		株仲間	197組	102,274	—	102,274	519	3.6
		個人	3,450人	1,055,121	—	1,055,121	305	36.9
		町中	48町	8,660	—	8,660	180	0.3
		御用達商人	8人	65,500	—	65,500	8,187	2.3
		株仲間	4組	8,528	—	8,528	2,132	0.3
		個人	764人	189,369	—	189,369	247	6.6
	在方商人		265人	110,645	—	110,645	417	3.9
（小計）			（4,597人249口）	（2,115,597）	（380,000）	（2,495,597）	（515）	（87.4）
農民			1,084人	297,860	—	297,860	274	10.4
その他		個人	23人	4,530	500	5,030	218	0.2
		寺社	4口	17,000	—	17,000	4,250	0.6
		府県	2口	39,904	—	39,904	19,952	1.4
合計			5,654人 255口	2,474,891	380,500	2,855,391	483	100.0

註）中井信彦「商人地主の諸問題」（歴史学研究会編『明治維新と地主制』岩波書店，1956年）238頁．

その最初の方策が、由利公正の発案になる会計基立金三〇〇万両の募集と太政官札四八〇〇万両の発行である。前者は、当面の資金調達の手段として、京都の三井・小野・島田の為替方三家と、大阪の鴻池家以下の十人両替を中心に応募者を募り、「是を国債とし万国普通之公道を以可及返弁」[*9]とする、「日本における最初の内国債といわれるもの」[*10]であった。この募集は思うにまかせず紆余曲折を経た後、最終的には——その応募額には異説があるが、「会計官調達金元帳」に拠った中井信彦によると——、表3の如く、総額二八六万両弱がそれによって調達された。その地域別内訳は畿内諸国で七五%を占め[*11]、他を圧倒している点が注目される。

　このほかにも、第一・二期にわたっての借入金は、「八期間歳入歳出決算報告

表4　太政官札発行内訳

	両
府県	1,584,000
藩	9,609,700
藩預所	139,000
旗本	1,500
商法会所	6,560,000
財政補塡	30,105,800
総計	48,000,000

註）沢田章『明治財政の基礎的研究』復刻版（柏書房，1966年）120頁以下．

表5　政府紙幣発行額

種類	発行額	発行年
	千円	
太政官札	48,000	1868～69
民部省札	7,500	1869～70
大蔵省兌換証券	6,800	1871～72
開拓使兌換証券	2,500	1872
新紙幣	146,790	1872～77
改造紙幣	64,400	1881～85
総計	275,990	1868～85

註）『明治財政史』第12巻（吉川弘文館，1972年）4頁より作成．

書」[12]によると、内国民よりの借入金四七〇万円弱、外国商社よりの借入金一〇〇万円弱[13]の総額五六四万円がある。

次に、太政官札（金札）であるが、この紙幣は、当初、諸藩の殖産興業資金として貸付けることにより、その流通促進を意図する方針がとられたが、表4にみられるように、発行総額四八〇〇万両のうち、府県・藩・藩預所・旗本への貸付に加えて、京坂の豪商等を対象とした商法会所への貸付総額は、一七八九万円[14]（三七・三％）にすぎず、残余の三分の二弱は、赤字財政を補填するために用いられている。貸付を受けた諸藩にあっても、本来の殖産興業の資金として利用されることなく、その多くは「各藩の経費の方へ遣ひ込んでしまふ[15]」有様であった。ところで、その太政官札は、政府信用が薄いこともあって、発行後まもなく流通困難となり、正貨四〇両に対し太政官札百両にまでその価値が下落したため、これまで太政官札の時価通用を認めていたが（打歩の公認）、翌六九（明治二）年四月には、この時価通用を廃し、さらに五月には発行額を三、二五〇万両と限定するとともに打歩をも禁じ、また、これらをすべて政府発行の新紙幣と兌換する方策を講ずることによって、ようやく太政官札の価格下落に歯止をかけその流通促進に成功し、翌七〇（同三）年中頃には時価を回復するまでに至った。

表6　新紙幣発行内訳

	千円
官省札回収	52,897
旧藩札回収	22,618
開拓使経費補填	1,100
大蔵省兌換証券回収	6,784
開拓使兌換証券回収	2,464
（小計）	85,863　（59.8%）
出納寮繰換貸	8,000
為替会社へ貸付	525
西南征討費	27,000
予備紙幣	22,188
（小計）	57,714　（40.2%）
総計	143,577（100.0%）

註）『明治財政史』第12巻（前掲）101～102，120頁より作成．

太政官札の発行を契機として、以後、大量の政府紙幣が発行されるが、それらは、表5にみられる如くである。これによれば、八五（明治一八）年までに太政官札を含めて六種類の政府紙幣が、総額二億七六〇〇万円弱発行されている。もっとも、七二～七七（同五～一〇）年にかけて発行された新紙幣は、「金札贋造ノ弊ヲ救治シ兼テ旧藩札錯雑ノ害ヲ匡生スル」[*16]こと、つまり、太政官札と藩札の整理回収を目的とし、加えて旧紙幣たる民部省札・大蔵省兌換証券、開拓使兌換証券をも交換回収し、幣制の統一を企図したものであるから、六種の紙幣発行総額がそのまま流通高となるわけではない。しかしながら、表6に明らかなように、上記の目的から発行されたものは、総額一億四〇〇〇万円強のうち、八六〇〇万円弱にすぎず、他の四〇%におよぶ五八〇〇万円弱は、出納寮繰換貸・為替会社への貸付・西南征討費・予備紙幣（損傷紙幣の交換用であるが、歳入の一時的不足の解消に利用し、残高が累積）等々に流用されている。つまり、旧紙幣の整理という目的を逸脱して、明らかに財政補填のために新規に増発されているのである。

　こうした政府不換紙幣の大量発行に加えて、七六（明治九）年の国立銀行条例の改正による国立銀行券の不換化にともなう大量増発（三四〇〇万円余）の結果、図1にみられるように、一億六〇〇〇万円余にものぼる紙幣が流通するに至った。これが、明治一〇年代（一八七〇年代末～八〇年代初頭）のインフレーションの直

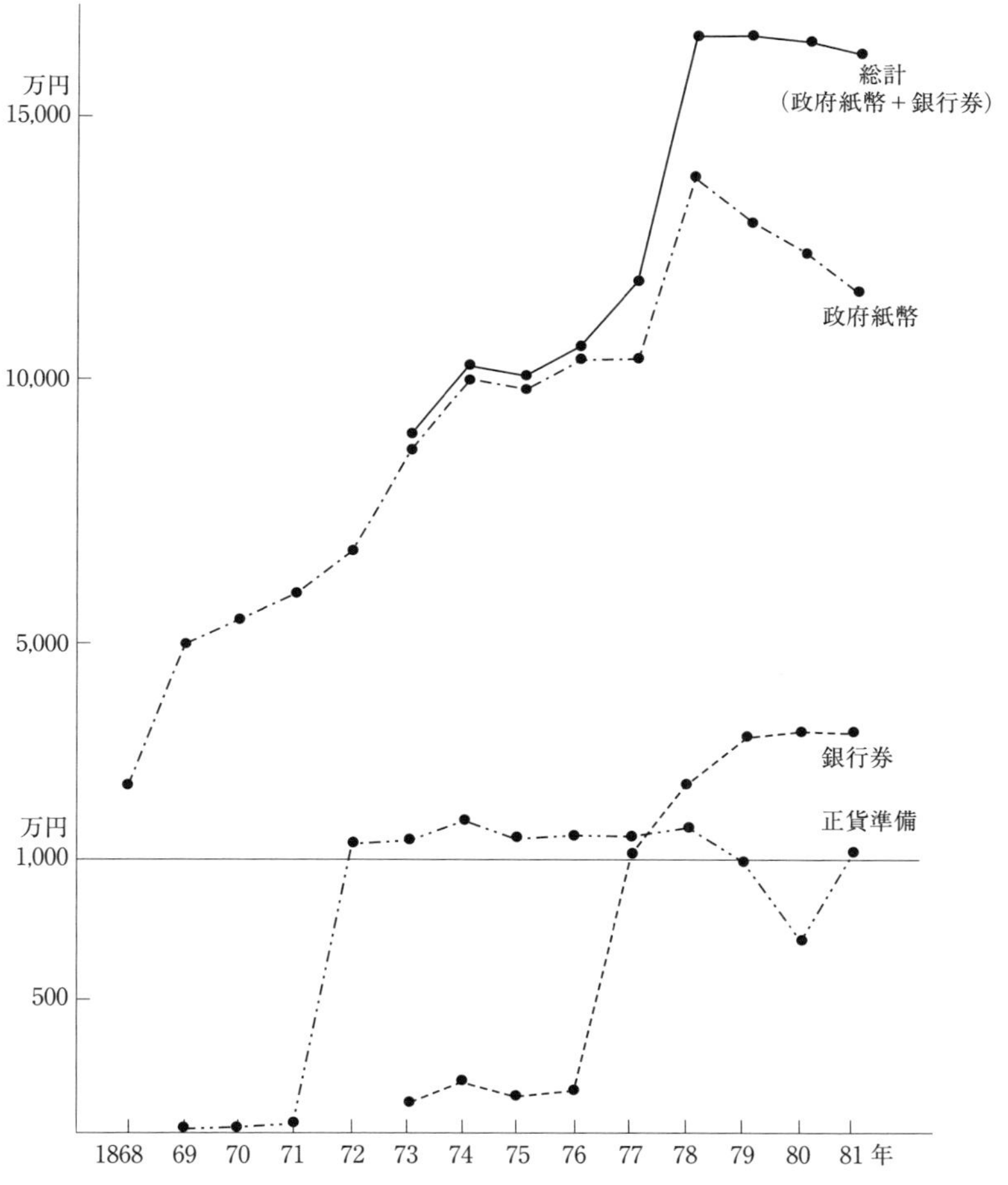

図 1　明治前期紙幣流通高および正貨準備高（Ⅰ）

註）「明治三十年幣制改革始末概要」(『史料集成』第 11 巻ノ 2，明治文献，1964 年）345 頁より作成．

表７　明治前期公債一覧

発行目的	公債名	金額		発行年	利率	発行形式
		千円	%			
旧幕藩債務の継承	東洋銀行借入	500	(0.2)	1868	15%	
	新公債	12,423	(4.2)	1872	4%	交付
	旧公債	10,973	(3.7)	1872	無利子	交付
秩禄処分	７分利付外国公債	11,712	(4.0)	1873	7%	募集
	秩禄公債	16,566	(5.6)	1874	8%	交付
	金禄公債	173,903	(59.3)	1876	10,7,6,5%	交付
	旧神官配当禄公債	334	(0.1)	1878	8%	交付
軍事	征討費借入金	15,000	(5.1)	1877	5%（後，7.5%）	
殖産興業	９分利付外国公債	4,880	(1.7)	1870	9%	募集
	起業公債	12,500	(4.3)	1878	6%	募集
	中山鉄道公債	20,000	(6.8)	1884	7%	募集
財政整理	金札引換公債	6,669	(2.3)	1873	6%	紙幣交換
	金札引換無記名公債	7,929	(2.7)	1884	6%	紙幣交換
総計		293,389	(100.0)			

註）『明治財政史』第８巻（吉川弘文館，1972 年）10～11 頁．（これに東洋銀行借入額 50 万ドルを加えたが，ここでは１ドルを１円に換算した）より作成．

接的要因となったことは、周知のところである。以上の如く、成立期の維新政府は、大量の政府紙幣発行と借入金とにより、その財源不足を補い、統一国家形成のための資金を創出してきたのであるが、この政府紙幣と同様の役割を演じたのが、公債である。この公債を目的別に整理すると、表７のように、旧幕藩債務の継承・秩禄処分・西南戦争費・殖産興業・財政整理の五項目に分類しうる。

旧幕藩債務の継承に関するものとしては、旧幕府が横浜と横須賀の製鉄所を抵当として得たフランス人ビッゲーよりの借入金償還のため、イギリス東洋銀行から借入れたものがある。また、新旧公債は、幕藩体制下における商品経済の発展による藩財政の窮乏に加えて、明治初年の戊辰戦争の圧迫が諸藩財政を破綻させ、その債務の累積が極限にまで達した状況下に廃藩置県が実施されたため、旧藩債を政府が継承しその償還のために発行されたものである。[*17]

廃藩置県にともなう封建家臣団の解体は、窮乏した維新財政の面から必然的であった。秩禄処分は、このための財政支出の削減と旧士族の抵抗を未然に防ぐために企図され、実施に移されたのである。すでに廃藩以前より、禄制改革・帰農法・禄券法等々を介してその支出削減の努力が開始され、秩禄処分の端緒ともいうべき方向が打ち出されていたが[*18]、廃藩置県を画期とした国家統一の完成による税権と兵権との掌握を背景に、封建家臣団の解体作業は本格的に進められた。

それは、七三（明治六）年の太政官布告で積極化され、家禄・賞典禄一〇〇石未満の奉還者に対する就産資金として現金と秩禄公債とを半分ずつ交付する施策となって表出し、さらに、翌七四（同七）年には一〇〇石以上の者にもその適用を拡大した。この現金支給の財源が七分利付外国公債である。こうして、一三・六万人の奉還者に対して、現金一九〇〇万円余、秩禄公債一六〇〇万円余が拠出されるに至ったが、それに追い打ちをかけるかのように、七六（同九）年金禄公債証書発行条例が公布され、すべての家禄・賞典禄の処分に乗り出した。この結果、三一万人余が、一億七、〇〇〇万円強の金禄公債と現金七二万円の支給をみた。

以上のような取組みを通して、旧体制の残存物は、公債制度を有効に利用しつつ最終的に解体されたのであるが、これに旧勢力の最後の抵抗たる西南戦争の戦費の借入（一五〇〇万円）を含めると、八四（明治一七）年までに発行された公債総額二九億円余の八二・二％までが、旧体制解体のための費用として充当されたことになる。これに対して、殖産興業資金の創出を企図した公債は、九分利付外国公債（鉄道建設）、起業公債（士族授産・鉄道建設等々）、中山鉄道公債の三種で、その券面額は発行総額の一二・八％にすぎない。かかる事実からすれば、維新政府の旧体制に対する妥協的性格が強調されがちとなるが、実際には、藩債や家禄の多くは切り捨てられており、かつ、旧幕藩の維新政府への引継資産等をも考慮すれば、かつての主張ような有償廃棄説には、つよい疑問を抱かざるを得ない。この点に関しては、中村哲が正しくも次のように述べている。

維新前の家禄高は、藩主家禄を六九年に藩歳入の一割としたときのものをとると、三四六二万円、これが七一年廃藩置県時二二六五万円（これには新たに政府から与えられた賞典禄一一八万円が入っている）、七八年金禄公債利子一一六一万円、これに家禄奉還制度によって支給された現金と秩禄公債の合計三五八九万円の利子八％分二八七万円を加え一四四八万円、維新前の四一・八％となる。七二〜七四年以後の物価上昇を考慮すると実質はさらに低下する。たとえば、七八年では実質三五％となる。維新政府による家禄処分は、形式上は有償廃棄であるが、実質的にはその六割以上が切捨てられたのであり、どちらかといえば無償に近い有償廃棄なのである。[*19]

以上の中村発言に加えて、後に論じるように、公債が国立銀行の資金として資本に転化していったことをも併せ考えれば、直接的な殖産興業資金としての発行は微少だったにしても、日本の資本主義化のための手段としては大いにその効力を発揮したといって差支えあるまい。こうして、旧体制の解体・新体制の造出をその第一の課題として担った維新政府は、政府紙幣・借入金・公債等々によってそのための資金を創出し、それを活用することによって課題の一半に自ら応えていったのである。

3 金融機関の創設

「富国之基礎被為立度御趣意ヲ奉体認是ヲ以産物等精々取建其国益ヲ引起」[*20]すべく、太政官札を発行したことはすでにみたが、その太政官札の前貸機関であり、かつ、「日本全国ノ物産方」[*21]の役割を担当させるべく、一八六八（慶応四）年閏四月、商法司が設置され、各地に商法会所がおかれた。その目的は、太政官札の流通促進と全国的流通機構の再編にほかならない。だが、維新政府がいまだ全国的支配権を確立していないため、肝心の太政官札の流通も思うにまかせず、この商法司政策は失敗におわる。[*22]

このあとを受けついだのが、翌六九（明治二）年二月に設けられた通商司である。通商司は、三都開港場にその支署をおき、大略、以下のごとき権限を有していた。[*23]

一　物価平均流通ヲ計ルノ権
一　両替屋ヲ建ルノ権
一　金銀貨幣ノ流通ヲ計リ相場ヲ制スルノ権
一　開港地貿易輸出入ヲ計リ諸物品売買ヲ指揮スルノ権
一　廻漕ヲ司ルノ権
一　諸商職株ヲ進退改正スルノ権
一　諸商社ヲ建ルノ権
一　商税ヲ監督スルノ建
一　諸請負ノ法ヲ建ルノ権

この通商司の管轄下に通商会社・為替会社が設立された。前者は、「『大元会社』として、諸地方の商社を統括し、商品委託販売の斡旋・為替会社資金融通の仲介などの業務をおこな[*24]」う機関であり、後者は、前者の商業「振作経営ニ要スル所ノ資本ヲ融通運転[*25]」し、金融の疎通を図ることを目的とするものであった。「本邦に於ける銀行業の嚆矢[*26]」と称される所以である。為替会社は、上記の目的を遂行すべく、三井・小野・島田等の特権商人を核に、東京・西京・大阪・横浜・神戸・大津・新潟・敦賀の八カ所に設置され、不完全ながらも銀行類似業務を開始した。その主要な資金源は、為替会社が発行する為替札と政府貸下げ金たる太政官札であった。[*27]

こうして、通商司―通商会社―為替会社というルートによる全国的商品流通機構の再編に取り掛かるが、その主要業務は、「貿易事務一切管轄」[*28]することであり、諸藩の外国貿易・国産販売―商業を統制することによって藩経済の自立性を解体し、もって政府主導の国内経済の統一を図ることにあった。以上の諸目的のうち、国産専売の統制に基づく藩経済の解体作業は、すでに藩経済自体が大きく衰退していたこともあり、比較的成功裡のうちに進展した外はことごとく失敗におわり、七一（明治四）年七月の通商司廃止後は、為替会社の業務も不振に陥り、[*29]七二（同五）年の国立銀行制度の出発に伴い、その発券業務は停止され、歴史的使命を終えることになる。[*30]

この為替会社の歴史的役割の評価については、廃藩置県との関連において、研究史上二つの相異なる見解がある。一つは、為替会社による全国的流通機構の掌握が藩体制を衰退に導く機能を発揮し、廃藩置県の準備階梯としての意義をもった点を強調する新保博の主張であり、[*31]最近では中村哲がこれに同意を示している。[*32]二つは、為替会社政策の失敗から全国的流通部面の統一を図るために廃藩置県が必然化されると説く丹羽邦男の見解である。[*33]また、新保説に対して、廃藩以前にはまだ藩の自立性は保たれており、藩営商会による独自な流通面の活動の存在を指摘する杉山和雄の立場[*34]も、丹羽説に近いものといってよいであろう。

この新保、丹羽に代表される相対立した二つの見解は、しかし、幕末・維新期における藩体制の自立性に対する過度な評価が前提とされている限りでは、同様の認識上にある。つまり、新保説が為替会社による藩体制解体の意義を高く評価するのに対して、丹羽説はその存在―活動について低い評価を与えるからこそ、それに代わる廃藩置県の必然性をつよく主張するわけである。しかしながら、当時の藩体制は、前章で論じたごとく、一八世紀以降における商品経済の飛躍的発展と領有権の後退過程の下で、担当にその解体現象が進行し、藩経済の独自性も喪失しつつあったとみるべきであり、為替会社の藩経済にあたえた影響の強弱云々よりも、すでにこの時期における藩経済の実質的解体の有様を、明確に認識することが肝要なのではあるまいか。

以上の商法司—通商司政策の失敗の轍を踏まえて構想されたのが国立銀行制度である。上記政策の一環たる為替会社が、廃藩置県によりその命を終えようとしていた頃、全国各地に銀行を「請願スル ノ年ヲ遂フテ増加シ其数殆ント一百ニ上レリ」[*35]というほどに銀行設立の要望が高まっていた。『明治財政史』に取り上げられた事例によれば、湊流会社（豊岡県）、融通会社（鳥取県）、江州会所（滋賀県）、東京銀行・三井組バンク・小野組バンク（東京府）等々が、その代表的なものである。[*36]こうした気運に加えて、太政官札の大量発行とその不換紙幣化に伴う紙幣価値の下落に対処するため、この不換紙幣の回収業務をもその役割の一つとした、兌換制度を基礎とする銀行の設立が企図されたのである。

七二（明治五）年一一月の国立銀行条例、翌七三（同六）年三月の金札引換公債証書発行条例の公布が、その具体策であった。この国立銀行条例の大略を示すと、以下のような内容である。資本金の一〇分の六の金札（太政官札）で金札引換公債証書を購入し、この公債を大蔵省に預入れ、同額の兌換銀行券を発行する（つまり、公債は銀行券発行の抵当となる）。また、資本金の一〇分の四は正貨で払い込み、それを銀行券の兌換準備に充てる、というものであった。

条例公布後、第一・第二・第四・第五の四行が設立されたが、相変わらず政府紙幣が増発されたために紙幣価値が動揺し、加えて、世界的な銀価下落や貿易入超による金流出も続いており、銀行券は、「発行スレハ従テ取附ニ会ヒ須臾モ市場ニ流通スルコトヲ得ス……横浜第二国立銀行ノ如キハ終ニ一片ノ紙幣ヲモ発行スル能ハサリキ」[37]といった現象を呈し、兌換銀行券の発行は困難を極め、国立銀行は苦境に陥ったのである。このため、維新政府は、国立銀行条例の改正を余儀なくされ、その打開を図った（七六年）。これにより、旧来の如き銀行券の正貨兌換が廃され、資本金の一〇分の八までの銀行券が発行できるようになり、銀行業が有利な条件を得たため、各地に国立銀行が簇生し、その数は一五三行にまでおよんだ。この結果、国立銀行を媒介として兌換制度の確立を図る当初の目的は挫折し、大量の不換紙幣を資金として供給する方策が打ちだされることとなった。こうして、国立銀行券の流通量は膨張し政府紙幣の過剰発行と相俟って（図1参照）、七七（明治一〇）年以降のインフレーションが準備されるのである。

次に、国立銀行以外の金融機関について検討する。先述したように、廃藩置県以後、全国的に銀行設立の要望が高まったが、維新政府は、その動向に対しては慎重な態度をとり、七二（明治五）年、国立銀行条例が公布された後は、同条例第二二条第三節にいう「為替両換預リ貸付等都テ銀行ニ類スル業ヲ営ム」[38]国立銀行以外の金融機関に対して、「銀行」の称を許さずその規制を図った。このため、各種の金融機関は銀行類似会社と呼ばれ、発券業務を有する国立銀行とは画然と区別されていた。

条例改正以前の国立銀行はその設立条件が厳しいため、設立の容易な銀行類似会社の経営を企図する者が全国に簇出し、一八七〇年代も中葉に入ると、「当時是銀行会社ノ資本ハ其小ナルモノハ固ヨリ数百円ニ達セサリシト雖モ其大ナルモノニ至テハ数十万若クハ数百万円ノ巨費ヲ擁シテ厳然一地方ノ経済ヲ左右」[39]する類似会社まで出現するに至った。こうした状況にかんがみ、維新政府も、これら類似社会の信用強化を図る意味合いもあり、銀行の名称を許可する方向へと進み、七六（明治九）年、三井銀行の設立を認めたことを皮切りに、同年の国立銀行条例の改正によって、銀行の名称を一般の金融機関に用いることを許したのである。

表8　年度別各種銀行数および資本金

単位：千円

年度	国立銀行		私立銀行		銀行類似会社	
	行数	資本金	行数	資本金	行数	資本金
1876（明治9）	6	2,450	1	2,000	?	?
77（　10）	27	22,986	1	2,000	?	?
78（　11）	95	33,391	1	2,000	?	?
79（　12）	153	40,616	10	3,290	?	?
80（　13）	153	43,041	39	6,280	120	1,211
81（　14）	148	43,886	90	10,447	369	5,894
82（　15）	143	44,236	176	17,152	438	7,958
83（　16）	141	44,386	207	20,487	573	12,071
84（　17）	140	44,536	214	19,421	741	15,142
85（　18）	139	44,456	218	18,758	744	15,397
86（　19）	138	44,416	220	17,959	748	15,391
87（　20）	138	45,838	221	18,896	741	15,117

註）『日本帝国統計年鑑』各年次（東京プリント出版社，1962～63年）より作成．

国立銀行条例の改正後に現れた国立銀行ブームの際には、一時、銀行類似会社設立も停滞したが、国立銀行の設立が打ち切られるにおよんで、表8のように、銀行類似会社の設立は再び増加した。これらの設立主体の地域別分布状況（八〇年段階）についてみると、私立銀行はいうまでもなく東京・大阪に多いが、朝倉孝吉によれば、「開港場の神奈川、長崎、その他は、大体養蚕と米等を中心とする農業県、静岡県のごとく重要輸出品たる茶、生糸の農産物をもつ県等で、商人（地主を含む）などによって設立され」[*40]、そこには、資本金が数十万円にもおよぶ私立銀行も幾つか存在し、国立銀行の資本金規模を凌駕するものさえあったとされている。銀行類似会社もほぼ同様の傾向を示しているが、資本金規模が、前者の平均一三・八万円（三井銀行二〇〇万円を除いた数値）に対し、後者はその平均が一万円と弱少である。こうした点から、当時の金融の主たる担い手を商人地主にみたのが、朝倉であった。[*41]

近年の計量経済史の成果によれば、一八二〇年代以降、日本経済の顕著な発展があったとされるが[*42]、こうした動向のなかで、朝倉の主張する商人地主の資本蓄積も進められたのであろう。朝倉の云う「広い意味の農業金融」が、この経済発展を一方で支えた在来産業に対する金融までをも包含する概念であれば、それも納得しうる。ただし、その土地兼併に果たした役割のみを極端に強調するこの論法には、その点、いささかの疑問なしとしない。とはいえ、計量経済史の指摘する一九世紀二〇年代以降の経済発展とそれにともなう資本蓄積は[*43]、当時のイギリスを先頭とする先進諸列強に対抗するには甚だ未熟ではあったとしても、それなりの蓄積を進めていたと評価しうるのであって、その産業資本への転化[*44]が権力による強力な資金創出と相俟って政策的に推進されたのが、後期原蓄の特質といいうる。したがって、後進資本主義国における資本蓄積の低位性という特質は、あくまで、当該期における先進資本主義国との対比からする帰結であり、云うところの「停滞性」論の根拠となるわけではない。日本の場合も、先進国と対比すればその資本蓄積に大きな隔りがあったとしても、今後の方向次第では、資本主義的自立を進めうる程度の経済発展の段階には到達していたわけである。だからこそ、明治初年の時期に、銀行設立の数多の要望が、民間からも出てきたのであろう。

ところで、関税自主権の欠如によるヨーロッパ諸列強からの廉価な商品の流入への抵抗と、殖産興業資金としての外貨獲得は、当時の日本にとって緊要な課題であった。加えて、外国貿易の主導権は外国の商人や銀行に牛耳られており、外国からの経済的自立のためには、外国貿易の基軸となるべき金融機関の設立が必然化される。横浜正金銀行は、以上の目的に沿うべく民間のなかから構想されたものである[*45]。

維新政府は、同行の創立を許可するとともに（七九年）それに強力な保護を与え、外国貿易の中枢機関たらしめようとした。すなわち、維新政府は、その創立に際して一〇〇万円（資本金の三分の一）の銀貨を同行に交付したのみならず、その出費に対する配当が六分以上になった場合は、それを別途積立金として同行に還元することとし、また、翌八〇（明治一三）年の資金繰りの請願に対しても、準備金[*46]中の三〇〇万円を紙幣を以て同行に委託し、「専ラ外国為替荷為替ノ資金ニ使用セシメ一ハ以テ輸出ノ商機ヲ幇助シ一ハ以テ銀行営業ノ目的ヲ達セシメ而シテ政府ハ海外ニ於ケル売却代正貨ヲ準備金ヘ収得シ以テ在外公廨諸費外国債償還金ノ為メ海外ヘ送金ヲ為サヽルノ便ヲ計ル」[*47]方策をとり、積極的に生糸・茶等の外国荷為替取組による直輸出の促進と、それによる正貨吸収を企図したのである。

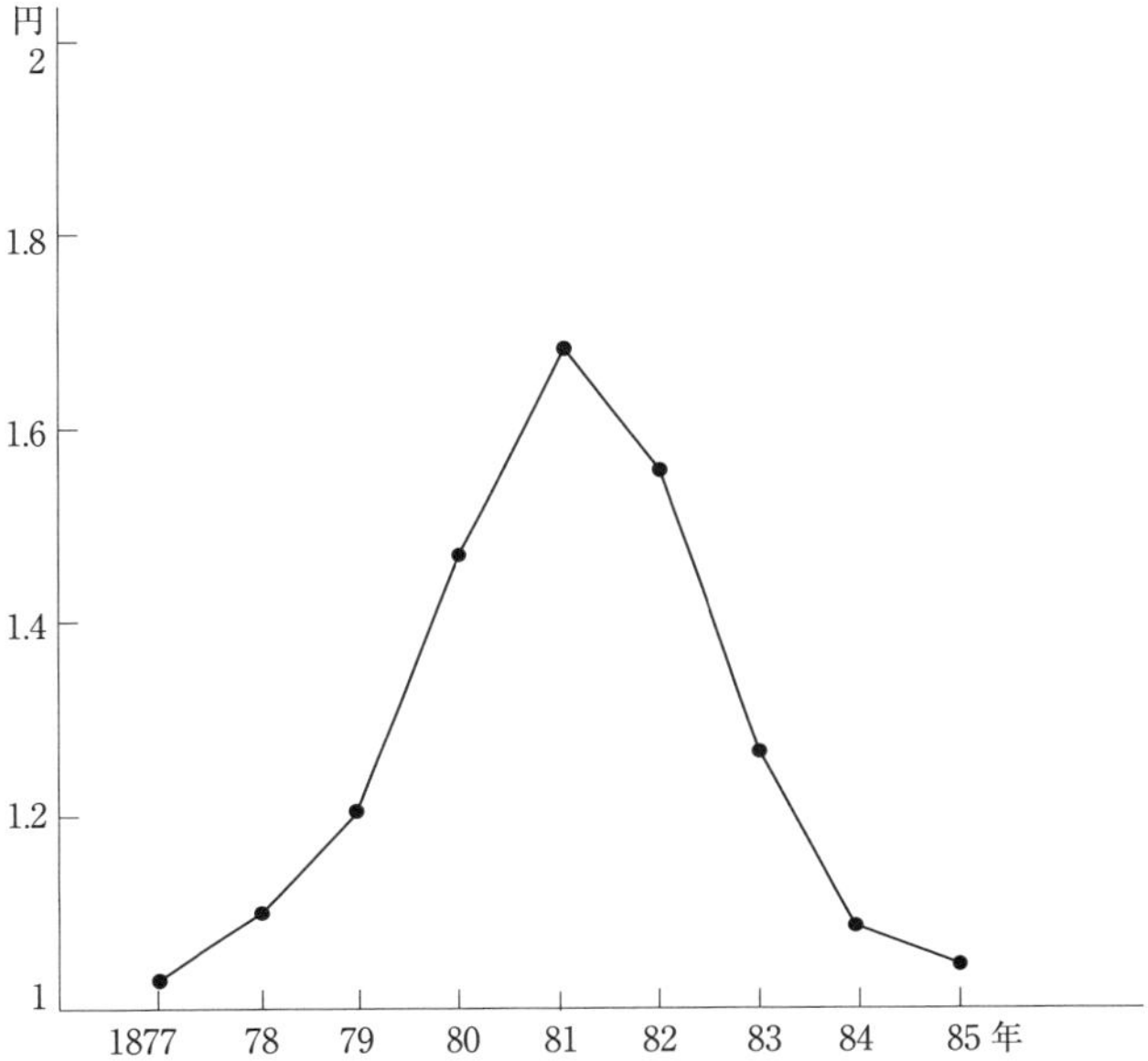

図 2　銀貨 1 円に対する紙幣価格

註）「紙幣整理始末」（『史料集成』第 11 巻ノ 1，前掲）205，245 頁より作成.

以上の如き政府資金の大量撒布にも拘らず、当時のインフレ、その後のデフレという景気変動の影響をつよく受け、創設時の営業状況は、極めて不振を囲っていた。これに対しても、政府は積極的な援助を惜しまず、また、八七（明治二〇）年には、横浜正金銀行条例を公布し、その国家機関的性格を濃厚にしつつ、資本金も六〇〇万円に増資され、貿易金融の中核としての位置を獲得するに至る。

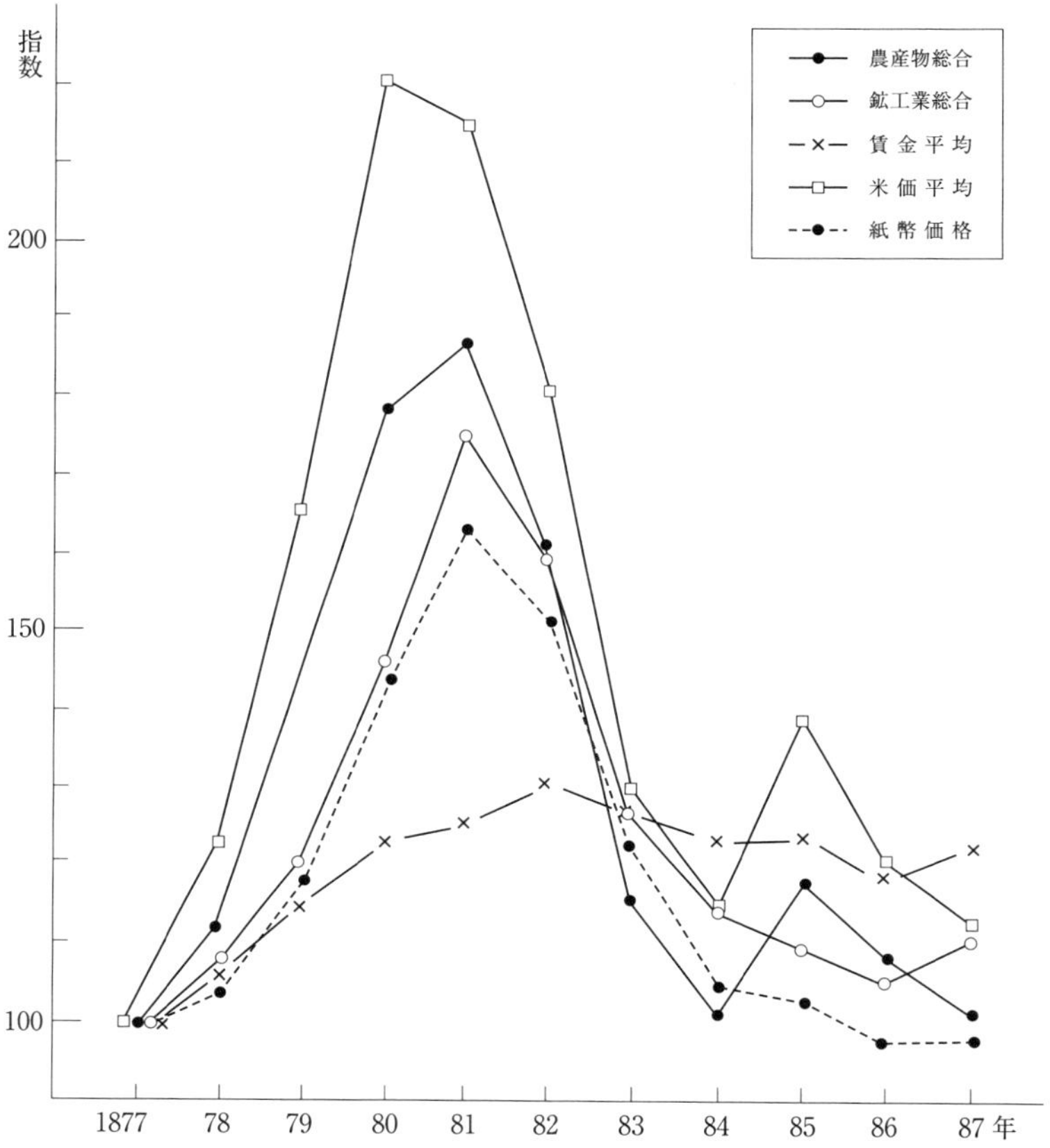

図 3　明治 10 年代の物価指数

註）宝山義正『近代日本の軍事と財政――海軍拡張をめぐる政策形成過程――』（東京大学出版会，1984 年）80 頁.

こうして、維新政府の成立からおよそ一〇年程の間に、今後の資本主義的発展を金融面で支えるべく期待された諸機関が相次いで創設されたが、この間の経済的動向はいかなる趨勢を示していたのであろうか。以下、この点について概述する。国立銀行の乱立にともなう分散的な銀行券の発行と政府紙幣の濫発は、西南戦争（七七年）を契機にインフレーションを著しく昂進させ、銀紙の開きが顕著となり（図2）、米価を中心に農産物価格の急激な上昇を惹起させた（図3）。かかる物価上昇は、一面では企業の発展に大きな刺戟を与えるが、他面ではその高金利のゆえに、多額の資金調達には著しい阻害条件となる。したがって、当時簇生した商工業関係の企業は、「未だ大工業の企業ではなくって、物価の変動甚しきに眩惑し、その間に投機的な奇利を射んとする商品の製造及販売に於ける小工業会社、その他の商業会社に過ぎずして、基礎の確実なるものにあらず」[*48]といった、投機的・泡沫会社的なものにすぎず、健全な資本家的企業の発展を阻む条件として左右した。

インフレーションは、また、輸入の急増と輸出の停滞による大幅入超とをもたらし（表9）、正貨の大量流出をも招来させ、資本家的企業の発展の可能性を摘みとるとともに、政府財政をも著しく圧迫する結果となった。こうしたインフレーションを終熄させるため、維新政府は紙幣整理を断行し、以て幣制の混乱をも

表9　明治前半期の輸出入額

単位：千円

年度	輸入額	輸出額	入出超額
1868	10,693	15,553	+4,860
69	20,784	12,909	−7,875
70	33,742	14,543	−19,199
71	21,917	17,969	−3,948
72	26,175	17,027	−19,148
73	28,107	21,635	−6,472
74	23,462	19,317	−4,145
75	29,976	18,611	−11,365
76	23,965	27,712	+3,747
77	27,421	23,349	−4,072
78	32,875	25,988	−6,887
79	32,953	28,176	−4,777
80	36,627	28,395	−8,231
81	31,191	31,059	−132
82	29,447	37,722	+8,275
83	28,445	36,268	+7,823
84	29,673	33,871	+4,199
85	29,357	37,147	+7,790
86	32,168	48,876	+16,708
87	44,304	52,408	+8,103
88	65,455	65,706	+250
89	66,104	70,061	+3,957

註）「紙幣整理始末」（前掲）290〜291頁より作成.

鎮静せしむべく兌換制度の確立こそが、焦眉の課題となった。大隈重信にはじまり、松方正義によって本格化した紙幣整理が、それである。

再び図1（五五頁）に立ち返ると、紙幣流通高のピークは七八（明治一一）年であり、それは政府紙幣と国立銀行券を合わせて一億六五七〇万円にもおよぶ。大隈による紙幣整理はこの七八年から開始され、八一（同一四）年の政変後は松方によってその政策が引きつがれて、政府紙幣の消却が進められ、七八年当時一億三九四二万円の流通高を示していたそれは、八五（同一八）年には八八三五万円にまで縮小する（図4）。この結果、物価は激しく下落し（図3）、インフレは一転してデフレへと転換することになる。[49] それは、輸出の急増と輸入の減少をもたらすことによって正貨準備量も増加させ、八〇（同一三）年四・五％から八五（同一八）年の三五・八％にまで、その準備率を回復させるまでに至る。それが銀紙の開きを縮小させ（図2）、紙幣価格の安定を実現させることになる。勿論、この過程が順風満帆におこなわれたわけではなく、農民大衆の貧困化とその犠牲の上に進められたことは充分銘記せねばならない。

このいわゆる松方デフレを経験することによって、日本資本主義発展のための土壌が準備され、一八八〇年代後半には、第一次企業勃興期を迎えることとなる。この過程で松方は、紙幣整理を進めると同時に、その一方で明治初年以来の幣制の混乱を是正し、統一的な通貨・金融制度の確立を、中央銀行たる日本銀行を創設することによって実現しようと企図した。以下、この点について概述する。

この日本銀行創立の目的を「日本銀行創立趣旨書」[50]によってみると、次の如くである。

㈠金融を便易ニスル事

㈡国立銀行諸会社等ノ資力ヲ拡張スル事

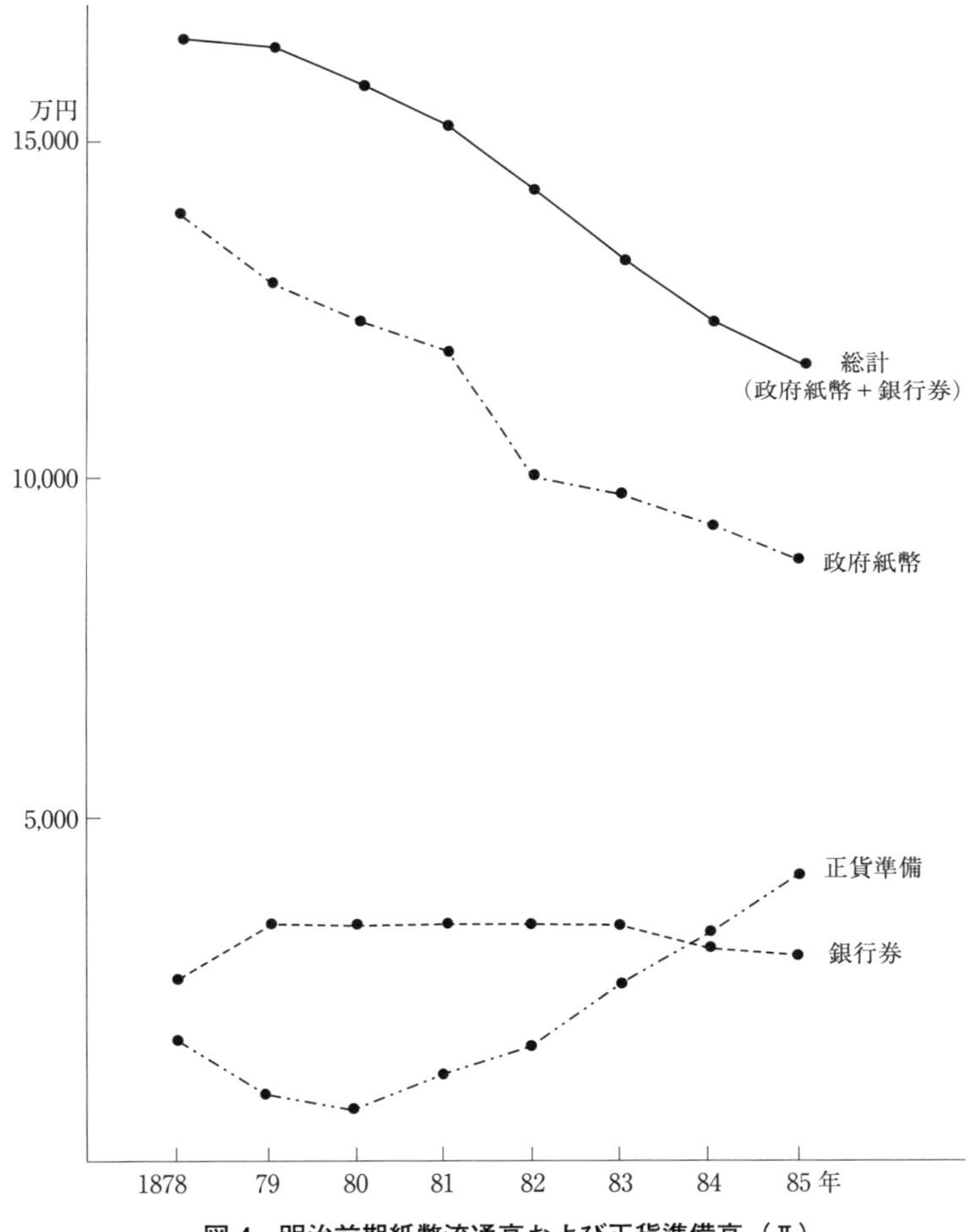

図 4　明治前期紙幣流通高および正貨準備高（Ⅱ）

註）「明治三十年幣制改革始末概要」（前掲）391～392 頁より作成.

㈢金利ヲ低減スル事
㈣中央銀行ヲ設立シ行務整頓ノ日ニ至テハ大蔵省事務ノ中銀行ニ託シテ弊害ナキモノハ分チテ之ニ附スル事
㈤外国手形割引ノ事

これによれば、日本銀行を中央銀行として位置づけ、同行を中心とした銀行体系を確立し、もって低利資金の安定供給をなさしめ、資本主義的な発展の礎石となる信用制度を整備するとともに、官金取扱業務の同行への統一と、外国貿易にともなう外国手形の再割引等々が、その設立目的としてあったことがうかがえる。

以上の創立理念に基づいて、八二（明治一五）年六月、日本銀行条例が制定され、同行の開業（同年一〇月）をみたが、同条例の内容から同行の特質を摘出すれば、以下のごとくである。[*51]

第十一条　日本銀行ノ営業ハ左ノ如シ
第一　政府発行ノ手形為替手形其他商業手形等ノ割引ヲナシ又ハ買入レヲナスコト
第二　地金銀売買ヲ為スコト
第三　金銀貨又ハ地金銀ヲ抵当トシテ貸金ヲ為スコト
第四　予テ取引約定アル諸会社銀行又ハ商人ノ為ニ手形金ノ取立ヲ為スコト
第五　諸預リ勘定ヲ為シ又ハ金銀貨貴金属並ニ証券類ノ保護預リヲ為スコト
第六　公債証書政府発行ノ手形其他政府保証ニ係ル各種ノ証券ヲ抵当トシテ当座勘定貸又ハ定期貸ヲナスコト但其金額及利子ノ割合ハ総裁副総裁理事監事ニ於テ時々決議シ大蔵卿ノ許可ヲ受ク可シ
第十三条　政府ノ都合ニ依リ日本銀行ヲシテ国庫金ノ取扱ニ従事セシムヘシ
第十四条　日本銀行ハ兌換銀行券ヲ発行スルノ権ヲ有ス但此銀行券ヲ発行セシムル時ハ別段ノ規則ヲ制定シ

更ニ領布スルモノトス
第十六条　日本銀行ハ公債証書ヲ買入又ハ之ヲ売払フコトヲ得ヘシ但此場合ニ於テハ大蔵大臣ノ許可ヲ受クヘキモノトス

これらの諸条項に加えて、前掲「日本銀行創立趣旨書」中における「中央銀行ハ其体面ヨリ之ヲ名称スルハ乃チ中央銀行ナリト雖モ其営業ヨリ類別スレハ乃チ所謂割引銀行ニシテ手形割引ヲ以テ本務トスルモノナリ……割引ノ銀行営業ニ於テ最モ実著活発ニシテ商業上ニ鴻益アルヲ言フナリ」[*52]との文言を勘案すれば、「日銀はいわば商業銀行の中央にたつ『銀行の銀行』として商業手形の再割引を本務とすべきものとして構想されていた」[*53]といって大過あるまい。

ところで、先の日本銀行条例第一四条は、兌換銀行券発行について関説しているが、この条項こ

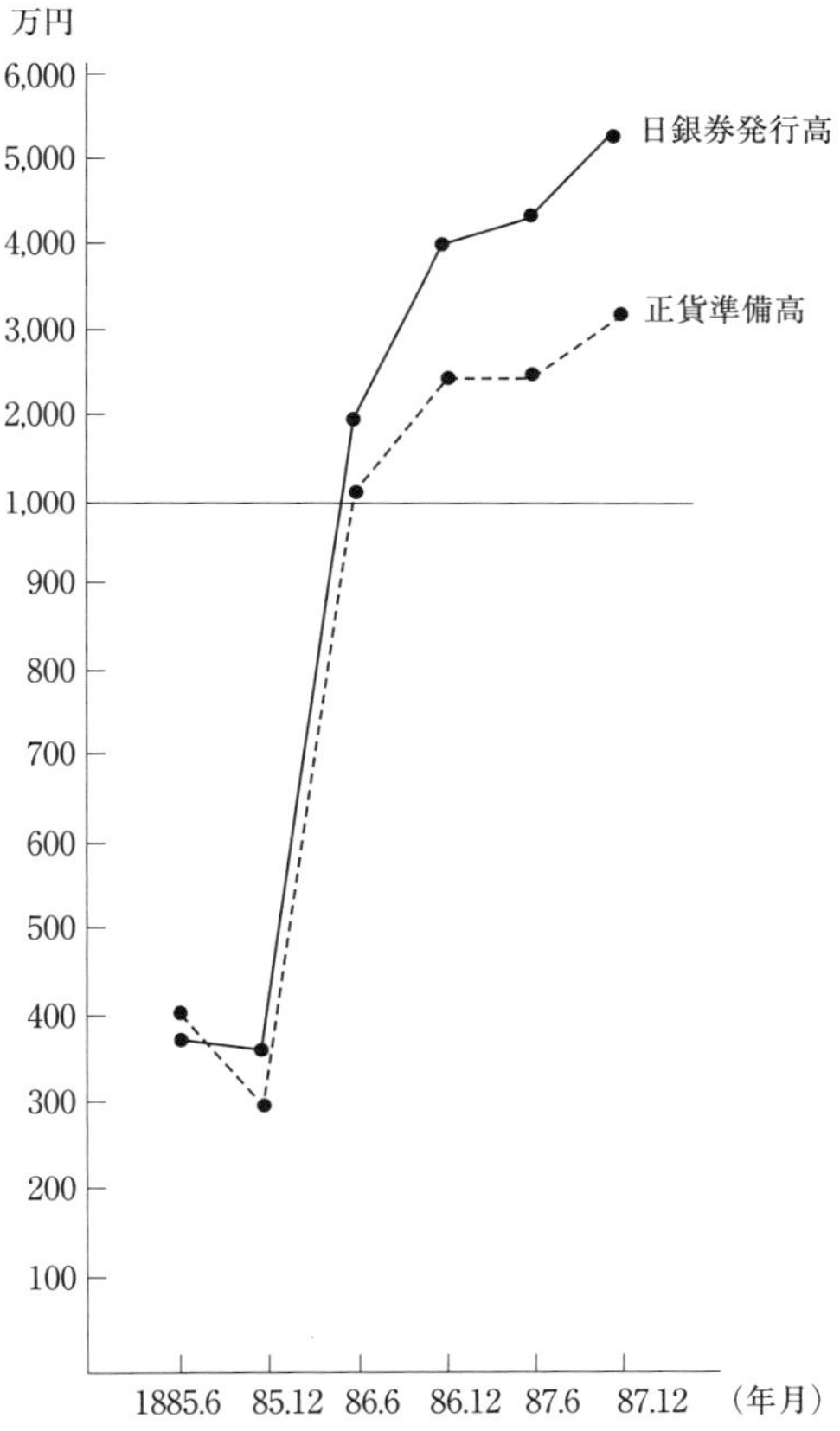

図 5　日銀券発行高と正貨準備高

註）『明治財政史』第 14 巻（吉川弘文館，1972 年）327〜329 頁より作成．

そ、明治初年以来の幣制の混乱とインフレーションの終熄を目指した紙幣整理対策に連続する、統一的な通貨・金融制度の確立を進めるための最終的方策であった。つまり、国立銀行条例に基づく分散的な銀行券発行制度の廃絶と、日本銀行への銀行券発行の集中による兌換制度の確立指向であり、七一（明治四）年の新貨条例によって成立した金本位制が、事実上の金銀複本位制→銀本位制へとなし崩し的に移行せざるを得なかった幣制と、不換紙幣の濫発による貨幣価値の下落等々に対処するためのものである。

　このため、まず、八三（明治一六）年六月、国立銀行条例を再改正し、その発券業務の権限を日銀に集中するとともに、続いて翌年五月、兌換銀行券条例を制定して銀本位制の採用を明言し、翌八五（同一八）年五月より、兌換券の発行を開始するに至った。その発行状況は、図5の如くであり、急激にその発行高を増加させていったことがうかがえる。この兌換制度の開始に先立ち、国立銀行券の消却機関として、八三年一一月、日本銀行に銀行紙幣支消部を設け、翌八四年からこの実施に移り（図4で八四年から銀行券流通高が減少し始めるのは、このためである）、また、政府紙幣に関しては、八六年一月以降、その消却が進められ、不換紙幣の整理が実現した。ここに、日本における近代的な通貨、信用制度の確立をみるに至る。

4　統一税制の創出

　旧幕藩体制下における土地税制は、基本的には石高制をその原理とするものであった。全国的に石高制原理がそれなりに貫徹しているということは、旧体制が個別割拠制をその特質とする封建制の内容から著しく乖離していることを示している。だが、石高制がその基本原理とされていながらも、現実には各藩・各地域によって種々雑多な土地税制も存在しており、そこに封建社会としての特質をみることもできる。このような土地税制の統一的側面と不統一的側面とを兼ね併せているのが、旧幕藩体制の特質であった。

もっとも、その統一的側面——石高制——の場合にあっても、中村吉治が重ねて指摘しているように、石高は家格表示の意味合いがつよく、その石高を特定地域→村→百姓と下向的に割付ける方法が多くとられていたことから、土地収量や面積は検地当初からその正確さに欠けており、[*54] 体制の基本原理である石高制そのものも、各藩・各地域によって相異なる面が出てくることも考えられる。ましてや、農業生産力の上昇に固定化した「高」が対応しえないという石高制の矛盾をも考慮すれば、幕末・明治初年の土地税制は、現実の生産力をにわかに反映しがたい状況にあったと云いうる。こうした石高制原理に内包された杜撰さと農業生産力に対応できえぬ固定的性格とは、政策担当者からすれば、土地税制そのものの混乱として映るわけである。石高制のこうした特質に加えて、さらに各藩・各地域により種々雑多な土地税制のあったことも見逭せない。「地租改正報告書」は、そうした種々のものを列記しているが、それをまとめると表10の如くとなる。あえて説明するまでもなく、全国各地に様々な土地税制のあったことが、この表からうかがえよう。それに加えて、尺度の不統一、貢租率の相違、収税法にみられる定免・検見二法の存在、さらに検見における諸方法、籾磨率の相違、種々なる附加税の存在等々、その混乱ぶりは一目瞭然としている。また、貢租の徴収形態についても、米納と石代納の

表10　土地税制の混乱（明治初年）

土地税制	口分田の遺制・貫高・永高・段高・代・地米・当高
尺度（1歩）	6.5・6.3・6.25・6.0（尺）
同　（1反）	900・360・300・250（歩）
租率	7—3・6—4・5—5・3—7（公—民）
検見法	畝引検見・色取検見・抜検見
籾磨率	6・5.　5・5（合）
附加税	出目米・延米・欠米・込米・合米・口米等

註）「地租改正報告書」（『史料作成』第7巻，明治文献，1963年）3頁より作成.

二通りがあり、その石代納にも願石代・定石代・安石代およびその一変種ともいいうる定永納等があって、[*55]その不統一は著しかった。かかる土地税制の混乱は、必然的にその貢租負担の軽重を生み出さずにはおかない。統一国家の形成を目指した維新政府にとっては、そうした貢租負担にみられる寛苛軽重の是正と同時に、その国家形態に適合した統一税制の確立が焦眉の課題となったのである。

以上のように、明治初年における土地税制の混乱はその極限にまで達していたが、同時に、成立当初の維新財政も困窮化が著しかった。表1（四九頁）を振り返ってみれば明らかなように、第一期の租税収入が三〇〇万円強に過ぎないのに対して、歳出はそのおよそ一〇倍近い三〇〇〇万円余にも達している。この不足分は、太政官札の発行や豪商への御用金負課によって調達したことは、すでに論じたところである。こうした財政構造は、廃藩置県によって全国的課税権を掌握するまで続くが、その主な要因は、維新政府の財源が旧幕府から引きついだ直轄地からの租税収入のみに頼らざるをえなかったことによる。しかも、内乱の影響や大量の延滞納の続出によりその完納が期待できず、財政窮乏は頂点にまで達していたのである。

ここに、税制改革が必然化される。しかしながら、「諸国ノ風土ヲ審悉セス、遽ニ新法ヲ設ルトキハ却テ人情ニ乖戻セン[*56]」との配慮から、取りあえずは「一両年間姑ク旧慣ニ仍[*57]」る旨の布告をし、慎重に改革の準備を進めていったのである。

この後、一八六九（明治二）年から七二（同五）年初頭にかけて、地租を中心とした税制改革案が作成、審議され、七三（同六）年の「地租改正法」へと結実するに至るが、その間に基本的には旧税法を引きつぎながらも、徐々に直轄地における収奪強化を通しての租税増収を図るとともに、旧体制下の錯綜した貢租の徴収形態の統一化を進めてゆき、七一（同四）年には、廃藩置県の実施により租税徴収権の中央集中を実現させ、国家統一を完成させた。だが、その財政基盤はすこぶる貧弱であり、万国対峙を企図した富国強兵・殖産興業政策を遂行するためには、それに見合う租税制度の創出を急がねばならなかった。当時の維新政府にあっては、幕末条約の制約から関税の収入は期待できず、ましてや、これからその基盤を創り出し、保護・育成を図らねばならない商工業を課税対象とすることは不可能であり、勢い農業にその財源を求めざるをえなかった。こうして地租改正が必然化される。

　地租改正は、維新政府の財政の基底を形成すると同時に（表11に明らかなように、一八八〇年代初頭までは、地租が租税収入の七〇～九〇％をも占めている）[*58]、私有財産制を基礎とする商品経済の完成形態である資本主義社会に適合する土地所有制―近代的土地所有を体制的に法認し、地租も旧来の物納・石代納から金納へと統一し、また、旧税制の錯綜から生じた地租負担の不公平をも是正して公平な租税原則を確立し、資本主義社会の上にそびえ立つ近代国家に照応する租税制度の基礎を創り出した。この地租改正の成功により、維新政府の財政基盤はそれなりに安定し、新体制の創出と殖産興業政策の遂行のための資金源が確保されたのであった。

　地租改正によって旧税制の中核部分の改革が進行し、新たな統一税制の根幹が確立したが、この地租の統一化にともなって、旧体制よりそのままに継承した種々雑多な諸税の改廃―整理も着手された。すなわち、その種類二〇〇〇余にもおよんだ雑税[*59]は、いうまでもなくその徴収の煩雑さと負担の不公平を内包しており、地租改正―税制改革の理念からすれば、この整理は必然的帰結とも云いうる。こうして、七五年（明治八）二月、「従来雑税ト称スルハ、旧貫（ママ）ニ仍リ区々ノ収入ニシテ、軽重有無不平均ナルニヨリ、左ノ税目本年一月一日ヨリ廃止ス」[*60]との、雑税廃止が布告されるに至る[*61]。また、この雑税整理に先立ち、すでに地租改正前においても、旧体制下の課役たる伝馬宿入用・六尺給米・夫米・永銭（七一年）、蔵前入用・助郷役（七二年）等々も廃止されている。

表 11　明治前半期の歳入と租税・地租

単位：千円，（　）内は百分比

	地租	租税	歳入総額
1868（第 1 期）	2,009（63.7）	3,157　（9.5）	33,089（100.0）
69（　2　）	3,356（76.3）	4,399（12.8）	34,438（100.0）
70（　3　）	8,219（88.1）	9,324（44.5）	20,959（100.0）
71（　4　）	11,341（88.3）	12,852（58.0）	22,145（100.0）
72（　5　）	20,052（91.8）	21,845（43.3）	50,445（100.0）
73（　6　）	60,604（93.2）	65,015（76.0）	85,507（100.0）
74（　7　）	59,412（91.0）	65,303（88.9）	73,446（100.0）
75（　8　）	67,718（88.5）	76,529（88.7）	86,321（100.0）
75（明治 8 年）	50,345（85.1）	59,194（85.2）	69,483（100.0）
76（　　9　）	43,023（83.2）	51,731（87.0）	59,481（100.0）
77（　　10　）	39,451（82.3）	47,923（91.6）	52,338（100.0）
78（　　11　）	40,455（78.6）	51,486（82.5）	62,444（100.0）
79（　　12　）	42,113（75.8）	55,580（89.4）	62,152（100.0）
80（　　13　）	42,347（76.6）	55,262（87.2）	63,367（100.0）
81（　　14　）	43,274（70.2）	61,676（86.3）	71,490（100.0）
82（　　15　）	43,342（64.0）	67,739（92.2）	73,508（100.0）
83（　　16　）	43,538（64.4）	67,660（81.4）	83,107（100.0）
84（　　17　）	43,426（64.6）	67,204（87.7）	76,670（100.0）
85（　　18　）	43,034（81.8）	52,581（84.6）	62,157（100.0）
総計	707,059（78.9）	896,460（78.5）	1,142,547（100.0）

註）「各期・各年度別歳入出決算表」（『明治財政史』第 3 巻，吉川弘文館，1971 年）より作成．

地租欄中の（　）内の数値は租税額における地租の比率，租税欄中の（　）内の数値は歳入額における租税の比率を，各々表す．

こうして、地租改正をその基底とする新しい統一税制が創出されたのであるが、その目的とするところは、先に述べたように、新体制の造出と殖産興業の遂行、旧体制の解体―秩禄処分等々の資金源の確保にあり、新たな資本主義体制に適合する租税制度の構築にあった。この租税制度は、その後いっそうの体系化が推し進められ、一八八〇年代（明治一〇年代中葉以降）には、その財政危機の打開策の一環として酒税を軸とした消費税の増徴、八七（同二〇）年における早熟的な所得税の採用等[*62]々の統一政策として実施されるに至る。

結　日本的資金創出の特色
——その創出メカニズムと撒布状況——

一七世紀末以降における原蓄の開始以来、商人資本的蓄積[*63]によりその資本形成の端緒が切りひらかれ、一九世紀中葉の幕末・維新期へと至る過程で、それ相当の資本蓄積を推し進めていった。だが、産業革命を経過し、機械制大工業の顕著な発展を示す先進ヨーロッパ諸列強と対比すれば、その資本蓄積の規模は著しく未熟であり、これらの諸国からの政治的―経済的圧迫は、日本の将来にとっての暗い影であった。かかる危機状況からの脱却は、成立まもない維新政府にとって、その死活を制する課題として現前していたといってよい。旧政治体制を解体した維新政府は、それゆえ、新たな国家統治機構を創出する必要があり、その財源の獲得を急がねばならなかった。加えて、経済的自立の実現は、ヨーロッパ諸列強の基礎をなす資本家的生産方法の移植以外にはなく、そのための資本の創出が重くのしかかっていた。

換言すれば、当時の日本にあっては、資本家的生産の担い手たる産業資本への商人資本の転化が甚だ緩慢であるため、その資本蓄積様式の強行な転換が不可避であり、それを権力が温室的に助長する必要があった。そのためには、これまでの商人資本的蓄積を有効に利用すると同時に、商人資本的収奪に代わって政府自らが、農業部門で生産された剰余価値の一部を租税＝地租として吸収し、これらを旧体制の打破―新統治機構の創出、および工業化政策のための資金として活用する方向をとらざるをえなかったのである。如上の具体策の一つが、明治初年の借入金であり、不換紙幣・公債の発行であった。かかる施策が、近代国家の経済的基盤たる租税制度を確

表 12　殖産興業資金の支出内訳（1868～1885 年）

単位：円，（　）内は百分比

				合計	
中央財政	常用部	経常歳出	工部省	15,401,191	(7.4)
			内務省	3,124,226	(1.5)
			農商務省	4,932,817	(2.4)
			開拓使	18,133,161	(8.7)
			営業資本欠額補填	852,143	(0.4)
		臨時歳出	官営事業諸費	52,936,485	(25.2)
			開拓事業費	4,630,543	(2.2)
			貸付金	32,911,727	(15.7)
			勧業資本	682,586	(0.3)
			会社補助金	1,471,856	(0.7)
	別途金		準備金	58,263,420	(27.8)
			起業基金	12,293,409	(5.9)
			中山鉄道公債支出金	299,496	(0.1)
			勧業資本金	1,662,252	(0.8)
			勧業委託金	179,637	(0.1)
地方財政			府県勧業費	1,643,585	(0.8)
合計				209,418,534	(100.0)

註）石塚祐道『日本資本主義成立史研究』（吉川弘文館，1973 年）130～131 頁より作成.

立することに連なる。つまり、前記三項目はいうまでもなく租税の先取りであり、こうした臨時的措置を常態的な租税制度へと移行させることこそ、強力な近代国家を創出する基盤となる。したがって、資本主義的な社会体制とその上に立つ国家体制とを構築するにあたっては、資本主義体制に照応する近代的な租税制度―統一税制の創出が、緊要の課題となってくる。維新政府は、それを地租改正を軸とした新税制の創出策として具体化した。

また、公債のごとき「不生産的な貨幣に、生殖力を与えて資本とな」[*64]すための機関として、国立銀行を軸とした金融機関の創設が推し進められたのである。

以上のように、日本における資金創出の特質は、それが政府資金として集中化された点にある。この集中化＝資金創出のためのメカニズムが、本章で取りあげた維新期における財政・金融政策であった。[*65] そして、これらの資金を撒布し、「上から」の資本主義化を推進してゆくための施策が、いわゆる殖産興業政策に外ならない。以下、この政策内容を統計的に概述することで、日本的原蓄における「資金」問題の結びに代えたい。

工部省の廃止される一八八五(明治一八)年までに支出された殖産興業関係資金の内訳は、表12の如くであり、その総額はおよそ二億一〇〇〇万円弱ほどにもおよぶ[*66]。これを年度別の支出でみると、表13の通りであり、八五年までの歳出総額の一九・一%が殖産興業関係の資金として支出されている（ここでは、地方財政から支出された「府県勧業費」は、削除して計算した）。

表 13　歳出に占める殖産興業費の比重

単位：千円,（　）内は百分比

	殖産興業費	国債費	歳出総額
1868（第 1 期）	18,478（60.6）	—（0.0）	30,505（100.0）
69（ 2 ）	5,765（27.7）	—（0.0）	20,786（100.0）
70（ 3 ）	3,701（18.4）	439（2.2）	20,108（100.0）
71（ 4 ）	3,917（20.4）	439（2.3）	19,235（100.0）
72（ 5 ）	10,500（18.2）	2,996（5.2）	57,730（100.0）
73（ 6 ）	7,831（12.5）	3,254（5.2）	62,679（100.0）
74（ 7 ）	8,564（10.4）	1,593（1.9）	82,270（100.0）
75（ 8 ）	7,819（11.8）	1,593（2.4）	66,135（100.0）
75（明治 8 年）	10,548（15.2）	4,645（6.7）	69,203（100.0）
76（ 9 ）	8,604（14.5）	4,951（8.3）	59,309（100.0）
77（ 10 ）	5,382（11.1）	16,775（34.6）	48,428（100.0）
78（ 11 ）	10,506（17.2）	26,640（43.7）	60,941（100.0）
79（ 12 ）	8,691（14.4）	21,750（36.1）	60,318（100.0）
80（ 13 ）	13,010（20.6）	22,421（35.5）	63,141（100.0）
81（ 14 ）	17,724（24.8）	27,747（38.8）	71,460（100.0）
82（ 15 ）	17,558（23.9）	23,414（31.9）	73,481（100.0）
83（ 16 ）	23,160（27.9）	28,658（34.5）	83,107（100.0）
84（ 17 ）	12,527（16.3）	19,820（25.9）	76,663（100.0）
85（ 18 ）	13,489（22.1）	14,101（23.1）	61,115（100.0）
総計	207,775（19.1）	221,236（20.4）	1,086,614（100.0）

註）「各期・各年度別歳入歳出決定表」（前掲），石塚，前掲書，130〜131頁より作成．

殖産興業関係の比重が、歳出総額の二〇%に満たない数値しか示していないことからすれば、これによって日本の資本主義が創出されたとはとうてい考えられないが、維新期という特殊な時代状況の下では、財政活動の多くが新体制の創設へと向って進行していることをも勘案すれば、この数値だけで殖産興業政策の比重を論ずるわけにはいかない。林健久はこれらの点を考慮しつつ、次のように指摘する。

このほか、地方財政でも相当額がこの分野（殖産興業——引用者）に割当てられている。それにある意味では今までみてきたように直接に殖産興業的な名目をかかげたものでなくても、当時はおよそ財政からの支出全体が多かれ少なかれその意味をもっていた。[*67]

このように、直接的な殖産興業資金の支出に加えて、有形・無形の財政支出をも考え併せれば、維新期における殖産興業政策が資本主義育成に果たした役割は、真に多大なものであったと評価しうるのである。

註

＊1　この間の政治過程については、原口清『日本近代国家の形成』（岩波書店、一九六八年）三三頁以下の叙述が秀れている。また、明治初年の官僚制の形成過程とその特質に関しては、毛利敏彦「明治初期政府官僚の出身地——明治七年官員録の統計的分析——」（『法学雑誌』三〇—三・四、一九八四年）、佐々木克『志士と官僚——明治初年の場景——』（ミネルヴァ書房、一九八四年）、松尾正人「維新官僚の形成と太政官制」（『年報・近代日本研究——官僚制の形成と展開——』八、山川出版社、一九八六年）等の新しい研究がある。

＊2　関順也『明治維新と地租改正』（ミネルヴァ書房、一九六七年）二二頁。

＊3　千田稔「維新政権の財政構造」（『土地制度史学』八一号、一九七八年）一六頁。

＊4　「歳入出決算報告書」（『明治前期財政経済史料集成』——以下、『史料集成』と略記——第四巻、明治文献、一九六二年）五一頁。

＊5　関、前掲書、二三頁。

＊6　この点については、千田稔「維新政権の租税政策」（千田稔・松尾正人『明治維新研究序説——維新政権の直轄地——』開明書院、一九七七年）に詳しい。

＊7　「紙幣整理始末」（『史料集成』第一一巻ノ一、明治文献、一九六四年）一八二頁。

＊8　同右、一八三頁。

＊9　沢田章『明治財政の基礎的研究』復刻版（柏書房、一九六六年）二九頁。

＊10　大島清・加藤俊彦・大内力『人物・日本資本主義――殖産興業――』2（東京大学出版会、一九七四年）六三頁。
＊11　中井信彦「商人地主の諸問題」（歴史学研究会編『明治維新と地主制』岩波書店、一九五六年）一三九頁。
＊12　『明治財政史』第八巻（吉川弘文館、一九七二年）六五五頁。
＊13　外国商社からの借入内訳は、英国東洋銀行より五〇万ドル、同国オノルト商社より四〇万ドル（一ドルを一円＝一両に換算）、和蘭商社よりの一〇万円余である。
＊14　諸藩への貸付金一三〇〇万両、商人への貸付金一〇〇〇万両、総計二三〇〇万両が貸付けられたとの異説もある（吉川秀造『明治財政経済史研究』法律文化社、一九六九年、一〇頁）。
＊15　沢田章編『世外侯事歴維新財政談』（原書房、一九七八年）一四七頁。
＊16　『明治財政史』第一二巻（吉川弘文館、一九七二年）九〇頁。
＊17　藩債処分と新旧公債に関しては、千田稔「藩債処分と商人・農民・旧領主――藩債取捨政策に限定して――」（『社会経済史学』四五―六、一九八〇年）、同「新旧公債の元利支払財源――旧藩貸付金徴収を中心に――」（同右、四六―六、一九八一年）以下の論考に詳しい。
＊18　この過程を「領有制解体の政治過程」として捉えた先駆的業績として、丹羽邦男の同名論文（歴史学研究会編『明治維新と地主制』、前掲、収載）があり、近年では、「近代天皇制と廃藩置県との相互関連的把握」という視点に基づいて実証的に究明した労作として、千田稔『維新政権の秩禄処分――天皇制と廃藩置県――』（開明書院、一九七九年）がある。
＊19　中村哲「領主制の解体と土地改革」（歴史学研究会・日本史研究会編『講座・日本歴史――近代1――』7、東京大学出版会、一九八五年、一五〇頁）。また、「藩債処分録」や「藩債輯録」の数字を利用した中村隆英によると、藩債総額七八一三万円のうち三九二六万円のおよそ半分が切り捨てられたという事実の指摘に続けて、高橋亀吉が『日本近代経済形成史』（東洋経済新報社、一九六八年）で示した、交付公債の市価の異常な低価格のために、実質的には旧藩債八割余が切り捨てられたという主張を援用し、中村哲説以上に切捨率の大きかったことを暗示するとともに、藩札切捨率も表面上の三七％という数値に対して、実質的には七三％以上になると推定している（「明治維新期財政金融政策展望――松方デフレーション前史――」、梅村又次・中村隆英『松方財政と殖産興業政策』東京大学出版会、一九八三年、一五～一六頁）。

＊20 『法令全書』明治元年（原書房、一九七四年）一三二頁。

＊21 「貨幣考要」（『史料集成』第一三巻、明治文献、一九六四年）三〇八頁。

＊22 商法司政策を「国産会所」方式と捉えた新保博は、その成功の条件として以下の二点を挙げている。「(イ)太政官札が広く流通するとともに、札価が正価の価格に近く、しかも安定していること。(ロ)三都の商法会所を中心とする全国的商品流通機構が形成され、前貸信用の供与を通じて三都の商法会所が地方の商法会所を統括していること」（新保博『日本近代信用制度成立史論』有斐閣、一九六八年、一四頁）。

＊23 『明治財政史』第一二巻（前掲）三三二頁。

＊24 杉山和雄「金融制度の創設」（楫西光速編『日本経済史大系――近代・上――』5、東京大学出版会、一九六五年）一八三頁。

＊25 『明治財政史』第一二巻（前掲）三三三頁。

＊26 滝沢直七『稿本日本金融史論』復刻版（明治文献、一九六八年）六〇頁。

＊27 為替札には、金券・洋銀券兌換券と銀券・銭券の不換券とがあり、金券は六百万両、洋銀券は一五〇万ドルを超える発行額があった。また、太政官札の下付は、東京為替会社（以下同様）三三・二万両、横浜三〇万両、西京三〇万両、大阪四六万両、神戸二三万両の総額一六二・二万両を数える。

＊28 『明治財政史』第一二巻（前掲）三二九頁。

＊29 為替会社の営業状況の詳細に関しては、新保前掲書、および菅野和太郎『日本会社企業発生史の研究』復刻版（経済評論社、一九七一年）を参照されたい。

＊30 通商司政策あるいは為替会社失敗の原因を研究史の裡から探ると、以下の如くである。

(一)「この制度は、両替商の習慣に欧州の組織を加味したものであるから、その間の調和を得ることが難しくもあり、民間当時の商法にも適合せず、業務もいわゆる士族の商法であって、自ら普通の商業と選を異にし、半官半民木に接ぐに竹を以てせしが如き観があり、また当事者に適任者なくしてその経営宜しきを得ず、殊に社会の変遷激甚なる時期に際した事であるから、事業に失敗を招く事が多く、且つこれが愛護者であった通商司は、行政組織改正の結果終に廃せられてしまった」（滝沢、前掲書、六〇頁）。

(二)「全国各地農村での商品生産の進行は、政府の政策の遂行を不可能にしていったと考えられるのである。これを象徴的に示すのは為替・通商会社の経営破綻であろう」(丹羽邦男「地主制の成立」、歴史学研究会・日本史研究会編『日本歴史講座——近代の展開——』5、東京大学出版会、一九五六年、五六頁)。

(三)「全国的に展開する農民的商品経済は掌握できず、その発展とともに全国的商品流通における地位を低下させ、廃藩置県によりその使命をおえて解体した」(中村哲、前掲論文、一三二頁)。

(四)「為替会社が失敗に終った原因としては、一般に政府の保護があまりに手厚かったため、それに参加した旧富商たちに自己の企業たる自覚が少なく、その活動が不活発に終ったこと、かれらがいまだ会社・銀行に無知識・無経験であったことなどがあげられるが、そのほか維新草創期における経済界の不安定もその有力な原因であろう」(加藤俊彦『本邦銀行史論』東京大学出版会、一九五七年、二三頁)。

(五)為替札に対する全額の兌換準備、新貨条例、紙幣発行による「為替会社という信用制度の前提となっていた旧幣制」の否定に伴う「国産会所」方式の制約、廃藩置県の実現による通商会社・為替会社の存在理由の喪失、「諸藩国産以外の『諸国農商』の商品流通について十分把握することができない限界」等々(新保、前掲書、二〇一頁)。

なお、新保は、この為替会社を通しての流通政策から、新しい殖産興業政策としての「官営工場」方式への転換と、新路線に対応する国立銀行の登場を主張し、その両者の直接的対応を強調するが、これは、あまりに飛躍的な論理である。この点、新たな殖産興業政策の内実を幾つかの側面から説明することで、その論理の媒介とする配慮が欲しかった。

＊31 新保、前掲書、二〇〇頁以下。
＊32 中村、前掲論文、一三二頁。
＊33 丹羽邦男「わが国土地領有制の解体とその特質について」(『土地制度史学』一一号、一九六一年)六~七頁。
＊34 杉山、前掲論文、一八六~一八七頁。
＊35 『明治財政史』第一二巻(前掲)四九二頁。
＊36 同右、四九九頁。
＊37 同右、一〇三頁。

＊38　同右、第一三巻、五五頁。

＊39　同右、第一二巻、四九二頁。

＊40　朝倉孝吉『明治前期日本金融構造史』（岩波書店、一九六一年）一八八頁。

＊41　これらの事実を踏まえて朝倉は、明治前期の金融の特質について、次のような注目すべき見解を提示した。「旧幕時代に為替方、掛屋、両替商等々を営んでいた多数の商人地主は、彼等の資力を動員して個人高利貸、さらに国立銀行、私立銀行、銀行類似会社、金貸会社、質屋、無尽等を営みながら、当時最大の生産物であった『米』、『繭』さらに輸出品の大宗である『茶』などを中心とし、それらにまつわる広い意味の農業金融を担当し、十年代の莫大な土地兼併に果した役割は極めて大きい」（朝倉、前掲書、三九六頁）、「当時の主要生産物は農業品といっても間違いないであろうし、その金融の対象は農業のウェイトが高からざるを得ない。このようにして『殖産興業』と漠然といわれていたものの実体は、実は農業にあったのではないだろうか。少くとも金融の面からみるかぎりそのように考えられる」「明治初期の金融は、本論で詳述した如く、個人に対する融資が中心で、たぶんに金貸会社的な面が強く、創設者の投機的目的によってつくられたようすも多々見受けられ、経営者、設立者達の『富』の増殖機関であるような面が非常に強かったようである」（同右、三九七頁）。

＊42　新保博『近世の物価と経済発展――前工業化社会への数量的接近――』（東洋経済新報社、一九七八年）第二章、梅村又次「幕末の経済発展」『年報・近代日本研究――幕末維新の日本――』3、山川出版社、一九八一年）他。

＊43　この時期は、筆者のいう前期原蓄から後期原蓄へと移行する過渡期として捉えることができる。

＊44　商人資本的に蓄積された商人・地主の蓄積資金は、まさに「農民からの『農業労働の生産物』の収奪」（前章）の具体化の一半であり、ここにいう「産業資本への転化」とは、その蓄積資金の資本転化を指している。

＊45　もっとも、同行の設立の直接的動機は、早矢氏有的の経営する丸屋商社の衰運を挽回しようとして、中村道太外二二名と協力して行動を起こしたことにはじまる。彼らは、銀貨・紙幣各々半額の出資で資本金二〇～三〇万円の銀行を設立しようと企図したが、福沢の助言により大隈の協力を得て、資本金三〇〇万円の大銀行を設立するに至った経緯がある（詳細は『横浜正金銀行史』複刻版、西田書店、一九七六年、六頁以下を参照されたい）。

＊46　準備金とは、「明治政府の特別会計ともいうべきもののひとつ」（加藤、前掲書、五六頁）といっていいが、その詳細につい

ては、高橋誠『明治財政史研究』（青木書店、一九六四年）第二章を参照されたい。

＊47　『明治財政史』第一三巻（吉川弘文館、一九七二年）九一八頁。

＊48　滝沢、前掲書、一三八頁。

＊49　室山義正によれば、米価が一般物価に先行して七七年以降急騰して八〇年にはそのピークに達し、八一年には下落に転ずる理由は、八一年二月の太政官布告第一四号による地租納期繰上げにあり、これによって農民の米穀販売が激しく競合することになり、米価の暴落と農民購売力の低下を招来し、デフレを惹起させる役割を果たしたとされる（『近代日本の軍事と財政――海軍拡張をめぐる政策形成過程――』東京大学出版会、一九八四年、七九頁以下）。ここで室山が云わんとしていることは、松方デフレ以前に、地租納期繰上げ→米価下落→農民購売力の低下というメカニズムによって、すでに不況の方向が準備され、それに紙幣整理が重なったことで、「松方デフレ」と呼ばれる深刻な不況が生じたということである。寺西重郎も大隈と松方の紙幣整理を検討した結果、「景気反転は松方の政策からは独立に――すでに（引用者）――生じていた」（『日本の経済発展と金融』岩波書店、一九八二年、一三九頁）との指摘をしている。松方財政が本格的に取り上げられるようになったのは、つい最近のことであるが、右のような新しい成果が発表されるにおよんで、かつての松方財政評価はその修正が迫られつつあるといってよい。

＊50　『明治財政史』第一四巻（吉川弘文館、一九七二年）一四頁以下。

＊51　同右、三二一～三三三頁。

＊52　同右、二〇頁。

＊53　加藤、前掲書、六四頁。

＊54　中村吉治『幕藩体制論』（山川出版社、一九七二年）一七一、三二五頁他。秀村選三にも、同様の指摘がみられる（「石高制に関する二つの問題」『経済学研究』二九―二、一九六三年、一〇三頁）。

＊55　『大日本租税志』複刻版、中篇（思文閣、一九七一年）六〇七頁。

＊56　「地租改正例規沿革撮要」（『史料集成』第七巻、明治文献、一九六三年）一六九頁。

＊57　同右。

＊58　地租改正の成功により、地租収入の飛躍的増加がもたらされ、それが租税収入の歳入総額における比重を大きくした規定的要因であったことは、表11にみられる第六期以降の数値に明らかである。林健久の云う「租税国家」（『日本における租税国家の成立』東京大学出版会、一九六五年）の姿が、ここに一応の確立を示したといってよいであろう。

＊59　『大日本租税志』中篇（前掲）六九七頁。

＊60　同右、六七〇頁。

＊61　雑税の内容とその整理については、安藤春夫『封建財政の崩壊過程』（酒井書店、一九五七年）に詳しい。

＊62　ここで「早熟的」というのは、所得税が世界史的にみれば帝国主義段階において採用されていることに対して（武田隆夫・遠藤湘吉・大内力編『再訂・近代財政の理論――その批判的解明――』時潮社、一九六四年、一九四頁以下）、日本の場合は、ようやく産業革命に突入せんとする時代に導入されたという事実への形容である。

＊63　ここでは、高利貸的蓄積およびその変形たる地主的蓄積をも包含している。

＊64　マルクス『資本論』第一巻、向坂逸郎訳（岩波書店、一九六七年）九四二頁。

＊65　芝原拓自が日本における「『近代的』資本の形成がまず国家財政支出によって媒介されていた」（『日本近代化の世界史的位置――その方法論的研究――』岩波書店、一九八一年、二二〇頁）と指摘している事実は、まさにこのことの別表現である。

＊66　もっとも、表12では、小林正彬が正しく指摘しているように、中山鉄道公債支出金が三〇万円と過小に計上されているため、本来の二〇〇〇万円として算出すれば、その支出総額は、二億三〇〇〇万円弱となる（小林正彬『日本の工業化と官業払下げ――政府と企業――』東洋経済新報社、一九七七年、六三頁）。

＊67　林、前掲書、五三頁。

結　日本的原蓄の歴史的特質

すでに、各章末尾で総括事項は論じてあるので、ここでは、本編で展開した内容に即して、言及しえなかった点を二、三補足することで、本編全体の結びに代えたいと考える。

一九世紀中葉までの日本における資本蓄積は、通常考えられている程には低位ではない。それは、基本的には、当時の産業の中心たる農業の生産力水準の高位性によっているといってよい。もっとも、幕藩体制下における「農業停滞性」論なる不毛な議論が、いまだに日本の歴史学界では根強く残っているので、このことに関しては一言しておかねばなるまい。ヨーロッパと日本の農業生産力とを比較・検討した鯖田豊之によれば、ヨーロッパ近世における農業生産力水準は、収穫が播種量の五、六倍程度が平均であるのに対し、徳川期の中田レベルのそれは三〇~四〇倍にもなるとされている。鯖田はかかる日本農業の高生産力水準こそ、徳川期における高率貢租収奪を可能にした当のものであったと指摘する。[*1] この事実に加えて、第一章で主張した領有権の後退と農民の事実上の土地所有権の前進、および農民に対する地主的、高利貸的収奪の展開も、農業生産力の高位性の結果として銘記しておくべきであろう。通説の論理は逆立ちしていたのである。

したがって、日本における資本蓄積の未熟性というのは、あくまで産業革命を経過した西ヨーロッパ諸国と共時段階で対比した場合に云いうることなのである。また、前期原蓄過程における資本蓄積の未熟成という観念も、単なる富の蓄積の低位性を表すものではなく、資本家的生産関係の未熟成を示す観念にほかならないのである。

ところで、イギリスの後期原蓄過程における資本家的生産関係が、当時の世界市場へと積極的にアプローチするなかで、云わば「自生」的に生成—展開したのに対し、日本の後期原蓄の場合は、イギリスが領導する世界市場からの逼迫のなかに突然投げ入れられたために、産業革命を経験していない日本が、そこからの圧力をはねのけるためには、「上から」の資本主義化を進めざるをえなかったという大きな差異がある。つまり、日本では、商人資本的な資本蓄積は、農業生産力の高水準もあってそれなりに進展していたが、工業の発展が立ち遅れていたために、その商人資本の産業資本への転化が著しく停滞していたのである。[*2]

以上の理由を、鯖田豊之・筑波常治・玉城哲[*3]等から学んだことを援用しつつ概述すれば、以下の如くに云えようか。ヨーロッパの自然が、日本のそれと比して著しく厳しいものであったこと、このことが自然を支配するためにまず自然そのものの法則を探究する自然科学を生み出すこととなり、それが産業革命の技術的側面の一環を構成したのに対し、日本の自然が、ヨーロッパのように人間と鋭く対立するものではなく、却って人間に恵みを与えるものとしてあるため、人間と自然とは一体化して存在しうる環境にあり[*4]、ヨーロッパ的自然科学の必要性を要求しなかったということである。つまり、歴史的—風土的条件の相違が、自然科学の発展の有無を生ぜしめ、それが、「自生的」な産業革命の経験の有無につながったといいうるのである。

原蓄期日本における資本蓄積の低位性という意は、以上の脈絡のなかで捉えうる概念なのである。

註

＊1 鯖田豊之『肉食の思想――ヨーロッパ精神の再発見――』（中公新書、一九六六年）三五～三六頁。農業生産力水準の日欧比較の際には、かかる播種量対比に加えて耕地面積をも参酌すべきであろうが、それでも、本文の如き結論に変化は生じまい。

＊2 かかる本書の見解は、戦前に服部之総が提起した「幕末・厳マニュ時代」説（『服部之総著作集』第一巻、理論社、一九五四年、所収の諸論稿他）とは、一八〇度異なる歴史認識となる。服部は幕末期における工業のマニュファクチュア的発展を強調することで、内部から「講座派」理論に揺さぶりをかけたが、農業部門の停滞性を指摘することで「講座派」理論と迎合してしまった。服部がこの「幕末・厳マニュ時代」説を主張した背景にあるものは、すでに周知の事柄に属するが、この「厳マニュ時代」という概念が果たして歴史の発展段階を画する一つとして位置づけられうるかどうかには、多分の疑問を禁じえない。というのも、マルクスが『資本論』で規定したこの概念は、商品生産の発展をあくまで抽象的に論理化したものであり、それを現実の歴史に適用するのは、短絡的にすぎると考えられるからである（同様の見解は、小島恒久『日本資本主義論争史』ありえす書房、一九七六年、Ⅱ第一章にもみられる）。なぜなら、マルクスの云う「厳密な意味でのマニュファクチュア時代」というのは、資本家的生産方法のなかでマニュファクチュアが支配的な段階を示すこと以上は何も語ってはおらず、具体的に歴史の特定の段階としていかなる意味を有するかはまったく不明だからである。かかる抽象的な概念を歴史の発展段階の一つとして設定する方法は、あまりに無謀な試みという外はあるまい。以上のことはさておいて、服部の「厳マニュ時代」説とは逆に、農業関係内部における高生産力水準と、それを前提としたところの領有権の後退―近代的土地所有関係の生成という日本における一八世紀以来の動向こそが、一九世紀後半以降における日本と中国との方向の違いとなって現れた根本的要因とは云えまいか。つまり、前期原蓄の進行こそ、日本が資本主義化に成功した基本条件の一つなのである。

＊3 鯖田、前掲書、筑波常治『米食・肉食の文明』（日本放送出版協会、一九六九年）、玉城哲・旗手勲『風土――大地と人間の歴史――』（平凡社、一九七四年）。

＊4 幕末日本に来日したヨーロッパ人にとっても、この事実は驚嘆に値するものであった（「この土地は、土壌と気候の面で珍らしいほど恵まれており」云々、オールコック『大郡の都』中、山口光朔訳、岩波文庫、一九六二年、一六五頁）。

附論一

明治維新経済史研究の方法的基盤

1　研究方法の混迷から模索へ

明治維新期の経済史が本格的に研究対象として取り上げられるようになるのは、一九二〇年代後半から展開した「日本資本主義論争」の一環としてであった。そこでは、明治維新を劃期として成立したこの国家（絶対主義国家ないしは不徹底なブルジョア国家）の経済基盤を探求する方向で、マルクス云うところの土台と上部構造との関係に意を注ぎつつ、その土台たる経済的下部構造の解明が求められ、明治維新期の経済発展段階に関する研究が進められた。ここで意識的に取り上げられた主なテーマは、以下の二点である。

㈠幕末維新期の経済段階（小営業段階かマニュファクチュア段階か）

㈡幕末新地主の性格（封建的か近代的か）

これに関連して、明治新政府が実施した㈢地租改正の性格（半封建的か近代的か）が、主要な論争点と云えようか。

敗戦後のいわゆる「戦後歴史学」の時代には、戦前「資本主義論争」の遺産を継承する方向で、「講座派」的見解が圧倒的に優位な研究状況の下で、実証的な成果が積み上げられていった。ここに云う「講座派」的見解とは、日本の停滞性、後進性、封建制的側面をその本質と理解し、日本の特殊性を強調するものであり、その独自な視点から日本の近代史を解釈するものであった。その背景には西欧近代社会を理念化し、日本の現実との格差を極端に強調する特有な認識があった。

しかし、一九五〇年代後半以降にはじまる高度経済成長の結果、近代日本の発展理念としてあった西欧社会に追いついたことにより、六〇年代にはこのような思考方法に対する懐疑が生じはじめ、これ以降「講座派」理論の批判的修正がそれぞれの分野で開始されることになる。しかし、「講座派」内部からの批判ということもあって、その思考の枠組みは「講座派」理論そのものを乗り越えることができなかった。[*1]

また本編第一章との関連で云えば、学生を中心としたラディカリズムが頂点に達した六〇年代末には、「先進国革命」に対する失望が蔓延しはじめた時代状況を見据えた平田清明らによる市民社会論的社会主義が提示され、[*2]その古典派的な所有論（労働と所有の即時的統一）に基礎をおく「本源的蓄積」論が一時期論壇を飾ったが、[*3]いずれもカール・マルクスの著作を、古典派的経済学の視点から焼き直したものにすぎず、その近代主義的思考は厳しい批判にさらされた。[*4]

戦前の「日本資本主義論争」から「戦後歴史学」、そして「市民社会論的本源的蓄積」論にいたる明治維新経済史研究の特徴は、その分析基準としてマルクスの『資本論』が利用されたことであった。同書は資本主義の一般的法則を原理的に把握することを目指していたわけだが、[*5]そのなかでも経済史学界が殊更に注目したのが、同書の云わば附録的位置にある「歴史分析章」であった。ここに云う「歴史分析章」とは、同書第一巻第一二章「分業とマニュファクチュア」、同第二四章「いわゆる本源的蓄積」、同第三巻第二〇章「商人資本に関する歴史的考察」、同第四七章「資本主義的地代の生成」等々のことである。[*6]

そこでの議論は以下のようである。「分業とマニュファクチュア」章において記述されている「厳密な意味でのマニュファクチュア時代」という概念を、日本の幕末・維新期に適用しその発展段階に到達していたか否か（厳マニュ段階か小営業段階か）、「本源的蓄積」章に指摘されている「自己の労働に基づく私有」の両極分解が日本では認められない事実、つまり「奴隷と農奴の賃金労働者への直接転化、したがって単なる形態転換」にすぎないとする認識、「商人資本に関する歴史的考察」章での生産者が資本家となる革命的な道とは区別される商人資本の性格に対する過剰なまでもの低評価、「資本主義的地代の生成」章で展開される労働地代、生産物地代、貨幣地代を現実の歴史過程として把握する理解の仕方等々、こうした古典的記述にいかにも忠実な解釈と日本への適用が、日本の後進性、停滞性、封建制を際立たせることになり、その特殊性が極端なまでに強調されたのである。[*7]

しかし、実証研究の進展は右のような議論と齟齬をきたし、またマルクス離れ現象が着実に浸透していくなかでアジアの台頭が着目されるようにもなり、これまでのマルクスに忠実な西欧モデル偏重の歴史観は大きく後退していった。こうしたなかで、研究テーマの細分化が進み豊富な事例が提示されることになるが、七〇年代以降には新たな模索もはじまり解釈の多様化が進行していた。ここでは、そのような動向を踏まえつつ今日的な課題の確認とその方向性について言及しておきたい。

その一つは、「講座派」的な「停滞性」論を内部批判した服部之総の「厳マニュ時代」説[*8]の位置づけである。服部は絶対王政に対応する経済的土台として「幕末厳マニュ時代」説を提示したが、その対象は工業部門のみにとどまり、農業面に対する停滞性認識を方法的に止揚することができなかった。つまり、地主制を封建的性格とみる視点は「講座派」主流と同様であった。この服部の弱点を自らの課題として「豪農」論研究を進めたのが、戦後の藤田五郎である。だがその藤田も、いわゆる「上昇転化」論の提示によって、近代化の担い手としての「豪農」の側面は薄れてしまった。[*9] この難点を克服する方向が、一九八〇年代以降の一連の在来産業研究であり、計量経済史研究の抬頭である。

もっとも、「厳マニュ時代」説自体が、はたして歴史的概念としての適用に耐えうるのか否かについては、おおいに疑問が残るところである。マルクスが『資本論』で取り上げた際のマニュファクチュアとは、相対的剰余価値生産の拡大を論理的に説明するにあたって、協業―マニュファクチュア―機械制大工業のプロセスを説明したにすぎず、これが歴史的過程として説かれているわけではない。「厳マニュ時代」という言葉が一人歩きしたところに、過ちの根元があったと云うべきか。[*10] つまり、「厳マニュ時代」論が歴史現実的な段階概念として適切であるか否かが、問われているのである。

二つは、資本主義形成の過程を検証する上で、地主制や小農経営をその重要な構成要素として認識することである。かつての論争にあっては、絶対主義天皇制の一方の経済的基盤として地主制が位置づけられており、その半封建的性格のみが強調されていたが、一九八〇年代以降の計量経済史の視点や在来産業の生成、発展が注目されるなかで、あるいは名望家論の登場などにも触発されて、地主制に対する評価も大きく変化していった。研究史のこのような動向のなかで、日本近代経済史に色濃く残されていた「停滞性」論の呪縛からも解放され、新たな方向が模索されはじめたのである。

その一例として、地主制が資本主義の構造的一環として果たす段階的役割の変化に着目した中村政則の業績、[*11] あるいは明治以降の共同体を封建的な村落共同体の再編と見做す見解からは一線を画した、「資本の論理にもとづく新たな社会秩序」（岩本由輝[*12]）、「商品生産や私有財産制度など総じて社会構成の歴史的展開によって変形をうけた共同体的な社会関係」（玉城哲・旗手勲[*13]）等々の新たな共同体理解が提示されている。さらには、谷本雅之が提唱した「在来的経済発展」論[*14]にみられる小農家族の行動規範などの研究を通して、地主制や戦前農村に対する「半封建制」的な評価は後退し、地主的な蓄積資金の運用の在り方や小農経営の存在が、日本資本主義の形成、発展といかなる関係を有するのかが、具体的な論議の対象とされるようになっていった。資本主義がその展開の過程で次第に純化の途をたどるわけではなく、非資本主義的な要素をも自己の存立基盤として取り込んでゆくのだという視点が、ウォーラーステイン[*15]などの言説の影響もあって一般化していった。

以上のことから明らかになるのは、西欧を基準として段階的格差を析出する方法（単線的発展段階論）から脱却し、個々の形成期資本主義の歴史的趨勢を勘案しつつ、その特質を世界史的な視野に基づいて検討する作業の必要性である。以下、その方法の一つとして類型的考察の可能性について若干の提起を試みたい。

2　資本主義形成の類型的特質

伝統的な社会の内から農工分離の方向が進むなかで、一六世紀には西欧を中心に世界市場の成立がもたらされ、外国貿易の拡大による国富（資本蓄積）の増進が急速に展開し、それが各国経済の成長を促しつつ商品経済的な社会関係を形成し、農工分離の最終的結果として直接生産者（農民）が土地を喪失する歴史過程（本源的蓄積）が招来する。この動きをもっとも早く示したのがイギリスであった。

中世のイギリスは、羊毛輸出と毛織物輸入という外国貿易を通して商業活動を活発化させるなかで、一四〜

一五世紀中葉あたりから毛織物生産が開始されるようになり、西欧を核とした世界市場が形成されはじめる一五世紀後半から一六世紀にかけて、それが国民的産業にまで成長した。[*16]同時に、生成途上の世界市場においてオランダなどと競合しながら、イギリスはその地位を向上させていった。

国内から供給される豊富な原料は、毛織物工業の成長をますます加速化させてゆくが、その動きがさらに原料羊毛の需要を高め、イギリス国内における羊毛生産に刺激を与えることになる。一六世紀の初頭に刊行されたトマス・モアの著『ユートピア』[*17]には、羊が「人間さえもさかんに喰殺している」という象徴的な文言が記されているが、これは周知のように羊毛生産のための牧場経営が、現地の農民を土地から放逐するエンクロージャ・ムーブメント（囲い込み運動）を現出したことの謂いである。

イギリス毛織物工業は、都市手工業と家内的・農村的副業をいわば資本家的に支配する形態で成長し、外国貿易へと投下される商人資本とともに、イギリス国内の資本主義化を促進したといわれる。[*18]加えてエンクロージャによる領主の地主化と、土地から放逐され流民化・貧民化を余儀なくされた無産者層の大量な存在が、生成期イギリス資本主義の特質を形成した。

大量の流民層、貧民層の輩出という特殊イギリス的な事実は、イギリスが成立まもない世界市場へと積極的に対応した結果から生じたものであり、その限りではイギリスの「先進」性に基づくものといってよい。しかし、この流民層、貧民層の存在が語るものは、イギリス国内における資本家的生産関係の未成熟という歴史的現実でもあった。

その後の一七世紀末以降のイギリス資本主義の動向は、主要輸出品である毛織物生産を担うマニュファクチュアの発展と、穀物輸出の急速な増加に支えられて成長しつつあった資本家的農業経営の広汎化にともない、いわゆる第二次エンクロージャがはじまり直接生産者の無産者化が以前にも増して急激に進行する。この無産者層は雇用機会の増大にともない、毛織物マニュファクチュアや資本家的農業経営の労働力として吸収されつつ、プロレタリアートへと転化しゆく道筋ができ上がりはじめていた。かかる無産者層のプロレタリア化が完成するのは、あらためて指摘するまでもなく、一八世紀後半以降の産業革命によって生まれた機械制大工場下の紡績業の勃興を俟たねばならない。

一方、日本における資本主義形成の端緒は、一七〜一八世紀の交わりあたりからはじまる商品経済の進展と、質地→流地という日本独自の形態で進行する事実上の土地売買による地主制の生成に求められる。この過程を経て農民は所持地を手放し没落を余儀なくされるが、資本家的な生産関係は広汎化していないため雇用機会には恵まれず、小作農として農村に滞留することになる。イギリスと同様に直接生産者への土地収奪が進行するが、挙家離村にともなう流民層の大量創出というイギリス的現象が生じることはなく、地主―小作的関係として農村に留まることになる。

その後の地主制の進展による地主的資金の蓄積は、いわゆる在来産業へと投資され国内市場の形成もはじまり、また、城下町などの都市を中心とした商業の担い手たる都市商人の活動も、同様の方向に作用した。こうして豪農、豪商らによる地主的、高利貸的、商人資本的蓄積が増進してゆくなかで事実上の農民的土地所有（近代的土地所有）が進行し、[*19]領有制の根幹が次第に崩れてゆくことになる。

このような状況の下で、一九世紀中葉の自由主義末期から帝国主義への移行期という世界史的段階に世界市場と本格的に接触した日本に対して、すでに資本主義的自立を達成している西欧資本主義諸国からの「自由貿易」をはじめとするさまざまな圧迫が、国内における政治的―経済的危機を醸成させ、資本主義的―国民国家的自立を主要な課題と自覚させることになる。

西欧資本主義諸国と比べて資本蓄積が低位な日本にとって、すでに産業革命を経過したその生産力水準に追いつくことが「万国対峙」の前提の一つであった。自立した資本主義国家—社会の早急な育成がその現実的課題であり、明治維新はかかる諸課題を担うべく遂行された。この過程でさまざまな財政金融政策が実施に移されるが、なかでも地租改正—秩禄処分—国立銀行と展開する一連の諸策は、農業的剰余とその分化形態でもある旧武士身分の収入源を国家へと集中させ、租税国家体制を創りあげるなかで、その集中された資金を近代的な資本へと転化させるとともに、資本主義化のための社会資本への財政投下や殖産興業資金としても機能させていった。国家による積極的な資金創出とその撒布が急がれたのである。

形成期日本資本主義のもう一つの特質として、プロレタリアートの創出がイギリスほど急激な展開を示さなかったことが挙げられる。その理由として、西欧の技術水準が移植され当初より有機的構成の高い機械制大工業として、資本主義的生産が開始されたこと、さらに、その生産規模が狭小であったことなども、雇用機会を相対的にせばめることになったといってよい。したがって、松方デフレのような激しい不況の下で農民の土地喪失は進みながらも、農民は資本主義的な雇用機会に恵まれないため、小作農として農村に滞留することになる。これが地主—小作関係下にある高率小作料の要因でもあった。

この高率小作料の負担を支えるかのように、農家の子女が女工となりあるいは二、三男が離村して都市の雑業などに従事する現象が生まれる。加えて、当時の伝統的な小農経営の持高は概して小さく、自作農とて農業だけでは生活を維持することは困難であり、小作農などとともに零細な小売りや仲買に従事したり、[*20] 村内外の富裕農民に季節的に雇われたり、あるいは近隣の在来産業の労働力として生活の糧を稼いでいた。[*21] 云わば「半プロ農家」が大量に出現したわけである。このような趨勢は日本だけに限らず、ロシア農政史を検討した日南田静真が、「雇役制的労働報酬体系」[*22]と呼んだ農奴解放後のロシア農民なども同様であり、小農経営がその後の資本主義の下でも存続してゆくことになる。

形成期資本主義の下において析出された上記の小農は、それぞれの資本主義が世界市場を制覇しつつあるイギリス資本主義との関係において、資本主義形成の在り方の特質から導きだされた存在であり、イギリス資本主義に対する「後発性」にその由来が求められるといってよい。ロシアなども全体としては狭小でかつ個々的には高度に集中した工業と、それに対応する少数の極度に集中したプロレタリアートの存在という事実が[*23]、小農経営を存続させてゆくのである。資金創出の点に関しても、ロシアではいわゆる「大改革」時代の経済的諸改革が、明治維新期の日本と同様に資本主義化のための資金創出政策として実施されている。

かつて筆者は、資本主義形成＝本源的蓄積期の歴史過程を前期と後期に区分するとともに、「先進国型」と「後進国型」の二つの類型に峻別することを提唱した。そこでは、本源的蓄積を構成する二つの要素である資金の創出とプロレタリアートの創出とが、世界史的条件の相違によってプロレタリアートの創出が積極化される「先進国型」（イギリス）と、資金の創出に重点がおかれる「後進国型」（日本）とを設定した。この「後進国型」にあっては、直接生産者（農民）は長いスパーンを通じて「半プロ小作農家」を媒介項としつつプロレタリアートへと転化してゆくのが特徴であり、プロレタリアートの創出はイギリスに比して緩慢となり、媒介項たる「半プロ小作農家」が資本主義の下でも再生産されてゆくことを示した[*24]。

この「後進国型」資本主義形成の特質は、伝統社会の解体を推し進めるというよりは、むしろ変質しつつある伝統社会の動きを背景としつつ、「万国対峙」という新たな国是に基づいて、異質な生産方法―生産関係（資本主義的工場制度）を導入し、伝統的社会との併存とその体制的包摂を進めていったと考えられる。[*25] この伝統社会の一つが小農社会であり、この小農社会は近世期の「純小農社会」としての静態的なものではなく、近世後期から次第に変質をはじめ、日本資本主義の形成、展開の各段階においても持続的に変質を余儀なくされている存在である。

註

＊1　本書第二編第四章。
＊2　平田清明『市民社会と社会主義』（岩波書店、一九六九年）。
＊3　海野福寿「日本型原蓄論」（歴史学研究会・日本史研究会編『講座日本史』5、東京大学出版会、一九七〇年）。
＊4　本書第一編第一章。
＊5　宇野弘蔵『経済学方法論』（東京大学出版会、一九六二年。後、『宇野弘蔵著作集』第九巻、岩波書店、一九七四年）。
＊6　カール・マルクス『資本論』第一、三巻（向坂逸郎訳、岩波書店、一九六七年、原著一八六七、九四年）。
＊7　本書第一編第一章、第二編第四章、拙稿「租税国家と地租」（近代租税史研究会編『近代日本の形成と租税』有志舎、二〇〇八年）。
＊8　服部之総「維新史方法上の諸問題」（『歴史科学』一九三三年四～七月。後、『服部之総著作集』第一巻、一九五四年）。
＊9　藤田五郎『藤田五郎著作集』第一、三、四巻（一九七〇～七一年）。
＊10　青木孝平編『天皇制国家への透視――日本資本主義論争Ⅰ――』思想の海へ29（社会評論社、一九九〇年）。本書八九頁（註＊2）を参照。
＊11　中村政則『近代日本地主制史研究』（岩波書店、一九七九年）。
＊12　岩本由輝『明治期における地主経営の展開』（山川出版社、一九七四年）。
＊13　玉城哲・旗手勲『風土――大地と人間の歴史――』（平凡社、一九七四年）。

＊14　谷本雅之『日本における在来的経済発展と織物業』（名古屋大学出版会、一九九八年）。
＊15　ウォーラーステイン『近代世界システム』Ⅰ・Ⅱ（川北稔訳、岩波書店、一九八一年）。
＊16　船山栄一「イギリス毛織物工業の構成と海外市場の動向」（高橋幸八郎・古島敏雄編『近代化の経済的基礎』岩波書店、一九六八年）。
＊17　トマス・モア『ユートピア』（岩波文庫、平井正穂訳、一九五七年、原著一五一六年）。
＊18　宇野弘蔵『経済政策論』改訂版（弘文堂、一九七一年。後、『宇野弘蔵著作集』第七巻、前掲、一九七四年）。
＊19　拙著『地租改正――近代日本の土地改革――』（中公新書、一九八九年）。
＊20　谷本雅之、前掲論文。
＊21　拙稿「農業と在来産業」（『鉾田町史』通史編下、鉾田町、二〇〇一年）。
＊22　日南田静真『ロシア農政史研究』（御茶の水書房、一九六六年）。
＊23　渡辺寛『レーニンとスターリン』（東京大学出版会、一九七六年）。
＊24　本書第一編第一章。
＊25　佐々木寛司・勝部眞人「明治維新の経済過程」（明治維新史学会編『講座　明治維新』第8巻――勝部執筆部分）、坂根嘉弘『日本伝統社会と経済発展』（農文協、二〇一一年）等を参照されたい。

第二編

明治維新史論

第三章

明治維新の時期区分

明治維新という日本史上最大の劃期が、歴史上いかなる意味を有するのかを認識するには、明治維新という時代の本質を特定せねばならない。かかる本質的内容が、明治維新をその前後の時代と区別する指標となる。したがって、明治維新の始期と終期とを確定する作業は、当該研究に従事する研究者にとって避けられない問題である。

ところが、近年の明治維新史研究の趨勢は、きめ細かな実証研究がその主流をなし、当該期を大局的に認識する理論的接近は影を潜め、[*1]時期区分についても、その発言は皆無に等しい。一九六〇年代以降の長期にわたる明治維新史研究の沈潜化現象の理由の一半は、右のような事情に基づくものである。

本章において時期区分を取り上げるのは、それが明治維新の本質論議と深く関わっているからであり、かつ、低迷する明治維新史研究の一助とせんがためでもある。

1　始期＝天保説

かつて、明治維新の性格解明が、明治維新史研究の主要課題の一つに掲げられていた当時は、時期区分論争もなかなかに活発であった。筆者の時期区分を提示するに先立って、そうした時期区分の研究史を概観しておくことが、後便となろう。

これまでの研究史を覗いてみると、明治維新の始期に関しては、天保（一八三〇～四〇年代）説とペリー来航（一八五三年）説との二つに大別できる。「天保」説は、おおむね明治維新の国内的条件を重視するのに対して、「ペリー来航」説の場合は、その国際的条件を重くみるといった見解の相違があるが、後述するように、必ずしもそう単純に分類しうるわけではない。

他方、終期については、廃藩置県（一八七一年）から日清戦争（一八九四～九五年）までの間に生成した諸事象が、各研究者によって多彩にその終期の劃期として取り上げられている。ここでは、便宜上、始期を同じくする時期区分論を二つの節に分けて、それぞれ考察してゆく。

明治維新の始期を最も早くとる見解は、井上清、遠山茂樹、堀江英一、中村哲、石井寛治等による天保説である。ただし、始期を天保期に設定するとはいえ、その終期は論者によってまちまちである。

井上清『日本現代史Ⅰ――明治維新――』[*2]は、一方で「講座派」以来の伝統的な明治維新解釈の立場に立ち、明治維新を天皇制絶対主義の形成過程とみる。他方、戦後左翼――なかんづく日本共産党――の対外認識の圧倒的な影響の下に、朝鮮戦争、サンフランシスコ講和条約締結当時の民族的危機感に触発されて、民族問題的視座に基づく新しい明治維新史研究の方向性を示し、「日本民族および日本国家は、明治維新をへてはじめて形成された」[*3]と論じ、戊辰の「大内乱」によって、「幕府及びその勢力が決定的にうちくだかれたことが、日本を半植民地化の危機から救った。日本民族はこれによってはじめて当時の東洋における唯一の独立国家たる方向を確立することができた」[*4]と指摘した。

井上の時期区分は、かかる明治維新理解を前提とした上で、天保改革期に起点を求めた。その改革も、「封建支配の旧来のままの再編強化」を目指した幕府コースは、「見事に失敗」[*5]に終わったため、そこに絶対主義化の方向は見出しえず、西南雄藩の改革にこそその萌芽があるとして、絶対主義化の起点を西南雄藩の天保改革に採ったのである。

こうして、井上は、民族的統一と絶対主義化の歴史過程として明治維新を捉え、その担い手として「天保改革以来ようやく政治的に進出しはじめた武士・地主・商人らから出た改革派中間層」を見出し、彼らが、「封建制の危機の激化とともにいわゆる尊王攘夷の志士として全国的結合を発展させ、民族的および国家統一の主導権をにぎっ[*6]」たと論じた。

右のような理解を示した井上によれば、「国家権力の重大な変化を基準とすれば、廃藩置県・天皇制統一国家の成立という国家構造の劃期を以て、維新の完成とする」[*7]として、一八七一（明治四）年の廃藩置県が明治維新の終期に設定される。[*8]

井上『日本現代史Ⅰ』に先立つことほぼ半年前に刊行された遠山茂樹『明治維新』（旧版）[*9]は、井上同様に「講座派」的伝統に立脚しつつ、「歴史的劃期としての明治維新は……絶対主義形成の過程である」[*10]と理解する。かかる「絶対主義の成立は、農民戦争に対抗する封建勢力の統一・強化として把握[*11]」さるべきとし、絶対主義の反動的・反農民的性格が強調される。この論点は、具体的に次のような指摘となって現れる。すなわち、倒幕派による「上からの改革の体制（絶対主義）」が、百姓一揆・うちこわし等の「下からの革命（ブルジョア民主主義革命）」の「力を利用し、これを歪曲し、究極において、これを抑圧した[*12]」、と。

右のような理解に立脚した遠山の時期区分は、「明治維新政治史に登場するもろもろの社会的政治的諸勢力が、ほぼ出そろ」い、「封建権力の絶対主義への傾斜[*13]」が生み出された天保期に、その始期を設定する。そして、「明治維新の主体的勢力であった倒幕派の政治的生命が終末した[*14]」西南戦争が、終期として位置づけられる。

一九五一年に相並んで刊行された井上・遠山の両著は、明治維新を絶対主義の成立と見做す共通認識に立ちながらも、その維新評価と論理構成には多くの相違がみられる。ここでは、しかし、その点に立ち入る余裕はないので、筆を先に進めることとしたい。

続いて堀江英一の時期区分に移る。堀江『明治維新の社会構造[*15]』によると、明治維新は、「徳川幕藩体制から絶対主義天皇制への政治的変革[*16]」であり、幕藩体制下の「被支配農民である村落支配者層が政治的支配階級になる過程」、そして「同時に村落支配者層が寄生地主に転化する過程でもあった[*17]」とされている。したがって、明治維新とは、「村落支配者層が幕藩体制打倒に政治的に登場してから、かれらが政治的支配階級になるまでの期間」であり、「天保八年の大塩の乱から明治一七年の秩父事件までのほぼ五〇年間[*18]」となる。

中村哲『世界資本主義と明治維新[*19]』の一節「変革の諸画期と諸階級[*20]」では、従来の主要な時期区分論に関説しつつ、中村の独自な時期区分が提示される。中村は、明治維新を「日本における封建制から資本制への転換を画する政治的、社会的変革である。その意味において近代日本の出発点をなす」とし、そこでは「三つの主要な側面」の転換が果たされたと論じる。その三側面とは、国家権力、階級関係、経済構造であり、各々「幕藩封建権力から近代天皇制権力への転換」、「幕藩領主対封建的小農民の対立から、天皇制を中核とする地主・ブルジョアジー対小作・賃労働者」への転換、「幕藩封建制から軍事的半封建的資本主義[*21]」への転換である。

この基底にあるのは、上からと下からの「基本的に対抗する二つの道の対立、闘争であり」、明治維新はその「革命と反革命の連鎖」の過程となり、「自由民権運動の敗北によって、反動的な道の勝利として終了する[*22]」。

以上の観点に立つ中村の時期区分は、始期を「政治的にはとくに幕府天保改革の失敗＝幕藩支配体制の分裂と一藩絶対主義化の端緒、経済的には本源的蓄積の開始、寄生地主制形成の端緒と半プロ層の形成」の始まる天保期に求め、「明治権力が近代的修正を開始し、自由民権運動を圧服」、「上からの資本主義化の強行」を通して到達した、「憲法発布、国会開設、最初の資本主義恐慌」の時点（一八八九・九〇年）を、その終期とした。[*23]

ここでの中村は、明治維新を絶対主義の成立とは明示的に語ってはいないが、先に引用したところからも明らかなように（「軍事的半封建的資本主義」「反動的な道の勝利」等々）、「絶対主義」説が暗黙のうちに取り入れられているようである。[*24]

この外にも、「始期＝天保」説を採る研究者に、石井寛治がいる。その石井『大系・日本の歴史――開国と維新――』12に[*25]よると、「自由民権運動の開始に対応してブルジョア議会制をとりこむ方向をもつとともに、列強の外圧に対抗しつつ機械制大工業の移植を政策的に推進することを使命とする、特殊日本的な絶対王政[*26]」の成立が明治維新であるとされる。

石井は、かかる維新変革の帰結を政治と経済の二つの側面から検討し、政治的帰結として、「国民主権の実現という市民革命の課題を、天皇大権＝君主主権の枠の中へ歪曲しつつ部分的に吸収した外見的君主制としての明治憲法体制[*27]」の成立にみ、同様に経済的帰結を、「明治九〜十三年の製糸業・銀行業の企業勃興のあと、松方デフレをへて明治十九〜二十二年に出発した綿紡績業・鉱山業・鉄道業を中心とする企業勃興は、機械制大工業の定着・発展をしめすものであり、日本産業革命を画期づけた。維新変革の帰結は、かかる産業革命の開始であった[*28]」と論じた。

石井のこの著書では、明治維新の終期を一八八九年に置いていることは明らかであるが、その始期をどこに求めるのかは、必ずしも明確ではない。そこで石井の最近著をみると、そこでは、「明治維新変革とは幕府天保改革開始（一八四一年）から大日本帝国憲法発布に至る総過程のことである[*29]」と、明快に論じられている。

2　始期＝ペリー来航説

先の「始期＝天保」説が、その多くの場合、明治維新を国内的契機から解くのに対して、始期をペリー来航（一八五三）年に求める見解は、明治維新の国際的条件を重視する立場といい得る。

この見解は、旧くは維新史料編纂事務局編『維新史[*30]』、尾佐竹猛、服部之総、最近でも、遠山茂樹、毛利敏彦、田中彰、宮地正人、呂万和等々、多くの研究者によって主張されている。

『維新史』は、註＊30に引用したように、その終期を廃藩置県（一八七一年）としているが、尾佐竹猛の場合は、「封建制の影響が、実際的に観て亡んだ時期、而して新文化のこれに替つた時期としてはそれぞれ専門的に説は異るのであるが、これを綜合しての大なる線は、明治十八年頃である[*31]」として、内閣制度が設立された一八八五年頃が、諸々の部面においても新時代としての劃期となると論じ、この年を明治維新の終期として設定する。

戦前の「資本主義論争」時代に「講座派」に結集した服部之総は、明治維新を「開港以前鎖国封建日本の胎内に孕まれた諸矛盾の発展により準備せられ、開港以後の経済的分解過程につれて次々と否定された政治過程としてみるならば、（明治――引用者）四年以後の上下からのブルジョワ革命を以て、開港によって準備され絶対王政によって余儀なく助成されたところの政治過程として見ることが出来る[*32]」、と理解する。つまり、「明治維新と呼ばれる政治過程にあっては、絶対主義形成過程と民主主義革命の過程とが、過程そのもののうえでも同在して」[*33]おり、「この二個の過程の二重写し」[*34]であると捉えるわけである。かかる観点から、「一八五三年のペリー来航から一八八九年の憲法発布まで」を、明治維新史の「対象としての時代」[*35]と設定した。

遠山は、かつて『明治維新』（旧版）で述べた「始期＝天保」説を自己批判し、『明治維新と現代』では、ペリー来航をその起点に据えるに至る。[*36]その理由を、新版『明治維新』では、次のように述べる。「明治維新史をもって、世界資本主義の一環に組みこまれることによって、促進されかつ規制された絶対主義の成立過程と理解する」[*37]ことによる修正である、と。遠山が旧説を修正するきっかけとなったのは、一九六〇年代に入ってからの国際的契機の重視という研究動向の一般化によるところが大きい。[*38]

毛利敏彦は、「明治維新を外圧によって強制された幕藩制国家から近代天皇制国家への変革を中心とする封建社会から資本制社会への早熟的な転換過程」[*39]とみ、この「近代天皇制国家は資本制国家類型（ブルジョア国家）の一形態」[*40]とする立場を表明する。したがって、明治維新は「ブルジョア革命」ということになり、かかる視角から「幕藩制国家滅亡の直接のきっかけをもたらした一八五三年ペリー来航」がその起点となり、「近代天皇制国家の形成過程が基本的に完了し、その形態と性格を国家基本法上に確定した時点」[*41]である憲法発布（一八八九年）が、終期に設定される。[*42]

「天保」説が内発的契機を重視するのに対して、「ペリー来航」説はその国際的契機を重くみることは、既に指摘したところであるが、「ペリー来航」説の終期については、国際的契機が必ずしも直接的には反映されていない。この盲点を突いたのが、「琉球処分＝終期」説である。

この代表として、田中彰『日本の歴史――明治維新――』24の[*43]主張を取り上げる。田中によると、「明治維新は、一九世紀後半における世界資本主義に包摂され、包摂されることによって日本資本主義形成の起点となった『革命』であ」り、そこには、「正」と「負」の二側面があったとされる。[*44]

ここにいう「正」「負」の内実については割愛し、直ちに田中の時期区分をみると、ペリー来航の年を始期として、「内的必然性と外国からの国際的要因をこの時点で統一的にとらえようと」[*45]する。この始期設定からも明らかなように、田中の論理構成の特質は、内的諸条件と外的諸要因とを結合させる方向で、明治維新を捉えてゆこうとする点にある。この視点が、終期にも適用される。田中が、「琉球処分」(一八七九年)をその終期に置く所以は、「『琉球処分』は沖縄における廃藩置県であり、その完了によってはじめて日本の近代国家としての統一は完成する」からであり、「これが日本の近代的統一国家形成過程における、旧体制と国際的条件のきりむすぶ最後の結節点だったことによる」とし、「その意味では、他の終期説がもっぱら国内的要因に視点をおいているのに対し、この一二年説は内外諸条件のきりむすぶ始期に対応した終期説といいうるだろう」[*46]と論断する。[*47]

田中同様に、終期設定に対外的条件を附与すべきことを主張したのが、宮地正人「幕末維新期の国家と外交」[*48]である。

宮地によれば、維新変革とは、一八五三年のペリー来航以降、「幕藩制国家にかわり、どのような諸勢力・諸集団の政治的編成(＝政権)のみが、欧米諸列強の軍事的・政治的・経済的な圧力に耐え、国家として対等なかたちできわめて権力政治的構造をもつ東アジア国際政治の渦中で伍していけるのかをめぐっての、諸政治集団間の激しい諸闘争の総過程にほかならない」[*49]とされる。そして、一八七六年の日朝修好条規の締結が、「薩長藩閥政府による東アジア国際関係の樹立と、そこでの権力政治的意味における対外的な国家権威の確立」の指標となり、それが「そのまま国内政治にみごとに表現されていく」[*50]と論じて、「一八七六年は、幕末以来の基本的政治課題であった国家確立をめぐる路線の対立と抗争に終止符がうたれ、維新変革の時代が終了する年である」[*51]と主張する。[*52]

次に取り上げる呂万和の時期区分も、東アジア世界の対外的諸関係——なかんづく、対中国——を軸に明治維新の終期を捉えるものであり、その限りでは田中、宮地説の延長上に位置するといい得る。ただし、その論理構成も時期設定も、両説とは相当に異なる。

呂によると、明治維新は「不徹底なブルジョア革命」[*53]であり、「日本が封建社会から資本主義社会へ変転した全過程である」[*54]とされる。その起点は、「『黒船来航』によって引き起こされた攘夷倒幕の闘争」[*55]であり、「明治維新の対外的目標」を視野に入れて終期を考えるならば、日本が「被抑圧民族から他民族を抑圧する資本主義民族に転化し、一八五三年以降の二大矛盾」[*56]が解決された、「一八九四年（明治二七）の日英新通商航海条約の調印と甲午戦争（日清戦争——引用者）の勃発」[*57]に置かれることになる。[*58]

田中、宮地、呂三者は、各々琉球、朝鮮、中国との対外的関係に着目して、日本の対外的自立—東アジア侵略の方向性を探ることで、明治維新の世界史的性格を浮き彫りにし、始期と終期とにおける国際的契機を直接的に関連させてみせたのである。ここには、遠山茂樹が『明治維新と現代』において強調した視点、すなわち、「明治維新の世界史的位置」、その「東アジアにとってもつ役割」の究明、「いいかえれば、世界資本主義とその帝国主義化によって、東アジアの植民地化とそれへの東アジア諸民族の抵抗がもつ意義、および日本の軍国主義がそのなかではたした役割をあきらかにすること」[*59]、という提言を積極的に継承しようとする、共通の姿勢をうかがうことができる。

3　時期区分の視座と方法

時期区分なり時代区分なりを設定するには、分析対象となる当該期が、歴史上いかなる固有の意味を有していたかが、まず問われねばならない。明治維新の時期区分にあたっても、ことは同様である。

これまでの伝統的な明治維新解釈によれば、明治維新とは、封建的な幕藩体制社会から天皇制統一国家への転換過程であり、その基本的性格を、日本における「絶対主義」の成立ないしは「ブルジョア革命」と捉える。今日では、前者の認識は広く一般化しているが、後者の論理的枠組はさりげなく回避され、維新の性格解明は棚上げされる傾向にある。

明治維新を「絶対主義」か「ブルジョア革命」かと問う研究方法は、政治的イデオロギー先導型の結論先取り研究であったことが災いし、はたまた、ここ二、三〇年来の脱理論主義—素朴実証主義の隆盛に伴って、一部の研究者を除き、ほとんど問題とされなくなった。

明治維新を二者択一的な方法で裁断するかつての姿勢は、確かに、「ひとしく絶対王政といい、またはブルジョア革命といっても、その意味内容が論者によってちがうのに、概念から出発して概念に終るような論議」、つまりは「概念論・範疇論に終始[*60]」する如き空虚な研究にすぎないとする井上清の批判を、甘んじて受けねばなるまい。今日では、その限界も明らかとなってはいる。とはいえ、かかる議論は「流行」遅れであり、「もはやどうでもいい[*61]」と簡単に片付けてしまえる程度のものにすぎなかったのか。そこに積極的な意味を見出すことは、もはや不可能なのか。「結論先取り—反対説裁断」論法である限り、右のような本質論議は、死滅する以外に途はない。だが、この論理―方法には、本来、次のような意図が備えられていたのではあるまいか。それは、日本の「近代」をいかに捉えるかということであり、世界史的概念としての「近代」をどう認識するかということである。だが、この「近代」概念自体が、歴史学界やその外の社会科学内部において、必ずしも共通の認識の下に到達していたわけではない。したがって、論者により、この「近代」概念は各様に異なってくる。このことが、井上の指摘するような事態――「絶対主義」や「ブルジョア革命」の概念内容が各人各様となる――を生ぜしめたのである。[*62]

ここでは、日本近代を西欧近代と比較した場合の、その特質を認識する上での仮の論理的枠組として、かかる概念が設定されたのであった。その設定の仕方は、論者の歴史認識に係わってくる。いわば、研究者の歴史観そのものなのである。この歴史観[*63]に基づいて、それを指針としつつ研究者は当該期の歴史的諸事象を分析することになる。その結果、自己の歴史観を訂正せねばならない事態に遭遇することもあった筈である。日本と西欧との近代の質的相違、ないしはその落差の質をどう見分けるかという研究者の姿勢―仮説であったにすぎない。つまり、日本近代への研究者の接近の仕方そのものが、ここでは問われていたのである。したがって、かかる理論的枠組は、実証研究の積み重ねによっては、必ずしも論証されるような代物ではない。そういう意味での理論と実証との素朴な統一が達成されるべき問題ではなかった。こうした性格を有する概念自体が独り歩きを始めたことが、論争の混乱と停滞をもたらしたのである。

「概念遊び」としての本質論議は不毛であるばかりか、研究の阻害要因ですらある。しかし、研究者が自らの歴史認識を鍛え、さらに、他者との論争によって自己の研究上の欠陥を埋めてゆく作業は、今日においても必要不可欠な研究上の要素である。本章で取り上げている時期区分も、右にみたような論点を内的に包摂したものでなければなるまい。

明治維新とは、当時の日本に突きつけられた二つの主要課題に対して、主体的に日本が対応した変革過程である。ここにいう課題を、危機と言い換えてもよい。その一つは、先進諸列強からの外圧であり、二つは幕藩的支配秩序の矛盾が露呈されたことである。維新とは、かかる外圧への対抗と国内支配体制の矛盾の解決とを、統一国家建設の方向で受け止めた一連の歴史過程を指す。これを当時の言葉に置き換えれば、「富国強兵」「殖産興業」政策の実施によって「万国対峙」を達成せしむるということであり、それは同時に、現実の世界史的―東アジア的状況のなかでは、「脱亜入欧」の実現によって完成する国家目的でもあった。

右の理解からすれば、明治維新にとっての対外的契機とは、国内的条件以上の最大の要因であったといい得る。だが、国内的条件の在り方如何が国際的動向への対応を規制することも、また事実である。したがって、内的条件をほとんど捨象し、外的条件のみを一方的に強調するのはあまりにかたておちである。ただし、外的条件がより強大な場合は、それが内的条件を大きく変容せしむることがある点にも留意せねばならない。いずれにしても、内的条件か外的契機かといった二元論的設定や、二者択一的な単純論法は避けられねばならない。以下の叙述は、右のことを踏まえてのものである。

幕藩的支配秩序の根底にある領主―農民間の支配関係は、その関係を規制する土地に対する権利関係のなし崩し的変質――領有権の衰退と農民的占有権の前進＝事実上の所有権化現象の進行――が、すでに一七～一八世紀の交わりあたりから先進地域を中心に顕在化してゆく。こうした動きは、一八世紀後半に現出する貢租収納高の逓減化傾向となって進んでゆく。それは、領有権と近代的所有権との対抗過程であった。これに対応するかのように、「農民的」商品経済の成長がはじまり、旧来の「幕藩的」商品流通機構の混乱が生じてくる。幕藩領主階級の経済的基盤は、こうして徐々に掘り崩されていったのである。一八世紀後半から始まる田沼期以降の幕政の基調は、かかる構造的危機への領主的対応に外ならない。この対応の一つの頂点に、幕府と諸藩の天保改革があった。右に記したような領主的対応とそれに対する農民側の抵抗とによって、幕藩体制下の階級対立は激しく展開していった。だが、明治維新を本質的に規定したのは、必ずしも、こうした国内的条件ばかりではなかった。

明治維新は、過剰ともいえる対外的危機意識によってもたらされた変革である。その意味では、当時の世界史的な状況に規定された国際的契機に、まず眼を向けねばならない。この危機意識に火をつけたのが、ペリー来航（一八五三年）であることは、いまさら指摘するまでもない。対外的な危機意識一般ということであれば、既に一八世紀末以来、対ロシアへの意識として一部の先覚的な識者に生じてはいたが、いまだ漠然としたものにすぎず、ペリー来航の衝撃によるものとは、その意識構造自体が本質的に異なっていた。それは、列強による日本侵略―植民地化・半植民地化への強烈な危機意識であった。こうした危機意識に領導されて、対外的自立を目指した統一国家建設への途が模索されたのであった。したがって、明治維新の推進力は、かかるナショナリスティックな危機意識の高揚に求められる。[*64]

明治維新とは、右にみた国内体制の矛盾をその前提条件とし、「突如」として日本を襲った対外的圧力が直接的契機となって、国内矛盾が全面的に露呈された状況の下で、領主的危機感のみならず「国民」的な危機感にまで拡大した状況に対する、日本的な対応―変革であった。その変革の目指すところは、国際社会下における独立国家であり、それを支える経済基盤の創出である。と同時に、世界史的には帝国主義への移行期にあたる当該期にあって、右の変革目的を実現するには、他国への侵略がその変革過程に内包化されることになる。というよりは、むしろ、他国侵略こそ独立国家としての成功を支える一方の軸であった。したがって、東アジア世界への日本の積極的活動―侵略的方向は必然である。この一連の歴史過程を明治維新と考えれば、それは、一九世紀後半段階における世界史的近代への被規定的―主体的参入であり、その体制変革の成功は、日本における近代国家―社会の一応の確立を意味することになる。こうした観点から明治維新を捉えれば、それを「ブルジョア革命」と見做すことができる。そして、それは、帝国主義への早熟的転化をも準備する過程を内包していたといってよいが、その本格的段階は、明治維新の歴史的課題がほぼ達成された次の時代の特質である。

以上の側面から明治維新の時期設定をすれば、ナショナルな危機意識が高揚する直接的契機となったペリー来航（一八五三年）をその起点とし、対外的危機意識に基づく旧体制の解体―新体制の創出作業が、ほぼその形を整える帝国憲法発布・議会開設（一八八九、九〇年）を経て、対外侵略の方向が決定づけられた以下の事実、つまり、藩閥政府と民党との妥協、日英通商航海条約締結―日清戦争突入（一八九四年）の時点を、終期として求めうる。

ところで、右の期間は、およそ四〇年余にもおよんでいる。したがって、この全期間をすべて同質のものとすることは不可能である。この過程のなかには、その課題を異にする幾つかの段階を設定しうる。

第一段階は、ペリー来航（一八五三年）から王政復古（六七年）に至る期間であり、外圧に対抗する方向を模索している段階である。その意味では、明治維新の前史といってよい。この段階は、政治的には、幕藩体制内部における支配者層の対立激化をその条件としつつ、強烈な対外的危機意識に基づいて、尊攘→討幕→新国家建設を目指す旧体制解体―革命運動が展開する過程である。経済的には、幕藩体制に特有な領有制と商品流通機構の崩壊局面の下で、開港による激しい経済変動が勃発し、矛盾が表面化してゆく過程である。

第二段階は、王政復古・戊辰戦争（一八六七、六八年）から明治一四年政変（八一年）に至る過程であり、外圧への対抗を、統一国家建設と資本主義化の方向に見出し――それは同時に、旧幕藩体制下で醸成された国内矛盾の解決を図ることでもあった――、その体制的創出を進めてゆく段階である。明治維新の特質は、この段階に最も典型的に現れたといってよい。したがって、この段階こそ、明治維新の本史として位置づけられる。

政治的には、戊辰戦争による事実上の藩体制の解体―割拠体制の終焉という事実を前提条件として、版籍奉還（六九年）→廃藩置県（七一年）を経て、官僚主導による専制的ブルジョア国家体制が生みだされてゆく過程である。ここでは、王政復古～戊辰戦争突入時における討幕派と公議政体派との対立に始まり、明治六年政変、一四年政変と続く政局分裂の危機に加えて、反政府的運動たる不平士族の反乱や議会の早期開設を目指す自由民権運動の高揚もあり、草創期の困難な状況のなかでその政治的危機の解決を探りつつ、変革を進めていった段階である。

対外的には、独立国家実現―東アジア諸国への侵略に向けて対外政策が浮上する過程である。それは、幕末不平等条約改正交渉が頓挫することと、表裏一体をなしていたといってよい。また、独立国家たるためには、その主権のおよぶ範囲、つまり、国境を画定せねばならないが、この国境画定にあたっては、アイヌ、琉球等々の異民族支配をも俎上に載せるものであった。箱館裁判所（六八年）→開拓使（六九年）の設置による、蝦夷地＝北海道侵略とアイヌ民支配、一連の琉球処分（鹿児島県管轄下へ編入→琉球藩設置→沖縄県設置）による琉球侵略と琉球民への支配開始、等々がそれである。こうした国境画定＝侵略と並行して、隣国朝鮮への侵略の契機となる日朝修好条規（七六年）の押付けが行われた。

経済的には、資本主義化政策のための、「上から」の資金創出政策が実施される過程である。[*65] ここでは、成立当初の困窮した政府財政を支えるための政府不換紙幣や公債の濫発に始まり、廃藩置県による課税権の中央掌握、財源確保政策の基底たる地租改正の実施（七三年）等々に加えて、国立銀行による不換銀行券の発行（七六年以降）や工部省→内務省と展開する殖産興業政策にみられる資金撒布＝インフレ政策が実施に移されてゆく。これらの過程と並行して、属地主義に基づく戸籍制度（七二年）の実施による国民統轄、国民皆学を目指した学制（七二年）、国民皆兵制を採用した徴兵制度（七三年）、地租改正による納税義務―所有権保障の設定等々の施策にみられる、国民創出政策が展開されたのも、この段階の特質を構成する。

右のような急激な近代化＝西欧化政策は、すべからく国家―官僚の手によって「上から」実施されたものであり、民衆不在の近代化であったことは、その後の日本の近現代史に暗い影をおとすこととなる。事実、既にこの段階にあっても、七七〜七八年頃から地主や、商工業者を中心とする小ブルジョアジーによる国会開設運動たる民権運動が盛り上がっていった。この運動は、政府内部にみられる国家構想の不協和音（大隈の急進論と伊藤の漸進論との対立）とも相俟って、維新政府成立以来の最大の危機を生ぜしめることになる。

第三段階は、一四年政変（八一年）以降から帝国憲法発布（八九年）、議会開設（九〇年）を経て、藩閥政府による民党の吸収、日英通商航海条約締結、日清戦争（九四年）に至る期間である。官僚専制政府に対抗する民権運動の圧殺と、政府内部にみられた国家構想の不協和を強引に統一し、専制国家体制の法的基盤を整備しつつ、資本主義経済体制の確立を目指すことによって、対外的独立がほぼ達成された段階である。この段階は、明治維新の後史ということになろう。ここに至って、明治維新の基本的課題はようやく達成されたといいうる。

政治的には、憲法体制へ向けての国家体制の基盤整備がほぼ完了するとともに、対外的自立―対外的侵略への方向が確定した時期であり、経済的には、松方デフレによる淘汰過程を経由して、資本主義の体制的確立（九〇年過渡的恐慌から一九〇〇年の資本主義的恐慌に至る期間[*66]）が達成された段階である。右にみた一連の変革過程の底流には、これまでにも示唆してきた対外的なナショナリスティックな危機意識の存在がある。それこそが「脱亜入欧」志向に基づく対外的独立への希求となって現れ、そして、その目的貫徹のために単なる「脱亜」ではなく、「脱亜」による東アジアへの侵略を不可欠としたのである。

結　小括

明治維新は、以上の検討からも明らかなように、民衆不在の近代化の原点であり、対外的独立―侵略を目指したブルジョア専制国家体制の確立過程であった。そこには、過剰なまでもの対外的危機意識の存在があり、明治維新は、その徹底した発現形態であったといってよい。こうした明治維新の歴史は、次の段階たる帝国主義の時代の前史を構成するものであったといい得る。日本の帝国主義は、早熟性をもってその特質とするが、かかる帝国主義段階への突入期は、日清戦後の数年間を過渡期としつつ、一八九九～一九〇〇年のあたりに設定し得る。

註

＊1　かかる研究動向が一般化するに至った諸事情については、拙書『歴史学と現在』六（文献出版、一九九五年、本書第二編附論三に収載）、拙稿「明治維新論争の今日的地平」（『日本史研究』三一七号、一九八九年、本書第二編第四章に収載、同「歴史学における理論忌避と実証重視の根底にあるもの」（『図書新聞』一九八九年六月三日号）等で指摘しておいたので、ここでは繰り返さない。

＊2　井上清『日本現代史Ⅰ――明治維新――』（東京大学出版会、一九五一年）。

＊3　同右、三頁。

＊4　同右、三一三頁。

＊5　同右、九一頁。

＊6　同右、一〇五頁。

＊7　同右、序七頁。

＊8　井上は、後に鈴木正四他との共著『日本近代史』上巻（合同出版社、一九五五年）において、明治維新期を、「一八三〇年代より一八七三年、地租改正まで」（同書、はしがき五頁）と設定し、廃藩置県に終期を置く旧説に修正を加えている。その理由を井上自身の言によって敷衍すれば、こうである。旧説では、「支配体制の変化が時期区分の基準とされたにとどまるが、……支配体制の変化ではなくて、基本的な政治的対立の構造の変化を時期区分の基準とすべきである」、と。つまり、「封建領主階級と封建的隷農の対立」関係が、一八七三年の地租改正を契機として、「天皇制に対する、国家の半隷農となった自作農民を主力とする自作・小作の農民およびプロレタリアの対立」（井上清「明治政権とは何か」、歴史学研究会編『明治維新史研究講座』4、平凡社、一九五八年。後、井上清『日本近代史の見方』田畑書店、一九六八年、四〇～四一頁）へと変化することに、着目した結果の修正である。

＊9　遠山茂樹『明治維新』旧版（岩波書店、一九五一年）。

＊10　同右、三三六頁。

＊11　同右、二四頁。

＊12　同右、一八六～一八七頁。

＊13　同右、二一～二二頁。

＊14　同右、三三五頁。

＊15　堀江英一『明治維新の社会構造』（有斐閣、一九五四年）。

＊16　同右、五頁。

＊17　同右、一一～一二頁。

＊18　同右、六頁。

＊19　中村哲『世界資本主義と明治維新』（青木書店、一九七八年）。
＊20　『シンポジウム日本歴史――明治維新――』15（学生社、一九六九年）での基調報告。後、前掲註＊19に再録。
＊21　中村、前掲書、六五頁。
＊22　同右、六七頁。
＊23　同右、六六頁。なお、ここでは詳述しないが、この中村「時期区分」論は、当該期を五段階に分けて考察している。
＊24　もっとも、最近の中村の論稿「領主制の解体と土地改革」（歴史学研究会・日本研究会編『講座・日本歴史――近代1――』7、東京大学出版会、一九八五年）では、「明治維新＝ブルジョア革命」説が採られている。
＊25　石井寛治『大系・日本の歴史――開国と維新――』12（小学館、一九八九年）。
＊26　同右、二七二頁。
＊27　同右、三四〇頁。
＊28　同右、三四一頁。
＊29　同『日本経済史』第2版（東京大学出版会、一九九一年）一〇二頁。
＊30　典型的な王政復古史観に基づく維新史料編纂事務局編『維新史』第一巻（同事務局、一九三九年）によれば、「維新史と題して筆を孝明天皇践祚の弘化三年二月に起し、廃藩置県の行はれた明治四年七月に至る二十五年七箇月の事を叙する」（同書、緒言四頁）とされてはいるが、それはあくまで便宜的な設定にすぎず、実質的にはペリー来航をその始期としているようである。
＊31　尾佐竹猛『明治維新』上巻（白揚社、一九四三年）一四頁。
＊32　服部之総「明治維新史」上・下（『マルクス主義講座』第四、五巻、上野書店、一九二八年）。ここでは、青木文庫版『明治維新史』（一九七二年）を用いる（同書、三〇頁）。
＊33　同「明治維新における指導と同盟」（『社会構成史体系』第二巻、日本評論社、一九四七年）、後、『服部之総著作集――明治の革命――』第五巻（理論社、一九五五年）一九〇頁。
＊34　同『明治維新史』（前掲）三〇頁。
＊35　同「指導と同盟」（前掲）一八四頁。

＊36　遠山茂樹『明治維新と現代』（岩波新書、一九六八年）一三頁。

＊37　同右『明治維新』新版（岩波書店、一九七二年）二二頁。

＊38　遠山の最新著『明治維新と天皇』（岩波書店、一九九一年）では、終期についても旧説の修正が行われている。ここでは、明治維新を「天皇制確立への過程として」も考え、「明治維新の時期を幅ひろく理解し、幕藩体制の解体、統一国家の形成とその機構の整備の、一つづきの政治改革の時期としてとらえ」るべきだとして、天皇制を確立するメルクマールとなる「八九年の皇室典範と大日本帝国憲法の制定、翌年の帝国議会開設と教育勅語の発布」を掲げ、「はじめを一八五三年、終わりを一八九〇年におく」（同書、四頁）とした。こうして、始期のみならず、終期についても旧説の自己批判が行われたが、奥田晴樹によると、「同書の実際の論述は、一八五三（嘉永六）年のペリー来航からではなく、一八四六（弘化三）年のビッドル来航から始められている。天皇が幕末・維新期の政治的対抗のケルン的存在である以上、遠山の言明にもかかわらず、明治維新の始期についても、その理解は実質的に再修正されている」（奥田晴樹「阿部正弘政権の海防政策――ビッドル来航を軸として――」「明治維新史学会第二〇回大会報告要旨」『明治維新史学会報』第一八号、一九九一年、二〇〜二一頁）ということになる。

＊39　毛利敏彦「明治維新論」（黛弘道他編『概説日本史』有斐閣、一九七七年）二一三頁。

＊40　同右、二二二頁。

＊41　同右、二二三頁。

＊42　帝国憲法の発布（一八八九年）前後を、明治維新の終期として設定する論者は相当に多い。明治維新を初期ブルジョア国家――「ブルジョア勢力とプチブル勢力の利害の調停を任務とする超然的権力」であるとし、「こうした超然的権力をブルジョア的国家権力のカテゴリーに属するものとみる」（上山春平『明治維新の分析視点』講談社、一九六八年、八一頁）上山も、フランス革命の歴史過程と対比しつつ、「ブルジョア革命としての明治維新の過程を革命統一戦線内部の対立が一応安定点に達する一八八九年（明治二十二年）の憲法制定までと見る」（同書、九〇頁）立場にあり、また、大石嘉一郎も、明治維新は、「政治的ならびに社会経済的な劃期的変革」であり、「徳川封建社会の解体過程・天皇制統一国家の成立ならびに日本資本主義の成立過程の統一的歴史過程としてとらえ」ねばならないとし、「天保改革―安政開港―王政復古―廃藩置県―地租改正・殖

産興業―西南の役―自由民権運動―憲法発布・国会開設という一連の歴史過程」（大石嘉一郎『日本地方財行政史序説』御茶の水書房、一九六一年、一三頁）が、明治維新であるとしている。

*43 田中彰『日本の歴史――明治維新――』24（小学館、一九七六年）。

*44 同右、三八〇～三八一頁。

*45 同右、二二一頁。

*46 同右、二二二～二二三頁。

*47 田中は、「琉球処分＝終期」説の先駆的業績として、服部之総『明治維新史』を挙げ、「この書がのちに自己批判されたためか、戦後この終期説はまったくといってよいほど無視されてきた」（同右、二二二頁）と指摘する。服部のこの著書によれば、「琉球廃藩によって名実共に国民的統一と中央集権的近代国家機関は確立」したと理解されており、これに続く次の「段階はもはや維新史の埒外にある」（『明治維新史』前掲、六四頁）とされている。しかし、後年、服部自らが語ったところによると、この著作が終期として設定しているのは、一八八九年の憲法発布ということになる。「わたしは二十余年前の旧著『明治維新史』では、対象としての時代を一八五三年のペリー来航から一八八九年の憲法発布までにとり、叙述の筆を琉球廃藩の明治十二年で一応擱いているのは講座（『マルクス主義講座』――引用者）執筆項目上の便宜にしたがったにすぎない」（『服部之総著作集』第五巻、前掲、一八四頁）というのが、服部の述懐である。こうした不協和は、服部自身の混乱によるものなのであろうか。

*48 宮地正人「幕末維新期の国家と外交」（歴史学研究会・日本史研究会編『講座・日本歴史――近代1――』7、前掲）。

*49 同右、四一頁。

*50 同右、八〇頁。

*51 同右、八一頁。

*52 宮地の対外的契機を重視する視点とは異なるが、この「一八七六年＝終期」説に立つ研究者に芝原拓自、石井孝がいる。芝原の結論のみを掲げると、「殖産興業と秩禄処分・地租改正の断行、江華島条約の締結、自由民権運動の大衆化の端緒などがそろった、一八七六（明治九）年前後」（芝原拓自『世界史のなかの明治維新』岩波新書、一九七七年、二二二頁）を、終期としている。また、別著『日本近代化の世界史的位置――その方法論的研究――』（岩波書店、一九八一年）では、明治維新

を、「絶対主義的権力集中と暴力的な資本の本源的蓄積とを基軸的な内容としていた」と理解し、「維新期＝一八六〇―八〇年代」（同書、一五四頁）と設定している。

石井の見解は、「秩禄処分によって領主制の基礎が解体される一八七六年（明治九）までを明治維新と」（『日本と世界の歴史』第一八巻、学習研究社、一九七二年、二〇頁）する国内的条件の重視説である。なお、この石井説については、安岡昭男氏よりご教示を得た。記して感謝の意に代えたい。また、石井は、かつての著作『学説批判・明治維新論』（吉川弘文館、一九六一年）では、「明治維新を、純粋封建制としての幕藩体制の解体・絶対主義天皇制の成立として理解する」立場から、「黒船渡来の嘉永六年（一八五三）から、藩体制が解体され天皇制統一政権の成立する明治四年（一八七一）までが、明治維新史の本来的対象となるべき時期である」（同書、はしがき三頁）と述べている。

ちなみに、石井説にみられる「秩禄処分＝終期」説の草分は、かの野呂栄太郎が、「明治維新は、明らかに政治革命であるとともに、また広汎にして徹底せる社会革命であった」（『初版・日本資本主義発達史』上、岩波文庫、一九八三年、七四頁）と論じ、明治維新を「ブルジョア革命」とほぼ同質のものとみていたころの、野呂の第一論文である。云わく、「明治九年（一八七六年）八月、ついに家禄（および賞典禄）の制度を全廃して、その代りに一時に一億七千余万円の公債証書を給与した。ここにおいて、封建的特権は、実質的に廃せられ、明治革命の実質がほぼ備わるに至った」（同七八頁）。

＊53　呂万和『明治維新と中国――東アジアのなかの日本歴史6――』（六興出版、一九八八年）二九六頁以下。
＊54　同右、二三頁。
＊55　同右、二四頁。
＊56　同右、二七頁。ちなみに、ここにいう二大矛盾とは、日本「固有の基本的矛盾（封建領主と人民大衆の矛盾）」と、新しく生じた「西洋の植民地主義と日本民族の矛盾」（二四頁）の意であり、翻訳すれば、封建社会の内部矛盾と対外的矛盾（西洋の侵略―対外的危機）ということになる。
＊57　同右、二四頁。
＊58　「王政復古から日清戦争の勃発までの二七年間を、明治国家の確立過程と考え」（坂野潤治「明治国家の成立」『日本経済史――開港と維新――』3、岩波書店、一九八九年、五六頁）る坂野の見解も、「日清戦争＝終期」説ということになろうか。

＊59 遠山茂樹『明治維新と現代』（前掲）二三一頁。

＊60 井上清『日本近代史の見方』（前掲）三四頁。

＊61 田村貞雄「書評・佐々木寛司著『日本資本主義と明治維新』」（『日本史研究』三三六号、一九八九年）二二二頁。

＊62 「近代」認識を支える視座としてもっとも大きな問題は、「民主主義」の位置づけ如何に関する事柄である。かつては、これに加えて「寄生地主制」の性格規定等も、「近代」概念の重要な構成要素であった。論者間に、これらの解釈についての相異なる見解が対立していたのである。したがって、概念内容の相違は、「絶対主義」よりも、「ブルジョア革命」の方が、より一層際立っていたわけである。こういった事態が立ち現れるに至ったのは、単なる学問上の概念の混乱といった代物ではなく、研究者の歴史観―近代認識の対立により深く係わっていたことの結果なのである。

＊63 この歴史観を「イデオロギー」と呼ぶのであれば、歴史研究者は、その「イデオロギー」から自由に歴史分析をすることは、そもそも不可能である。

＊64 拙著『歴史学と現在』（前掲）二二五～二二六頁。

＊65 「上から」の資金創出政策が、日本の明治維新をも含めた後進国型原蓄の特質である点については、本書第一編第一、二章を参照されたい。

＊66 日本資本主義の確立期は、おおよそ一八九〇年代後半に設定し得る。その根拠は、日本資本主義の主軸産業たる紡績業において、九〇年には国内綿糸生産高が綿糸輸入高を上回り、九七年に至って綿糸輸出高が輸入高を凌駕することで、産業資本として確立した点に求められる。ただし、日本の紡績業は、原料綿花、紡績機械のいずれも全面的に輸入に依存しており、綿糸輸出との帳尻でみても貿易収支は赤字基調であった。これを補填したのが、製糸、銅山、石炭業の外貨獲得産業としての定着（九〇年代）であり、外資導入の条件となった金本位制の樹立（九七年）であった。高村直助の言に従えば、これらの事実が、日本資本主義の「再生産の諸条件確定の指標」（高村直助『日本資本主義史論――産業資本・帝国主義・独占資本――』ミネルヴァ書房、一九八〇年、三一頁）となる。かかる理論からすれば、九七年前後を日本資本主義の劃期と考えることができる。したがって、経済的側面からみた維新の終焉は、このあたりに設定し得ることになる。時期区分において、政治的、対外的、経済的な諸劃期に多少のズレが伴うのは、いわば当然の現象であり、機械的な一致を追究するのはかえって不自然である。

第四章

明治維新論争の今日的地平

序　問題の所在

近年、明治維新の歴史的意味ないしはその位置を探ろうとする議論が、一部で活発になりつつある。国内外の研究者を大量に動員して明治維新の意義を縦横に議論した、永井道雄、M・ウルティア編『明治維新』（東京大学出版会、一九八六年）、フランス革命との比較、対照を通じて明治維新を捉え直そうしたシンポジウム、河野健二編『近代革命とアジア』（名古屋大学出版会、一九八七年）第二部、固有の歴史研究者とは異なる学問分野を専攻するメンバーによる明治維新の共同討議、桑原武夫『明治維新と近代化』（小学館、一九八四年）、明治期における明治維新観の変遷を分析対象とした、田中彰『明治維新観の研究』（北海道大学図書刊行会、一九八七年）等々の刊行が、その動向を反映したものである。

かかる趨勢は、しかし、歴史学に固有の明治維新研究からする発言というよりは、むしろ、隣接関連分野からの問題提起とでもいうべき類のものである。歴史学界における明治維新研究の現状は、如上の維新論的発言とは対照的に、個別実証主義的維新史に終始しているようである。つまり、歴史学の第一次的作業たる実証研究の枠を慎重に護持するあまりに、その実証研究の成果を理論的に再検討すべき第二次的作業が、著しく停滞しているのである。こうした動向は、必ずしも明治維新研究のみに顕著なことではなく、今日の歴史学界全体に横溢している現象でもある。[*1]

歴史学における理論的研究が停滞を示した理由は、高度経済成長に基づく歴史研究者の意識の変化、「戦後歴史学」を主導してきた「講座派」系マルクス主義の後退等々、[*2]多様な要因が考えられ得る。加えて、理論的発言が多くの場合、厳しい他説批判を必然的に伴うため、諸々の意味で研究者の冒険となる可能性が生じることも、その一因であろう。[*3]

以上の如くの多種多様な要因が絡みあって、今日の明治維新研究の理論的停滞が生じたわけである。このことは、実証研究の進展にもかかわらず、それらの成果を通じて明治維新を総合的に捉え返す作業が進捗していないことを意味している。本章では、戦前の「資本主義論争」から今日までの明治維新論争の系譜を、スケッチ的に振り返ってみることで、かかる状況からの脱却の手掛かりを探ってみたい。

1 「資本主義論争」時代の明治維新論争

すでに周知の事柄に属するが、戦前の「資本主義論争」下において、明治維新の性格規定をめぐって相対立する二つの見解があった。その一方は、明治維新を「ブルジョア革命」と捉え、他方は、それを「絶対主義の成立」と理解した。前者の見解を示した研究者が「労農派」、後者のそれは「講座派」と呼ばれた。この二つの明治維新論は、しかし、純然たる学問的論争としてあったわけではなく、戦前日本のマルクス主義陣営における革命戦略論争の一環としての意味をも有していた。一九二〇、三〇年代当時の現状分析から、「労農派」は、当時の日本では国家権力はブルジョアジーの手に移行していると説き、来たるべき革命を社会主義革命と見做して、一段階革命戦略を打ち出す。他方、「講座派」は、現状分析の結論として、ブルジョアジーと地主勢力とのブロック政権である半封建的な天皇制絶対主義による支配体制とみたが故に、この絶対主義を打倒するブルジョア革命を主張し、その連続的転化としての社会主義革命を位置づけた。つまり、二段階革命戦略である。この戦略が、コミンテルン・テーゼに基づくものであり、このテーゼに盲目的に従ったのが日本共産党―「講座派」であったことは、周知のところである。

かかる戦略論的立場にある両派は、二〇、三〇年代の体制の出発点を明治維新に求め、その性格規定を行ったのであった。この結果、日本は、既に近代資本主義的なブルジョア国家体制に到達しているとの現状分析に基づいて、「労農派」は、その出発点たる明治維新こそが、資本主義的発展の途を拓いた「ブルジョア革命」であったと主張した。ただし、この革命が、封建的な残存物をすべて一掃するまでには至らなかった点を顧みて、「不徹底なブルジョア革命」であったと評価した。一方の「講座派」によれば、二〇、三〇年代の現状分析によって、半封建的な天皇制絶対主義が打倒目標とされたのであるから、その歴史的起点たる明治維新は断じて革命などではありえず、西欧一六～一八世紀に比類し得る「絶対主義の成立」であったとの、理論的総括を示すことになる。

こうした経緯からも推察し得るように、両派による明治維新論争の背景には、当時の革命戦略論争が強いインパクトを与えていたのであり、[*4]それが明治維新研究に対する強烈な問題意識を生み出し、「王政復古」的、「皇国」史観的なイデオロギーによる維新解釈の虚妄性を突き、研究の水準を一躍高めたのであった。ここでの論争の焦点は、明治維新によって成立した国家権力が、ブルジョア的性格を有するのか、はたまた半封建的な絶対主義権力であったのか、そして、その基底にある経済的諸関係、なかんずく、維新政府の実施した地租改正の歴史的性格――地租が近代的租税であったのか、あるいは半封建貢租であったのか――、ならびに、地租改正後の地主制の性格――近代的か半封建的か――、幕末・維新の経済段階――小営業段階か厳マニュ段階か――、等々のテーマをめぐって論争が展開された。[*5]

勿論、「労農派」「講座派」に属する研究者がすべからく上記の如き画一的発言に終始していたわけではない。自立した一人の研究者としての独自な見解が表明されている場合も、多々ある。一例を挙げれば、「講座派」陣営の先導者たる野呂栄太郎は、その当初にあっては、「明治維新＝ブルジョア革命」説を標榜していたし、服部之総は、「上からの革命」説を提言していた等々、がそれである。しかし、大局的にみれば、上述したような二種類の見解に分かれて論争が展開されていったといってよい。

ところで、一九二〇、三〇年代における日本資本主義の現状分析、その前史たる日本資本主義の生成過程を分析するに際して、両派がその分析基準として利用したのが、マルクスの『資本論』であった。この書は、資本主義をその原理的な姿において純粋に再構成することを目的としたものであり、その限りでは、モデルとされたイギリス資本主義の固有の特質が消失され、一般的―原理的な資本主義の構造が展開されている。ただし、かかる理論的世界を開陳するにあたって、資本主義の歴史的生成過程を対照とした分析を、いわば具体的な事例として参考に附するような仕方で提出している章が、幾つかある（例えば、「本源的蓄積」章等々）。その事例には、いうまでもなくイギリス資本主義の具体的な歴史過程、ないしはそこから抽象された歴史像が描かれている。[*6]

如上の性格を有する『資本論』の内容を、直接に日本資本主義の分析に適用したところに、両派の特質がある。[*7] したがって、その分析結果からすれば、同書の内容と日本資本主義との間に大きな乖離が生じることは、けだし当然である。この点に関しては、両派に本質的な差異はみられない。その乖離―日本資本主義の現実をいかに捉えるかという点において、両派の理解の対立が前面に出てくる。「講座派」は、その乖離こそ、日本資本主義の後進性の証左であると論じ、そこに日本資本主義の「特殊性」をみた。他方、「労農派」にあっては、その乖離は本質的なものではなく、資本主義の一般的発展とともに解消されるべきものであると理解した。つまり、「講座派」は、日本資本主義の歴史的背景を「特殊性」に、「労農派」はそれを「一般性」に、すべからく還元したのである。したがって、その分析視点―結果に対する両派の立場は全く異なってはいるが、その認識方法においては、同一の次元にあったと指摘せざるを得ない。「講座派」は、日本資本主義の「特殊性」にのみ目を奪われ、「労農派」は、それを「一般性」に解消するという、ともに方法的には表裏の過ちを犯したのであった。

かかる理論的―方法的特質を有した両派の論争は、互いに全く歩み寄る姿勢をみせることなく、激しい対立を示したまま、外的な国家権力の弾圧の前に終熄した。激しい理論的対立のみが残されたということは、もとより、理論という存在自体の純粋性にもよるのであろうが、それが学問的な論争というよりは、むしろ、イデオロギー的、党派的な論争を背景にもっていたことの結果なのであろう。[*8] イデオロギー的な論争は、得てして他者との対話を閉ざし、排他的なものとならざるを得ない「負」の側面を有している。両派の論争の結末は、かくして、必然であった。

しかし、イデオロギー論争の代替物として学問的論争が展開されたとはいえ、そこには、現状に対する峻烈な批判精神が培われており、それが旧い歴史認識を払拭し、鋭敏な問題意識に基づく分析対象への接近となって現れ、学問的にも多くの遺産を後世に伝えることとなった点は、正当に評価せねばなるまい。

2 「戦後歴史学」時代の明治維新論争

敗戦とそれに続くアメリカ合衆国を中心とした連合軍による占領施政は、かつての価値意識の大転換をもたらした。それは、歴史学においても、「皇国」史観という権力主義的なイデオロギー史学の本質を暴露し、新たな「民主」的歴史学の展開を必然化した。その「民主」的歴史学―「戦後歴史学」は、敗戦後の混沌とした政治―社会情勢のなかで、マルクス主義史学の主導の下に成長してゆく。したがって、戦後の論争も、戦前「資本主義論争」の遺産を継承する方向で始まった。とはいえ、そこでは、「講座派」理論が圧倒的優位を占め、論争は、「講座派」内部において熾烈に展開され、「労農派」的見解は、歴史学界の下にあっては、ほとんど無視されるに等しい存在となった。ここで問題としている明治維新論争も、「講座派的絶対主義」説が自明の理とされ、研究上の前提とされる状況にあった。

これに加えて、いわゆる「世界史の基本法則」なる論理が設定され、この法則がいずれの社会においても貫徹されるとの認識の下に、その法則からの乖離の距離如何が先進・後進を判定する基準とされた。かかる単線的な発展史観に基づいて、一九世紀後半の明治維新が一六～一八世紀の西欧諸国と比類され、「絶対主義」説はこの面からも正当性を附与されたのであった。

当時のマルクス主義史学主流派は、日本共産党との共生関係にあったが、この日本共産党の革命戦略路線は、民族解放・民主革命→社会主義革命という二段階革命の立場にあり[*9]、したがって、その党派性、イデオロギー性からも、「明治維新＝絶対主義の成立」説は、日本共産党およびその周辺の歴史学者、知識人からの圧倒的支持を受けることになる。

こうして、「ブルジョア革命」説は、学問的に批判、検討されることで、その理論の限界が明らかとされる正当な手続きを経ることなく、イデオロギー的、党派的に少数説として葬り去られることとなった。学問にとっては、本来、多数意見が必ずしも真理とは限らない筈であるが、ここではこの多数説が自明の真理として、不当に押付けられたのである。この背景にあるものは、硬直した教条主義の発露であり、政治的—伝統的権威に盲従する悪しき歴史学の姿であった。「ブルジョア革命」説に対する以上の如き非学問的対応が続く限り、「ブルジョア革命」説が細々ながらも再生産されるのは、当然の現象であった。[*10]

「戦後歴史学」の以上の立場は、一面においては、戦前「資本主義論争」と同一の次元にあったといってよい。そこでは、意識的にせよ無意識的にせよ、「学問的良心」とは異なる別の「良心」に支えられて、学問が進められた観がある。このように、「戦後歴史学」の特質を構成する一つにそのイデオロギー性があることは、充分に銘記されねばならない。[*11] それは、良くも悪しくも歴史学に様々な影響を与えることとなった。したがって、ここで、そのイデオロギーと歴史学との関係について一瞥しておくことは、「戦後歴史学」の本質を考える上で、是非とも必要な作業であろう。

一口にイデオロギーといっても、それには多種多様なものがあり得るが、例えば、現体制を安易に肯定するイデオロギーの場合——一例を挙げれば、戦前の「皇国」史観や六〇年代以降にみられる「近代化」論等々——、その権威主義的体質からも明らかなように、批判精神に欠けることが最大の特質である。そのため、歴史的センスも鈍くなりがちとなり、歴史の本質を的確に捉えることが不可能に近くなる。逆に、マルクス主義に代表される反体制的なイデオロギーの場合には、現体制の矛盾を鋭く突く批判精神をもちあわせているので、そこにはびこる「常識」の虚妄性を喝破しうる冷厳な眼が歴史認識においても如何なく発揮され、旧態依然たる認識のもつ誤りをも正して、歴史の本質へと迫り得る対応を示すことが出来る。その限りでは、歴史学に対するイデオロギーの有効性には、計りしれないものがある。

だが、かかるイデオロギーの「正」の面が、日本の歴史学界においては、必ずしも有効に機能したとはいい難い。それというのも、歴史学にとってのイデオロギーとは、あくまでもその分析対象へと接近する際の仮説にすぎないが、この仮説をあたかも科学的真理―学問的結論の如くに取り扱う姿勢によって、歴史が語られたからである。かかるイデオロギッシュな立場からの歴史学への接近が、歴史を自己のイデオロギーで裁断するという現象を惹き起こすこととなった。そこでは、「戦後歴史学」の主流を占めたマルクス主義史学の拠りどころたる日本共産党の政治方針―イデオロギーに従って歴史が裁断され、その方針に反する立場の論理は一方的に無視されるか、一刀両断の下に切り捨てられてしまった。つまり、イデオロギー自体に内在する閉鎖性の故に、自省作用がなおざりとされ、対立するイデオロギーとの見解の相違のみが増幅されることとなり、異なる立場同士の対話の途を自ら閉ざしてしまったのである。加えて、日本共産党の政治方針の変更が研究者の歴史認識の変更をも余儀なくさせ、歴史学は、政治方針に振りまわされ続けることとなった。学問が、学問以外の権威によってその正当性が保障されるという顚倒した世界が、少しも疑われることなく存続したのである。このように、歴史学におけるイデオロギーは、歴史認識に対して強い影響をもたらしたが、それは、「正」と「負」の両面に作用したのであった。

かかる過度にイデオロギッシュな学問姿勢に対して、実証主義的な歴史学が、それを抑制する機能を果たしたことにも触れておくべきであろう。つまり、上述した強引ともいえるイデオロギッシュな理論の押付けが、良心的な研究者をして実証主義に向かわしめることは多分にあり得ることである。事実、一九五〇年代後半以降、かかる実証主義的潮流が、マルクス主義史学の展開の下に伏流していた。この動向が、今日の実証史学隆盛の基底となったのであろう。戦後の実証研究の成果——マルクス主義史学も、この点に関して大きく貢献していることは、言を俟つまい——は、それなりに新たな歴史像を提示し得る段階にまで成長した。そのことが、主観的にはともかくも、客観的にはイデオロギッシュに歪んだ歴史像に対しての修正を迫ったのであった。

明治維新研究においても、事態は同様である、イデオロギッシュな「絶対主義」説に対する反撥と、戦後の学問研究体制のそれなりの解放とが、歴史研究に対して多大なる刺戟を与え、明治維新研究も長足の進歩を遂げることになる。数多の研究によるおびただしい実証研究の成果は、未知の史実を大量に提供し、新たな明治維新史像を可能とするような「正」の面を生み出したことも事実である。それはイデオロギー史学全盛の下で伏流しつつ成長してきたといってよい。

3　一九六〇年代以降の明治維新論争

スターリン批判とハンガリー事件（一九五六年）以降の情勢は、日本共産党を中心としたマルクス主義の一枚岩的団結に亀裂を生ぜしめ、新たな思想動向を活性化させた。[*12] このことに加えて、より重要なことは、五〇年代後半以降の日本経済の飛躍的発展、つまり、「高度成長」によって、その発展の理念として掲げた西欧社会に追いついたことにより、日本社会発展の絶対的な価値基準としてあった西欧社会を相対化することを可能としたことである。このことが、日本社会の歴史的展開を「世界史の基本法則」を基準として、その法則からの乖離を日本の「後進性」として記述する機械論的思考に、本質的な疑問をもたせたのであった。社会学者の桜井哲夫が、「西欧社会の脱神話化と、その一方での日本社会の特殊性の発見、このことこそ、六〇年代のただなかに開始された一つの社会現象なのであった」[*13]と論じたその動きが、歴史学界のなかにも着実に進行していたのである。

かかる趨勢の下で、歴史学の近現代史分野にあっても、疑う余地のないほどに通説化していた「絶対主義」説に対して疑問が投げかけられ、それがかつての勢いを失い、新たな分析視角が求められるようになる。

一九六〇年代に入って「上からのブルジョア革命」説が提言されたのは、如上の動向の反映であった。この説の特徴は、戦前の天皇制が終始一貫して絶対主義権力であったとする「講座派」的旧説に対する疑問から出発し、ある特定の時点――その時点設定は論者により異なる――から、それはブルジョア権力へと漸進的に移行した、という点にある。つまり、戦前天皇制のブルジョア的特質を無視できないことが、研究上、意識せざるを得なくなったのである。「絶対主義」説は、この限りで後景へと退かざるを得なくなった。

ところが、この「上からのブルジョア革命」説は、明治維新が「絶対主義の成立」であったことを、一向に否定してはいない。それどころか、その絶対主義権力が「上から」漸次にブルジョア権力へと移行するというのが、その理論的骨子なのであるから、明治維新が「絶対主義の成立」であったことを、かえって強調せざるを得ない論理構造となっている。かかる見解は、戦前「講座派」の論客服部之総の視点を承けての再提起であり、下山三郎によって先鞭がつけられ[*14]、星埜惇[*15]、後藤靖[*16]、山崎春成等々に受け継がれている[*17]。こうした「講座派」系理論に対する部分的修正を求める方向は、七〇年代以降さらにその拡がりをみせ、一部の意欲的論者（山崎隆三[*18]、中村政則[*19]、芝原拓自等[*20]）が、「国家の階級的本質」―「国家形態」、「国家類型」―「国家形態」等々のキーワードを用いて、そのズレを日本近代史の特質として描くことで、「天皇制絶対主義」の「ブルジョア国家類型」への移行を説き、その方法的視点を今日に伝えている。

もっとも、先の三者は、必ずしも「上からのブルジョア革命」なる論理に賛同しているわけではないが、山崎の議論――「明治維新＝後進国型軍事独裁政権」説[*21]――を除けば、「中村―芝原」理論は、明らかに「上からのブルジョア革命」説の視角を継承しているといってよい。両者共に、明治維新を「絶対主義の成立」であったと論じ、それのブルジョア国家への移行を説いていることが、その証左である。ただし、この「絶対主義」が、かつての如くに、一六～一八世紀の西欧諸国のそれと同質であったとする非歴史的な比較の方法を、意識的に排除している点は、注目に値する。中村、芝原にあっては、近代日本における国家権力の在り方を捉える視座として、「絶対主義」なる概念を導入しているのである、したがって、この「絶対主義」概念なるものは、かつての時代区分―段階概念としての「古典的絶対主義」とは、かなりその様相を異にしているが[*22]、後述する田中彰の用いた「専制」概念との異質性がどこにあるのかというと、それは、必ずしも明確ではない。時代区分―段階概念としての「絶対主義」説を放棄した以上、「専制」概念と同様に、その「国家形態」論的な「絶対主義」概念の非歴史性は、あえて証明するまでもないことであろう。かように、今日の「絶対主義」説は、かつての概念の総合性を否定し、その一部分のみを不当に取り出して拡大解釈した産物なのである。

一方、明治維新を「ブルジョア革命」か、はたまた「絶対主義の成立」かと問題設定した戦前・戦後論争の発想を、二者択一的であると批判する田中彰のような指摘[*23]も現れはじめる。その田中は、また、次のようにも云う。「本書で絶対主義という言葉を意識的に避け、あえて専制的などという言葉を使ったのは、専制的という語の非歴史性を承知のうえで、いまの段階では、右のような意味での絶対主義的な天皇制のもつ特殊具体的性格を表現する適当な語がなお成熟していないとみたからである[*24]」、と。ここには、「ブルジョア革命」説には首肯できないが、さりとて、「絶対主義」説を無条件で肯定し得ない研究者の、苦渋に満ちた表現をみることができる。[*25]

あるいは、次の如き遠山茂樹の主張も顕在化するに至った。明治維新の「本質はブルジョア民主主義革命運動のそれである。こうした意味での明治維新＝ブルジョア革命論を、講座派は否定していないどころか、積極的に主張してきた」[*26]云々。遠山にあっても、「絶対主義」説ではすべてをカバーし得ないという反省が、こうした発言の背景にあったのであろう。だが、「講座派」理論一般に対する評価としては、この遠山発言は強弁にすぎよう。かつての「講座派」に属した服部之総、羽仁五郎の場合には、確かに遠山の指摘するような一面がみられはするが、「講座派」主流への評価としては、甚だ妥当性に欠けると云わざるを得ない。遠山がここで述べている「ブルジョア革命」説なるものが、かつての用語法とは明らかに異なるものであることは、読者諸氏にも察知されよう。つまり、遠山のこの新提言自体が、その意図如何にかかわらず、「明治維新＝絶対主義の成立」説の妥当性を否定していることになるのである。[*27]

このように、「絶対主義」説は、今日すこぶる劣勢になりつつある。その理論的限界が、歴史学界主流派の内部にあっても、もはや明らかとなったのであろう。こうして、六〇年代も末になると、「講座派」理論が公然と批判の対象とされるに至ったが、要は、その批判の射程がどこまで達しているかが問題なのである。これら一連の「講座派」批判は、いうまでもなく「講座派」系統からする内部批判である。ということは、これらの批判が「講座派」理論の本質にまで踏み込めないことを意味しており、結局のところ、その理論の部分的修正を提言するに留まらざるを得ないことになる。事実、果敢にその批判を展開した論者の多くも、上述した如くに、「講座派」理論をその根底において批判しつくすまでには至っておらず、当該理論の部分的修正の枠からは一歩も外へは出ていない。[*28] したがって、「講座派」以来の伝統的権威は、いまだ根強く残っているのが実情なのである。相も変わらずに、「講座派」的ドグマを枕詞的に繰り返す教条主義的姿勢の残存がそれである。とはいえ、「講座派」的通説に対するかかる反省的対応は、かつての歴史学界では考えられなかったことであり、それなりの評価を下すことは許されよう。

4　近年の明治維新論争

以上に記した研究史上の文脈――つまり、「絶対主義」説の破産――のなかで、七〇、八〇年代の固有の歴史学的な明治維新研究は、今日の歴史学界の趨勢とも相俟って、理論的検討という作業を放棄し、深く個別実証の世界へと沈潜していった。[*29] それは、あたかも田中彰の先の提言――「二者択一のナンセンス」論――を受け入れる格好となった。[*30] だが、田中が二者択一論的発想を否定したのは、明治維新の性格解明を理論的に検討する作業を放棄するためだったわけでもあるまい。硬直した論争に対する批判の表明だった筈である。しかし、その後の研究史は、前節で取り上げたような一部の動きを除いて、すべからく実証主義に彩られ、明治維新の性格解明は、体よく遠ざけられることとなった。[*31] つまり、「講座派」―「戦後歴史学」に特有なるイデオロギーからは解放されたわけであるが、このイデオロギーから自由になるということは、極端に寡黙になることを意味していたのである。[*32]

しかし、日本史上、稀にみる一大変革期たる明治維新が、いかなる歴史的劃期であったかを検討することは、維新研究の大きな課題の一つであり、研究上、避けては通れない問題であろう。[*33] 近年に至って、隣接諸分野からの提言とはいえ、かかる傾向が顕在化してきたことは、まことに喜ばしい現象であり、歴史研究者は、これを機会にあらためて理論という武器を鍛え直すべきではあるまいか。つまり、維新論をも射程に収め得るような維新史研究の再生が必要とされているのである。

その際、次に記す原口清の示唆に富む発言を勘案することは、決して無駄ではあるまい。

「絶対主義の成立」か「ブルジョア革命」かといった規定それ自体に大きな意味があるわけではなく、これらの規定が史実をいかに正しく把握できているか否かが重要である。主観的には「絶対主義の成立を解明するつもりでも、客観的には「ブルジョア革命」の叙述とみたほうがふさわしい内容のものとなることも、明治維新史の場合はけっしてめずらしいことではない。[*34]

この原口発言に附言すれば、明治維新の性格を「ブルジョア革命」ないしは「絶対主義の成立」と理論的に総括することが、必ずしも維新研究の最終目的となるわけではない。かかる性格規定は、次の研究へ進む際の仮説として、いかなる「ブルジョア革命」であったのか、はたまたいかなる「絶対主義」であったのかを究明するための、一指標にすぎないのである。もっとも、本章で重ねて指摘したように、「絶対主義」説それ自体の欠陥は、今日、既に学界の共通認識となっており[*35]、かつ「ブルジョア革命」説を唱える論者が、歴史学界の内外から簇生している現状[*36]から考えれば、これからの維新論は、「ブルジョア革命」説の妥当性の検討が、その第一の課題となろう。これを肯定した研究者[*37]には、「ブルジョア革命」概念の一層の深化に加えて、維新がいかなる「ブルジョア革命」であったのかを検証する作業が課せられることになる。あるいは、それを否定した場合には、「ブルジョア革命」説にとって代わりうる新しい理論的枠組の探究が、その中心課題となるべきであろう。[*38]

かかる維新論研究の現状とその課題とが、近年の研究動向を代表する永井道雄、M・ウルティア編『明治維新』、河野健二編『近代革命とアジア』（第二部）の二書にどのようなかたちで反映されているのか、以下に、その素描を試みよう。

永井、M・ウルティア編『明治維新』では、外国人研究者が、明治維新の性格規定を積極的に論じているのが特徴である。そこでは、各人それぞれの修辞はあるにしても、その変革性に着目し、「ブルジョア革命」としての性格を認めている論稿が目につく。

M・ジャッセンは、明治維新が「単なる復古ではなく革命」[*39]であったと主張し、I・ラティシェフは、「明治維新をブルジョア革命と捉えると同時に、『未完の革命』[*40]」でもあるとして、「未完のブルジョア革命」説を提示する。また、「封建的秩序を一掃するという課題は、ブルジョア革命だけでは決して完全に解決できるものではない」[*41]との視角から、明治維新を「ブルジョア民族主義革命」[*42]と見做すP・フェドセイエフの見解、明治維新を近代世界におけるアメリカ独立革命、フランス革命、ロシア革命、中国革命と同列におき、五大革命の一つとして位置づけるフランク・ギブニー[*43]は、「世界近代史において、一つの大きな国がその政治構造はいうにはおよばず、社会・慣習・経済体制などをふくめて、これほど徹底的に変化した例は、明治維新期の日本以外に類を見ない」と、その革命性を高く評価し、明治維新は、近代世界における「最初の大文化革命」[*44]であったと指摘する。日本人研究者にあっても、桑原武夫が「ナショナリズムに立つ文化革命」[*45]との規定をしている論稿が注目される。

河野編『近代革命とアジア』第二部は、同名タイトルのシンポジウムの一環として取り上げられたものであり、「フランス革命と明治維新」と題されている。このシンポジウムは、フランス革命二〇〇年を記念して、明治維新との対比的検討を企図したものである。

ここでは、柴田三千雄、河野健二の基調報告に加えて、そのコメンテーターとして芝原拓自、遅塚忠躬が発言している。この四人に共通している認識は、かつて「世界史の基本法則」と呼ばれた単線的な発展史観を否定しているところにある。つまり、明治維新の行われた一九世紀後半の日本と、一六〜一八世紀の西欧諸国とを直接的に対比するが如きの、かつての非歴史的な感覚は全面的に払拭され、いわば共時的認識をもつことによって、資本主義的世界体制の段階的特質を踏まえつつ、その特定の時点における——一八世紀末のフランス革命、一九世紀後半の明治維新——資本主義的世界体制からの規定要因の相違を抉り出し、そこからフランス革命なり明治維新なりの特質を導出しようとしている。かかる手続きを経た後に、両者の比較、対照を行うという方法は、かつての「講座派」「戦後歴史学」——殊に「大塚史学」——等々の単線的思考にはみられなかった新しい視角であり、この討論の基調となっている。このような視点がシンポジウム参加者の共通認識となっていることは、「講座派」系理論を継承した「戦後歴史学」に内在する理論的アポリアを、それなりに克服しようと努めた現代歴史学（七〇、八〇年代）の成果の一面であろう。これに加えて、かつての通説としてあった「フランス革命＝ブルジョア革命の典型」説が放棄され、フランス革命自体の特質を個別的に追求することで、フランス革命の独自性を再考する手法が打ち出されている。

以上の共通認識が前提となって、各人各様のフランス革命論、明治維新論が展開される。ここでは、河野が従来の見解を再唱して明治維新がブルジョア革命であったと発言し、遅塚がフランス革命を「相対的後進国におけるブルジョア革命」[*46]であると指摘しつつ、明治維新を「上からの革命」[*47]であったと結論づけた。また、柴田の場合は、「ブルジョア革命はやってもやらなくても、資本主義に移行する」[*48]との視角から、明治維新がブルジョア革命であったことを否定し、芝原は、明治維新がブルジョア革命であるか否かについての積極的な発言を控えつつも、その変革性のもつ意義を、「『フランス革命と明治維新』とは、まさにそれぞれの歴史的背景・国内段階や地域・対外環境を異にした異なったパターンの変革の二つの代表例[49]」であると結んだ。

かかる素描からも明らかなように、明治維新を一六〜一八世紀の西欧諸国と直接的に対比するが如きの、その反動性―封建的性格を強調する論調はもはやみられない。それとは逆に、かつての「明治維新＝絶対主義の成立」説は、ここではまったく影を潜め、明治維新の変革性がクローズアップされている。「フランス革命やイギリス革命のコースと異なる特質があるからといって、維新変革をチューダー・スチュアート王朝期やブルボン王朝期の英仏と対比するのは、基本的にはやはり見当違いだと思います[50]」との芝原発言はその典型であり、この認識は、シンポジウム参加者の共通の見解となっている。

以上に検討した二書の動向にも明らかなように、明治維新の歴史的性格を論ずるにあたっては、「ブルジョア革命」説がその優勢を占め[51]、それに反対する論者も、「絶対主義」説をその理論の前面に打ち出すことはしなくなった。こうした事実は、維新の反動性よりも変革性にその本質を認めざるを得なくなったことを物語ってい[52]る[53]。

結　明治維新の分析視点

本章では、明治維新の性格規定に関する筆者の積極的見解については禁欲的立場を通したが、ここで、その点についての若干の卑見を提供することで、結びに代えたいと考える。その際、河野編シンポジウムでの興味ある発言をその導入部として利用したい。

遅塚は、柴田、河野が批判するところの「経済決定」論的歴史認識に対する反批判として、次のように論じる。

「私は、今のところ経済的決定論に近い考え方をしております」「資本主義的世界体制論というのも、経済的決定論の一種だと申してよろしいと思います。私は、かねがね、フランス革命も明治維新も、資本主義的世界体制の中でのそれぞれの位置づけから理解しなければいけないと考えて参りました」[*54]、と。

この発言は、ある意味では居直りにもみられるが、これはシンポジウムの席上での発言であることを勘案すれば、かかる表現もいたしかたあるまい。ただ、遅塚の発言は、ここではいかにも言葉足らずの観があることは否めない。かつての「経済決定」論とは、歴史のある局面を取り出して分析する際に、その政治的諸勢力と経済的諸階級とを安易に結びつけることにあった。柴田、河野が「経済決定」論に不満をもったのも、おそらく、そこにあるのだろう。とすれば、柴田、河野の認識も、歴史における経済の意味を問うマルクスの真意を理解していなかったことになる。マルクス、したがって、唯物史観に云う経済的土台が上部構造を規定するというこの仮説は、限定されたある歴史的局面に適応し得るものでは決してなく、歴史の大きな動向全体を対象とした場合にはじめて云い得ることなのである。つまり、人類の歴史過程を幾つかの段階に分けた場合の、その大きな段階の枠組のなかで、かかる仮説の有効性が発揮されるのである。こうした特質を有する論理を歴史のあらゆる場面に機械的―無媒介的に適用した無造作な論法が、「経済決定」論として排除さるべきものなのである。柴田、河野、遅塚の「経済決定」論への理解は、俗流マルクス主義に特有なる機械論的な「経済決定」論を念頭に置いたものであって、その限りでは、表面的な応答にすぎないものであった。もっとも、「講座派」マルクス主義も、それを継承した戦後マルクス主義史学も、ここにいう機械論的な「経済決定」論に陥っていたのであるから、柴田、河野の疑問も、理由なきことではなかった。

ところで、前近代と近代以降とを対比的に考えた場合、そこにおける経済のもつ意義は決定的に異なる。前近代にあっては、その土台たる経済の自立性が弱く、そのため、上部構造の規定性がその経済の自立性に反比例して強くなる。反対に、近代以降、ことに資本主義的発展が一国の経済を包み込むような段階になると、資本主義のその特殊な性格、つまり、経済的土台の上部構造に対する自立性が成長するため、経済の基底的作用は、前近代に比して較べものにならないほど大きくなる。かかる意味での経済の上部構造に対する決定性─規定性は、否定すべくもない。

したがって、「フランス革命も明治維新も、資本主義的世界体制の中でのそれぞれの位置づけから理解しなければいけない」とする遅塚の発言は、資本主義体制というグローバルな視野から二つの変革を論じるという視角に立つ限りでは正しい方法といい得るが、歴史の特定の場面たるフランス革命を対象とした際に、その革命を構成する三つの政治的「勢力がそれぞれ経済的利害を異にする諸階級を代表する政治勢力として登場した」[*55]とする指摘は、結論を急ぐあまりに、旧い「経済決定」論的思考に陥ってしまっていると評せざるを得ない。こうした機械論的接合に対して、柴田や河野は不満をもったのである。

以上のことを前提として、明治維新が「ブルジョア革命」であったか否かを考える本章の結論に入る。

そのためには、まず、特定の時点における一国の変革過程が、「ブルジョア革命」であるか否かの判断基準を明示せねばなるまい。歴史上、近代社会への移行の劃期となる変革──イギリス革命、フランス革命、明治維新等々──は、その多くが当該国における資本主義の形成途上に起きている。このことは、かかる変革が、資本主義の発展と密接な関連にあることを、自ずと明らかにしている。そしてここに掲げた明治維新を除けば、イギリス、フランスの両革命を「ブルジョア革命」として理解する見解は、もはや衆目の一致するところとなっている。ということは、ある特定の国における資本主義形成の過程に勃発した変革が、「ブルジョア革命」であったか否かを判別するにあたっては、その変革の意義を資本主義の発展と関連させて考察せねばならないことになる。つまり、その変革が、近代資本主義経済の全社会的展開の可能性を、その過程において創出し得たか否かが、「ブルジョア革命」であったか否かの判断基準となるのである。この具体的な基準を、ここで詳細に論じる余裕はないので、その点に関しては本書第二編附論二を参照されたい。

以上の如くに「ブルジョア革命」の基準を設定し得るとすれば、それはすぐれて経済史的概念であることになる。これに対して、かつての「絶対主義」概念は、政治史と経済史とを統合した時代区分―段階概念であった。そして、今日の「絶対主義」概念は、その「国家形態」の分析軸として援用されていることからも明らかなように、極めて限定された概念なのである。

明治維新の性格解明にあたって、「ブルジョア革命」説と「絶対主義の成立」説とが、半世紀以上にわたって対立状態を続けていることの理由の一半は、こうした概念上の混乱にあったともいい得る。「ブルジョア革命」が、資本主義との関連如何をその本質としている以上、経済史的アプローチは第一義的課題であるが、「絶対主義」説が企図した政治史的アプローチも、決しておざりにすべきものではあるまい。「明治維新＝ブルジョア革命」説が、多くの研究者によって唱えられるようになった現在も、いまだ仮説の域を出ていないのは、かかる政治史的分析が相当に立ち遅れているからなのである。

筆者の見解によれば、明治維新は、一八、一九世紀的世界[*56]――世界史的な意味での帝国主義段階以前――における後進資本主義国の「ブルジョア革命」であった。それは、先進国型の「ブルジョア革命」とは、その類型的特質を異にするものであり、後進資本主義国としての現実に強く規定されていた。後進資本主義国としてのかかる世界史的被規定性は、政治史のレベルにおいても、同様に存在する筈である。したがって、近代日本における権力の在り方―政治体制の解明のためには、一八、一九世紀的世界における後進国の政治的近代化の類型的特質を析出するという視座からの政治史的分析が、今や待ち望まれているのである。[*57]「明治維新＝ブルジョア革命」説の正否は、ひとえに、この政治史的分析の内容如何にかかっているといってよい。

註

＊1　拙稿「日本・近現代四」（『史学雑誌』九四―五、一九八五年）。

＊2　西欧近代を理想的なものと賛美し、他方、日本の近代を暗澹たるものと捉え、その封建的特質を強調する「講座派」―「戦後歴史学」の論理が、一九五〇年代後半以降の日本経済の高度成長に対して、理論的に対応し得なかったのは自明のところである。それがマルクス主義史学の説得力を喪失させることに拍車をかけたことは、言を俟つまい。

＊3　学問内部における批判精神の衰退は、近代―現代社会を総体として批判的に捉える視座が著しく衰退した、ここ二〇年来の思想―学問状況の反映といえよう。かかる動向は、歴史学にのみ固有な現象ではなく、今日の学問全体を覆っている傾向といってよい。科学史―数学史家佐々木力は、この間の学問的状況を次のように総括する。「一九六八年以降支配的になった学問論の特徴的な様相をポストモダニズムを中心に垣間みた。それは近代の諸相を極端に歪小化し、それらに著しく歪小な志をもって対処する側面を持つものであった（「批判的思考の衰退――学問論の二〇年――」『思想』七七三号、一九八八年、三一頁）。つまり、「近代」の一面のみを極端に拡大し、それに対する主観的発言に終始する論調が、ポストモダニズムの本質だと、佐々木は云いたいのであろう。

＊4　旧著『日本資本主義と明治維新――本源的蓄積の日本的特質――』（文献出版、一九八八年）において、「講座派」の地租改正理解の特質を取り上げた際に、本文での論述と関連する指摘をしたことがある。参考までに、その部分を掲げる。「『講座派』にみられる如上の地租改正理解は、おそらく、次の如き思考過程を経て導出されていったものと思われる。一九二〇、三〇年代の現状分析から導き出された当時の日本を絶対主義と規定（二段階革命戦略の正当性）↓したがって、その絶対主義成立の劃期を明治維新にみる↓この明治維新における土地改革―地租改正は、それ故、絶対主義の一方の経済基盤でもある半封建

的特質を有する寄生地主的土地所有の創出起点となる（→明治維新に先行する幕藩体制社会は純粋封建制であり、そこにおける土地所有関係も、したがって、純粋封建的土地所有である）等々。つまり一九二〇、三〇年代における二段階革命戦略（二七、三二年テーゼ）の立場から、そこにおける論理整合性に即して、地租改正の半封建的性格が要請されたのであった」（二三二頁）。かかる方法的顛倒は、必ずしも「講座派」のみに特有なものではなく、本文の記述内容からも明らかなように、「労農派」にも相通ずるものである（旧著では、「労農派」に対する如上の指摘が欠如していたので、ここに補っておきたい）。要するに、両派は、同一の思考方法に立脚していたのである。

＊5　以上のテーマに関する直接、間接の筆者の評価については、同右拙著の関連章節において触れてある（なお、本書第一編第一章参照）。

＊6　本書第一編第一章ならびに第二編附論三参照。

＊7　『資本論』の如き原理的な内容を直接に現状分析へと適用することが、そもそもの誤りであると主張し、原理と現状分析とを媒介するものとして段階論なる認識方法を提唱したのが、戦後の宇野弘蔵である（『宇野弘蔵著作集』第九巻、岩波書店、一九七四年、他）。宇野は、その段階論を総括的な経済政策を対象として具体化し（同『著作集』第七巻、一九七四年）、それを受けた大内力が、農業経済の分野において段階論的展開を試みた（『農業経済学序説』時潮社、一九七〇年）。かつ、宇野の方法に共鳴する人々によって、財政（武田隆夫他『再訂・近代財政の理論――その批判的解明――』時潮社、一九五五年）、および金融（大島清他『金融論』東京大学出版会、一九六〇年、小野英祐他『現代金融の理論』時潮社、一九七一年）分野における段階論的分析が提出されもした。しかし、それらの業績が発表されてから、既に長い年月を経たが、如上の仕事を総括するような研究は、一向に現れてはいない。したがって、「宇野段階論」の当否に関する結論は、まだ当分は先のこととなりそうである。

＊8　「この論争が学問的論理や実証的な現状分析よりも、政治的立場、イデオロギーの次元で争われたことの特質が出ている。それはついに一九三〇年代の現実を追うことができず、時代の中の閉鎖的な良心宣言に終った」（中村隆英『明治大正期の経済』東京大学出版会、一九八五年、二六六頁）との、中村隆英の評価は相当に手厳しいが、両派の論争の一端を示して余りある。

＊9　かかる二段階革命路線にあっては、現状における「封建制」の強調と、その対概念たる「民主主義」への強い希求となって

現れる。そうした立場から歴史学を志向した場合に陥るのが、「封建制」の拡大解釈である。「講座派」ならびに「戦後歴史学」の躓きの石がその「封建制」論にあったと喝破したのは、大谷瑞郎であるが（大谷瑞郎『歴史の論理――「封建」から近代へ――』刀水書院、一九八六年）、まさしく的確な指摘である。「民主主義」をその至上の論拠とする「講座派」系マルクス主義史学にあっては、獲得すべき「民主主義」という正義に対して、「封建制」をすべての矛盾―悪に代替させて、その論理を展開したのである。ここでは、「民主主義」と「封建制」とがあたかも善玉と悪玉の如くに比類される勧善懲悪の単純な発想が、まったく疑われることなく通用していた。

＊10　「明治維新＝ブルジョア革命」説を主張した論者については、本書一五八〜一五九頁（註＊5）を参照されたい。

＊11　イデオロギーと学問との関係については、既に三〇年以上も前に宇野弘蔵が警告を発していた（前掲『著作集』第十巻、岩波書店、一九七四年）。だが、宇野の警告は正当に吟味されることなく、一部のいわゆる「宇野経済学」者のみに受け入れられたにすぎなかった。その「宇野経済学」にあっては、学問（科学）における脱イデオロギーが強く志向され、それがイデオロギッシュな人文・社会科学の全盛期にあって、冷静な科学的分析の成果をもたらしたことは、大いに意味のあるところといい得る。だが、そこにみられる極端なまでの「科学主義」と学派至上主義とが相俟って、戦前「論争」や「戦後歴史学」に付随していたイデオロギーと同様の結果――異説に対する不当な否定と対話の欠如――を、ややもすると生み出したようでもある。

＊12　この一九五六年という時点の詳細な思想史的考察のなかから、新たな思想動向の誕生を描いた最近の労作に、小島亮『ハンガリー事件と日本――一九五六年・思想史的考察――』（中公新書、一九八七年）がある。小島も、この書において、「戦後歴史学における『講座派』の一党独裁」（同書、八五頁）を、次のように断罪する。「異端者排除の暴力装置を具備する『教養の独占』を果たした戦後歴史学は、日本共産党が分裂するたびに分裂し、共産党の政治綱領が変化するたびに『問題意識』も変化して、主観的にはともあれ、客観的には政治的な阿諛追従の徒輩と化した事実は、もはや周知のごとくである」（同書、八五〜八六頁）。

＊13　桜井哲夫『思想として60年代』（講談社、一九八八年）一六五頁。

＊14　下山三郎『明治維新研究史論』（御茶の水書房、一九六六年）。

＊15　星埜惇『社会構成体移行論序説』（未来社、一九六九年）。

＊16　後藤靖「近代天皇制論」（歴史学研究会・日本史研究会編『講座日本史――日本史学論争――』9、東京大学出版会、一九七一年）。

＊17　山崎春成「日本資本主義論争と天皇制」（『現代の理論』一〇五号、一九七二年）。

＊18　山崎隆三「『講座派』理論の批判的継承のための序説」（『経済学年報』35、一九七五年）、同「『上からのブルジョア革命』論について」（『経済学雑誌』七三―五・六、一九七五年）、同「『近代天皇制論Ｉ』（石井寛治他編『近代日本経済史を学ぶ――明治――』上、有斐閣、一九七七年）。以上の論稿は、山崎隆三『近代日本経済史の基本問題』（ミネルヴァ書房、一九八九年）に再録されている。

＊19　中村政則「近代天皇制国家論」（同編『体系日本国家史――近代Ｉ――』4、東京大学出版会、一九七五年）。

＊20　芝原拓自『日本近代史の方法』（校倉書房、一九八六年）。

＊21　山崎「『講座派』理論の批判的継承のための序説」（前掲『基本問題』）四七頁。

＊22　中村の場合にあっては、一八七七年までを「古典的絶対主義」に近似していると指摘するが、そこでは、この概念が必ずしも時代区分―段階概念として意識的に使用されているのではないようである。

＊23　田中彰『明治国家――体系・日本歴史5――』（日本評論社、一九六七年）三〇四頁。

＊24　同右、三〇五頁。

＊25　田中の明治維新評価は、近年に至ると、「一九世紀後半のアジアにおける後発国の近代的統一国家をめざした『革命』の一形態である」（田中彰『高杉晋作と奇兵隊』岩波新書、一九八五年、一八九頁）とされ、「ブルジョア革命」との表現こそ用いられてはいないが、明治維新を「革命」として積極的に捉えようとする視角を打ち出している。

＊26　遠山茂樹『明治維新と現代』（岩波新書、一九六八年）三三頁。

＊27　ちなみに、同書にあっては、明治維新と帝国主義への転化過程とを結びつけて論じる必要性が説かれているが（同右、二三〇～二三一頁）、かかる視角は、本文で取り上げた「上からのブルジョア革命」説に一脈通ずるものがあるように思われる。

＊28　井上勝生「幕末・維新論――国家論研究からの覚書――」（日本歴史学会編『日本史研究の新視点』吉川弘文館、一九八六年）

は、この間における「講座派」理論に対する内部批判の意義を総括的に語っており、その限りでは新しい動向の積極的担い手たらんとする視角がみられはするが、本文で論じたように、それが、あくまで「講座派」理論の枠内にあったことに対する自覚が欠けているところに、その限界がある。

＊29　とはいえ、実証研究を進めるなかで、かつての近代史像とは明らかに異なるイメージを、着実に形成しつつある動きも一部にはみられる。だが、それぞれのテーマから鋭く切り込んで得られた新たな、しかし、部分的な日本近代史像を、理論的に体系化するまでには至っていない。

＊30　最近では、安田浩の「狭い意味での階級的性格の規定の問題——絶対王政かブルジョア革命かの二分法——に収斂する方法の限界も自覚されたと思う」(「近代天皇制への一視角——一九八八年度大会報告要旨——」『歴史学研究』五八〇号、一九八八年、三九頁)との発言が、その典型といい得る。

＊31　筆者の専攻テーマの一つである地租改正の研究分野でも、六〇年代に入ると維新研究と同様に実証研究隆盛の事態に陥った。同年代末には、かかる研究状況からの脱却を企図する発言——問題意識的、理論的分析の必要性を説く——が、地租改正研究者の内外から相次いで寄せられたのも、この間の歴史学の動向に対する危機感の現れといってよい(前掲拙著、第三章「序」)。

＊32　「歴史に禁欲することが知的に誠実であるといわんばかりの無内容な実証主義を楯にとりさえすれば、歴史感覚の欠如という無能力が無罪になるのだから実証主義がもてないわけはない」(加藤尚武『二一世紀への知的戦略——情報・技術・生命と倫理——』筑摩書房、一九八七年、二二七頁)との言は、歴史哲学にはびこる実証主義に対するある哲学研究家の皮肉であるが、歴史学における実証主義にも、大いに通ずるものといってよい。

＊33　家近良樹も、近年の若手研究者による維新研究にみられる実証主義的傾向を指摘し、「実証主義的な個別研究をおしすすめることは何よりも優先させねばならないが、過去のすぐれた理論的闘争の成果を発展的に継承することの重要性は改めて振り返られねばならない」(「回顧と展望(幕末維新)執筆余話」『明治維新史学会報』一一号、一九八五年、一一頁)との、同様の提言をしている。

＊34　原口清『日本近代国家の形成』(岩波書店、一九六八年)v頁。

＊35　ただし、歴史学界においては、この「絶対主義」説を自覚的に批判の俎上へと載せていたわけではない。暗黙のうちに、いわばなし崩し的に葬り去ろうとしているにすぎない。だが、こうした風潮は、かつての「戦後歴史学」が、異端の学説を不当に排除した態度に似てはいないか。「絶対主義」説は、ともかくも一世を風靡した理論である。せめて、それなりの検討を与えてから葬送することが、学問的手続きとしては必要なのではあるまいか。

＊36　この点に関しては後述する。

＊37　筆者の場合は、「ブルジョア革命」説によって、明治維新を理論的に総括することが可能と考えている。ただし、その際には、「本源的蓄積」論との有機的関連に視野を拡げておくべきである。本書第一編は、かかる方法を具体化したものである。

＊38　かかる指摘に対して、次のような発言もある。「個々ばらばらの研究が進むとしても、日本近代を総合的に捉える理論の欠如という批判もありうるであろう。しかし筆者は当面こうした傾向を進行させ（中略）、個別研究の進展に伴って従来の用語法では説明し切れなくなった概念を再検討し、日本近代の今までに見えなかった部分に光を当て、新しい分析の用語を考察していくことが必要と考える。世界史の分野でもそうした試みは行われており、従来の『大理論』に基づく『日本的特殊性』とは異なった、世界近代での日本近代の位置づけを長期的に試みる必要があると思う」（伊藤隆「日本・近現代一」『史学雑誌』九七―五、一九八八年、一六三～一六四頁）。確かに、こうした地道な作業も、一方では必要である。かかる立場からの接近も近年に至って着実にその成果を挙げはじめ、新しい日本近代史像の追求が果敢に展開されつつはある。だが、時期尚早を旨とするこうした議論によくあることではあるが、日本近代を総括的に捉える冒険にいつになったら取り掛かるのか、との危惧を感じてしまうのは、私だけであろうか。

＊39　M・Bジャンセン「明治維新――その政治的文脈――」（永井道雄、M・ウルティア編『明治維新』東京大学出版会、一九八六年）二三頁。

＊40　I・ラティシェフ「明治維新――未完のブルジョア革命――」（同右）六五頁。この論稿において、ラティシェフは、ソ連邦の多くの日本史研究者が「未完のブルジョア革命」説に同意していることを、重ねて指摘している。かかる研究動向は、エイドゥス『日本現代史』上下巻、米川哲夫・相田重夫訳（大月書店、一九五六年）、ソ連邦科学アカデミー編『日本近代史』上下巻、林基訳（大月書店、一九六〇年）等々により、我が国でもあまねく知られているところである。ついでながら、近年

の中華人民共和国の日本史研究家も、その多くは「講座派的絶対主義」説に疑問を提示し、「不徹底なブルジョア革命」説の立場にあることが、呂万和の最新作『明治維新と中国――東アジアのなかの日本歴史6――』（六興出版、一九八八年）のなかで紹介されている。その呂自身も同様の見解を継承している。

＊41　P・フェドセイエフ「革命的変移の意義」（同右）七一頁。

＊42　同右、七〇頁。

＊43　フランク・ギブニー「文化革命としても明治維新」（同右）一二八頁。

＊44　同右、一三一頁。

＊45　桑原武夫「明治維新と日本の近代化」（同右）三〇頁。桑原のかつての明治維新評価は、「後進国型のブルジョア革命」説（「明治の再評価」『朝日新聞』一九五六年一月一日号。後、前掲『明治維新と近代化』に所載、二〇三頁）であったが、ここでは、「文化革命」説をとるに至っている。もっとも、「明治維新の価値はその徹底性にある。ブルジョア革命としての徹底性というより、むしろ文化革命としての徹底性にある」（桑原武夫『ヨーロッパ文明と日本』朝日新聞社、一九七四年、八九頁）と、別のところで語っていることから判断して、桑原云うところの「文化革命」説は、「ブルジョア革命」説の否定の上に成り立つ概念というよりは、むしろ、それを包含したより複合的な射程幅の広い概念として捉えるべきものであろう。

＊46　河野健二編『近代革命とアジア』（名古屋大学出版会、一九八七年）二五二頁。

＊47　同右、二五四頁。

＊48　同右、二二三頁。

＊49　同右、二四七頁。

＊50　同右、二四八頁。

＊51　かねてより大内力、大谷瑞郎、毛利敏彦や筆者が、近年では中村哲が、上記二書の文脈とは異なる視角から、明治維新の変革性を積極的に評価し、その「ブルジョア革命」としての意義を認めている事実、あるいは、「講座派」理論を批判的に検討するなかから明治維新を「過渡的に後進国に特有なる軍事独裁政権」であるとして、一種のブルジョア権力の成立であることを主張するに至った山崎隆三の見解、等々のあることを指摘しておく。

＊52　こういったからといって、維新の反人民―反民衆的側面を無視してよいというわけではない。資本主義という体制自体が、本質的に反人民―反民衆的性格を有しているのであって、維新はその資本主義の発展の途を拓いたのであるから、それは、日本に独自な在り方で反人民―反民衆的性格を形づくることになる。ここでは、それにもかかわらず資本主義という新しい体制を創り出した変革的側面に、ひとまずは着目すべきだということなのである。

＊53　維新の「変革性」「革命性」を、その本質として捉える見解も、必ずしも「ブルジョア革命」説に同意しているわけではないようである。先にみた『明治維新』所載の諸論稿が、「ブルジョア民族主義革命」「文化革命」等の表現を用いている事実、本章註＊25にみられる田中彰の評価等々が、その一例である。このことは、「ブルジョア革命」なる表現の放つ語感が、その概念内容を正確に伝えきれない面があることによるのだろうか。あるいは、そこにかつてのイデオロギー臭が感じとられるのであろうか。かかる問題点が存在するのだとすれば、その表現に対して、それなりの工夫が必要とされることになろう。

＊54　河野編、前掲書、二五〇頁。

＊55　同右、二五三頁。

＊56　ここで「一八、一九世紀的世界」と限定したことの意味については文脈上から判断し得ると思うが、詳しくは、本書一六〇〜一六一頁（註＊11）を参照されたい。

＊57　「日本の近代を、反封建という見地からだけではなく、世界史的な近代化のはらむ政治体制の問題として、視野を質的に拡大して考察する方法が、今や求められている」（井上、前掲論文、二三八頁）との、井上勝生の提言は、かかる課題に対する注目すべき発言といい得る。これを私なりに翻訳すれば、旧態依然たる「民主主義の成熟度」のみを近代の評価軸とする短絡的思考を超克することこそが、今後の日本近代史研究の課題であるということになる。この具体的展開を期待したい。

附論二

日本資本主義と明治維新

資本主義が、資本と賃労働とをその編成原理としている以上、資本主義の形成過程、したがって、本源的蓄積過程の一般的特質は、その編成原理を歴史的に創出する過程であったと云い得る。それを具体的に云えば、資本に転化しうる社会的富の蓄積と、賃労働に転化しうる自由な労働力を創出する歴史的過程ということになる。日本史においては、一七世紀末から一九世紀末までのおよそ二世紀ほどの時代が、それに相当する。

かかる歴史過程は、その特質により前期と後期との二つの過程に区分される。一七世紀末から一九世紀中葉にかけての、農業生産力の発展を基礎にしたところの商品経済の発展と、それに伴う商人資本的蓄積、および近代的土地所有関係の形成をその歴史的特質とする前期原蓄過程と、一九世紀中葉以降にはじまる先進資本主義国との接触による新しい動き、すなわち、諸列強による政治的―経済的侵略の危機から脱却すべく急速な資本主義化を目指すための資金創出をその特質とする後期原蓄過程、である。前期の場合は、先進国イギリスにおいても抽象的には同様の歴史過程を経過しており、先進国型と後進国型とを類型的に峻別しうるまでの差異は生じておらず、云わば、世界史的傾向を体現した過程といってよい。これに対して、後期にあっては、先進国型原蓄を経過したイギリスにみられるようなプロレタリアートの大量創出といった事態は現出せず、原蓄のもう一方の契機たる資金の創出が急がれることとなり、ここに至って、その類型的差異が厳然となる。つまり、すでに原蓄段階を終了し、資本主義国家―社会として世界市場に存在している先進諸国に対して、その政治的―経済的逼迫から逃がれるべく、急速な資本主義化を達成するための資金創出が課題とされ、イギリスにみられたような原蓄とは異なる後進国型の原蓄が開始されることになる。[*1]

明治維新は、かかる原蓄の重要な劃期であった。殖産興業政策に基づくいわゆる「上からの」資本主義化と、そのための資金創出が後進国型原蓄の具体的発現形態と見做しうる。その資金創出の基底に位置するのが、地租改正である。この地租改正の成功によって、「万国対峙」を目指し、資本主義化を達成すべく企図した近代国家の基本が固まったといっても、過言ではない。地租改正を基底とする明治維新は、では一体、いかなる歴史的劃期として位置づけられ得るのか。

かかる明治維新の評価については、戦前の「資本主義論争」以来、絶対主義の成立[*2]かブルジョア革命[*3]かについての多くの論争が展開されてきた。また、六〇年代以降においては、「上からのブルジョア革命[*4]」なる視点での再検討がなされているが、いまだにその結着をみていない。[*5]ところで、明治維新がブルジョア革命か否かを解くにあたっては、いかなる変革がブルジョア革命と呼ばれうるのかを、まず、明らかにせねばならない。そこで、ブルジョア革命を判別する基準を考えてみると、それはある特定の時代における特定の国の変革過程において、近代資本主義国家―社会の成立となるべき端緒が切り拓かれたか否かにあると云いうる。このことは、資本主義経済の全社会的展開の可能性が、その変革過程を通して創り出されていったかどうかに、ブルジョア革命か否かを判別する基準があるということである。それでは、その具体的な基準は、一体何に求めるべきであろうか。

資本主義経済の構成原理は、云うまでもなく資本と賃労働である。したがって、資本、すなわち私的所有―私有財産と、それを追求する経済活動の自由という二つの権利が体制的に保障されるところに、まず、資本の発展の可能性が与えられる。加えて、その資本が自由に使用しうる労働力の存在が、資本主義経済の前提となる。この労働力は、マルクス云うところの「二重の意味で自由」[*6]な労働力として、人格的隷属および生産手段から自由な存在でなければならない。つまり、所有権と経済活動の自由が保障されることによって、資本主義経済の発展のための一条件が与えられ[*7]、他方、人格的隷属および生産手段から解放された無産者の存在が、もう一つの条件を創り出すわけである。とすれば、以上の諸条件が体制的に公認された変革期を、ブルジョア革命と呼びうるのではなかろうか。

この過程は、他面からみれば、封建領有体制の解体の過程でもある。所有権の体制的成立は、私的土地所有の発展がその基礎となるが、この一元的な私的土地所有―近代的土地所有は、封建領有体制下の重畳的な領有―占有関係と直接的に対立するものであり、前者の体制的公認は、封建領主の土地領有権を全面的に廃棄することとなるからである。また、人格的隷属および生産手段からの解放ということも、封建領有体制の存立基盤の一つたる「経済外的強制」に基づく農民の土地への緊縛、職業の自由の制限、人格的隷属といった事態を解放させることになる。もっとも、こうした事実は、本書第一編第一章でもみたように、すでに封建領有体制下において着実に進行していたものであり、その歴史的趨勢を追認し全国的に統一化するのが、ブルジョア革命なのである。

以上のように、所有権・経済活動の自由・人格的自由という諸条件の存在は、新たな資本主義経済による一社会の支配を可能とし、かつ、封建領有体制を解体させる二つの側面を有していることから、これらの諸条件を全国的に統一・保障する権力の成立を、ブルジョア革命の劃期と見做しうるのである。

ブルジョア革命の基準を以上のように設定しうるとすれば、明治維新は、日本の後進資本主義国としての事情によく規定されてはいるが、ブルジョア革命としての内実をよく備えた変革であったと云いうる[*8]。そして、その変革の基底が廃藩置県・秩禄処分・地租改正にあったことは自ずと明らかとなろうが、旧著（『日本資本主義と明治維新』）では、地租改正を中心とした後進国型原蓄の政策体系から、明治維新の歴史的位置をブルジョア革命と確定した。

「明治維新＝絶対主義の成立」説の陥穽が明らかとなった現在、「明治維新＝後進国型ブルジョア革命」説が大きく浮上してきたが、「絶対主義」や「ブルジョア革命」なる概念を明治維新に適用することに否定的態度をとる論者も少なからず存在する。[*9] したがって、かかる否定的論者や「絶対主義」論者を説得するためにも、かつての単なる二者択一的な次元からする「ブルジョア革命」論ではなく、明治維新が如何なる性質を有するブルジョア革命であったのかを、よりいっそう具体的に検証する作業が、今後の課題となる。「明治維新＝後進国型ブルジョア革命」説は、漸く仮説の第一歩を踏み出したにすぎないのである。[*10][*11]

註

＊1　石井寛治は、その原蓄類型の視角を海野の方法に基本的に依拠しながらも、「現実の一国経済内部には（先進・後進――引用者）両類型・（下からの資本主義化・上からの資本主義化）両コースが鋭い緊張をはらみつつ共存しており、類型転換はあくまでも主導的類型の転換の意味である」（『日本経済史』東京大学出版会、一九七六年、五八頁）と論じ、「開港直前まで微弱ながらも着実に進みつつあった先進国型類型の原蓄が、開港後の貿易と倒幕後の原蓄政策の下で押し止められ、代って広く後進国型類型に属する近代日本特有の日本型原蓄が進みはじめる」（同上）との興味深い指摘をしている。この石井の見解――殊に後半部分――は、本書の立場と比較的近いものといってよいが、そこには、原蓄過程を前期と後期とに峻別する視座が欠けているために、幕末以前の原蓄過程を「先進国型」に分類するという過ちを犯してしまった。すでに本書第一編第一章において指摘したように、前期原蓄過程にあっては、先進・後進的な類型的差異は生じてはいなかったのである。

＊2　明治維新を絶対主義の成立と見做すのは、周知のように「講座派」理論であるが、この「講座派」の絶対主義理解は、往々

指摘されているように、「地主・資本家ブロック政権」乃至「資本家・地主ブロック政権」論である。これは、マルクス以来カウツキーによって定説化された「絶対主義＝階級均衡」説に基づくものであるが、戦後、堀江英一・遠山茂樹等によって、この「均衡」説の破産が宣告された。堀江は、「絶対主義そのものは意識的に、したがって本来は本源的蓄積を完遂しうる性格をもたず、本源的蓄積はブルジョアみずからの国家権力によってはじめて徹底的におこなわれる」のであり、「絶対主義は本源的蓄積に否定的態度」（小山弘健編『日本資本主義論争史』下、青木文庫、一九五三年。一八七頁の簡潔な整理を借用――堀江英一「本源的蓄積における国家権力の問題――絶対主義と近代国家との役割――」『堀江英一著作集』第3巻、青木書店、一九七六年）をとるものであると主張し、これを承けた遠山は、「絶対主義の成立は農民戦争に対抗する封建権力の統一・強化として把握されるべきである」（遠山茂樹『明治維新』旧版、岩波書店、一九五一年、二三～二四頁、改版＝一九七二年においても、この主張に変更はない）として、「階級均衡」説を静態論的と却けた。だが、このような「堀江・遠山」理論による絶対主義のブルジョア的側面の無視は、つまるところ、絶対主義の過度的性格を見失うことにならざるをえない。また、封建的反動の側面のみを強調する両説にあっては、絶対主義権力の歴史的趨勢に対する無自覚さと、そこからくる――情勢変化に対応できぬゆえの――動揺ということが、その政治的反動性を表出させる原因であるということが理解されていない。結局、絶対主義は、その末期に至っては反動化するという事実を、堀江・遠山は、そのはじめから絶対主義は反動的性格をもつものとして私念してしまっているのである。

＊3　「講座派」の見解に対して、明治維新を「不徹底なブルジョア革命」と規定した「労農派」は、日本資本主義論の体系性の欠除のゆえに、その理解に大きな混乱がみられる。次の向坂逸郎の発言はその証左である。「明治維新は絶対制への傾向に対して近代的要素を解放するブルジョア革命であったと共に、絶対制を一応その傾向の頂点までのぼせてしまった。維新は、このような変則的なブルジョア革命であった。……絶対主義を明治のある時期に認めることと、今日に至るまで我が国の社会を絶対主義的なものと考えることは大変な違いだと思うのです」（大内兵衛・向坂逸郎・土屋喬雄・高橋正雄『日本資本主義社会の研究』上、河出新書、一九五五年、一〇六頁）。かような見解は、「絶対主義自然消滅」説とでも命名できようが、こうした理解は、なにも「労農派」だけに限られたわけではなく、「講座派」の論客服部之総（『明治維新史』青木文庫、一九七二年、『服部之総著作集』第七巻、理論社、一九五五年、他）による「上からのブルジョア革命」説や白杉庄一郎（『絶対主義論批判』

京都三一書房、一九五〇年）にも通ずるものであるが、さらに次註を参照されたい。

＊4　「上からのブルジョア革命」※なる視点は、明治維新において成立した権力がブルジョア権力でなく、絶対主義権力であるとみることにより、その後の日本資本主義の発展を説明できず、苦しまぎれにブルジョア政権はブルジョア革命を経過せずとも成立すると強弁した結果であろう。しかし、このようなブルジョア革命を経過せずにいつの間にか絶対主義が自然消滅してブルジョア権力にとって代わられたとする説は、どうみても論理の破綻としか云いようがない。

※六〇代における「上からのブルジョア革命」説は、下山三郎によって先鞭がつけられ（『明治維新研究史論』御茶の水書房、一九六六年）、毛利敏彦『明治維新政治史序説』（未来社、一九六七年）、後藤靖「近代天皇制論」（歴史学研究会・日本史研究会編『講座日本史――日本史学論争――』9、東京大学出版会、一九七一年）、山崎春成「日本資本主義論争と天皇制」（『現代の理論』一〇五号、一九七二年）等々の研究者に受け継がれている。もっとも、毛利の場合は、その後まもなく、ブルジョア革命説の立場に転じている（「日本・近代一」『史学雑誌――一九七一年の歴史学界・回顧と展望――』八一―五、一九七二年、他）。

＊5　「結着をみていない」とはいえ、今日では「講座派」的絶対主義説は、ほとんどその影響力を失い、代わって、ブルジョア革命説が強力となりつつあるのが現状である。戦後、大内力（楫西光速・加藤俊彦・大島清・大内力『日本資本主義の成立』ⅠⅡ、東京大学出版会、一九五五、五六年、大内力『日本経済論』上、東京大学出版会、一九六二年）によって、「労農派」的「不徹底なるブルジョア革命」説が払拭され、明治維新は、後進国型のブルジョア革命であることが指摘されたが、その後、大谷瑞郎の一連の研究（『ブルジョア革命』お茶の水書房、一九六六年、他）や、地租改正研究者の発言（長岡新吉「改正地租の性格をめぐる若干の問題」『歴史学研究二七八号、一九六三年、暉峻衆三「さいきんの地租改正研究の成果をめぐって」同右、二八〇号、一九六三年、関順也『明治維新と地租改正』ミネルヴァ書房、一九六七年、田村貞雄『地租改正と資本主義論争』吉川弘文館、一九八一年、拙稿「地租改正研究序説」『学習院史学』一〇号、一九七三年、同「地租改正と明治維新」『日本歴史』四〇四号、一九八二年）、財政史家林健久（『日本における租税国家の成立』東京大学出版会、一九六五年）の主張、あるいは註＊4に挙げた毛利の見解、近年では、大石慎三郎や中村哲のシンポジウムでの発言（『無限大―シンポジウム・江戸文化と近代化―』六四号、日本アイ・ビー・エム、一九八四年）また、中村哲「領主制の解体と明治維新」（歴史学

研究会・日本史研究会編『講座日本歴史——近代1——』7、東京大学出版会、一九八五年)、その外にも、フランス革命と明治維新との比較を通して、明治維新がブルジョア革命であったことを論じた河野健二『フランス革命と明治維新』(日本放送出版協会、一九六六年)、小林良彰『明治新の考え方』(三一新書、一九六七年)、「地主王政」なる独自な視角から接近した飯沼二郎『地主王政の構造——比較史的研究——』(未来社、一九六四年)、さらに、上山春平『歴史分析の方法』(三一書房、一九六二年)、同『明治維新の分析視点』(講談社、一九六八年)、桑原武夫『ヨーロッパ文明と日本』(朝日新聞社、一九七四年)、桑原、上山春平、梅原猛、石井米雄が参加したシンポジウム『明治維新と近代化——現代日本を産みだしたもの——』(小学館、一九八四年)等々、いまやその大勢を得た感がある。

もっとも、かつての「講座派」的「天皇制＝絶対主義」説が破綻するにおよんで、「国家の階級的本質」と「国家形態」とを短絡に結合させていた「講座派」的理解に対して、それらを明確に峻別すべきであるとして、天皇制国家のブルジョア的本質を突いた山崎隆三の提言(「『講座派』理論の批判的継承のための序説」『経済学年報』35、一九七五年、同「『上からのブルジョア革命』論について」『経済学雑誌』七三—五・六、一九七五年、同「近代天皇制論I」、石井寛治・海野福寿・中村政則編『近代日本経済史を学ぶ——明治——』上、有斐閣、一九七七年)、同様の見解に立って、「国家類型」と「国家形態」というキーワードを用いて、天皇制国家がある特定の時点からブルジョア国家類型へと移行したと説き、かつての「講座派」理論の継承、発展を試みた中村政則(「近代天皇制国家論」、同編『大系日本国家史——近代1——』4、東京大学出版会、一九七五年)、芝原拓自(『日本近代史の方法』校倉書房、一九八六年)の主張等、近年に至って、「講座派」理論の内在的批判を果敢に展開する論者が少数ながらも出現した。だが、かかる見解も、明治維新が絶対主義であったことを否定するものではなく——山崎の場合にのみ「軍事独裁政権」という規定がみられる——、その後の過程でブルジョア革命を経過せずに、天皇制国家はブルジョア国家類型へと移行した——移行の画期は論者により異なる——とする論理であり、前註＊4に記した「上からのブルジョア革命」説と同様の欠陥を有している(本書第二編第四章参照)。

＊6　マルクス『資本論』第一巻、向坂逸郎訳(岩波書店、一九六七年)三一九頁。

＊7　柴垣和夫『社会科学の論理』(東京大学出版会、一九七九年)一九九頁以下。

＊8　本来、資本主義に適合的でない専制的な国家形態の存在をもって、「天皇制国家」を絶対主義と規定するのが、戦前「講座派」

以来の見解であるが、この専制権力の存在は、日本が後進資本主義国たるがゆえに常に対外的危機の下にあり、それに対応するために国内体制の整備を急がざるをえなかったという視角に基づいて理解すべきである。国内体制の整備も進み対外的危機も相対的に薄らいだ大正期に、「ブルジョア議会政治」が出現するのはその証左である。

ところで、右の「講座派」的見解の背景には、ブルジョア革命は必然的に「民主主義革命」を伴うものであるとの発想があり、これが、専制的な「天皇制国家」を絶対主義と規定する根源となっている。だが、かかる「民主主義革命」説にあっては、大谷瑞郎が指摘しているように、㈠「民主主義」の概念が曖昧であること、㈡近代社会ないしブルジョア社会が、必然的に「民主主義的」形態をとることが立証されていないこと、㈢ブルジョア革命と社会主義革命とが混同されていること（『歴史の論理――「封建」から近代へ――』刀水書院、一九八六年、七二~七四頁）等々の矛盾が存在している。ましてや、本書で論じた如きブルジョア革命には、「民主主義革命」が必ずしも不可欠の要素とは云い得ないのである。かつて、暉峻衆三が「ブルジョア革命はブルジョア民主主義的課題をけっして解決しえず、その仕事は勤労大衆の手にゆだねられた」（前掲論文、六三頁）と指摘し、河野健二が「維新の革命はブルジョア革命ではあったが、民主主義革命として完成されることなくおわった」（前掲書、一二九頁）と評価したことや、近年では、桐村彰郎が「基本的には明治維新をブルジョア革命（ブルジョア民主主義革命ではないことに留意！）とする視点が正しいと考えている」（部落解放研究所編『水平社運動史論』（解放出版社、一九八六年、一一一頁）との主張は、その謂であろう。

＊9　一例として、伊藤隆・佐藤誠三郎・高村直助・鳥海靖「日本近代研究の二、三の問題――岩波講座『日本歴史』近代（一~四）によせて――」（『歴史学研究』二七八号、一九六三年）を挙げておく。

＊10　「明治維新＝ブルジョア革命」説が、いまだ仮説の域をでないのは、本文に記した理由のほかにも、㈠政治史的分析が欠如していること、㈡多くの諸潮流によって「ブルジョア革命」説が唱えられるに至ったが、その方法的視座は千差万別であり、したがって、そこに共通事項を設定しえていない弱点があること、等々にもよっている。

＊11　本書で用いた「後進資本主義国」とは、一八~一九世紀的世界――一九世紀末以降の帝国主義段階以前――におけるそれである。かかる諸国とは、いわば「自力」による原蓄――世界市場からの促迫が比較的弱い段階に原蓄を経過――、つまり、前期原蓄過程を経験した資本主義国のことである。この原蓄の経験こそが、資本主義国家―社会として独立しうる条件を形成す

る。したがって、資本主義的発展の一つの契機となるブルジョア革命――後進国型ブルジョア革命――を達成しえた諸国は、それだけの条件を創り出す前期原蓄を経験していたということになる。つまり、ブルジョア革命とは、前期原蓄過程の進行を、その不可欠の条件としているのである。それゆえ、一九世紀末までの時代――世界史的な帝国主義段階への移行期――に、前期原蓄を経験していない諸国――本書に云う「後進資本主義国」には該当しない――における原蓄の特質、ならびに独立国家としての成功の条件等々の解明には、本書で示した論理構成とは、自ずと異なる視座が必要となる。つまり、ここにいう「後進資本主義国」とは、今日では、すでに先進国としての位置を獲得しているのであって、これら諸国の資本主義形成の特質を、「前期―後期原蓄」と「後進国型ブルジョア革命」という二つの視角から、理論的に総括したのが本書なのである。したがって、この理論的枠組みは、現代のNIEsや従属諸国の分析理論としては、直接には適用しえないことに留意されたい。以上の諸点の詳細については、あらためて別稿を用意する心算である。

附論三

地方史研究における理論と実証

——経済史的視点からする——

序　理論と実証をめぐる状況

いかなる問題関心から出発しようと、地方史研究にとっての第一次的作業が、ある特定の地域における人間の在り方と、それを取りまく自然環境、社会環境の個別、具体的な究明にあることは、言を要すまい。それが、「郷土史」であろうと「地方史」であろうと、あるいは「地域史」であろうと、その本質に違いはない。[*1]問題は、そうした実証研究の成果とその蓄積をいかなる方向で総括するかにある。かつての地方史研究は、「世界史の基本法則」を検証する場[*2]として、極めて低水準な問題意識からの接近が行われ、通説的理論に自己の研究成果を安易に接木するという、教条主義的な研究にすぎない面が多分にあった。[*3]また、近年の地方史研究は、それからは大きく転回して個別実証研究のみをその仕事として取り上げ、自らを閉塞してしまった。こうした地方史研究の在り方が、あらためて問い直されなければならないのは歴史研究の必然的な結果であり、「地域史」研究の登場もその一環であろう。

ところで、最近の地方史研究に限らず、歴史学界全体にも横溢する個別実証研究には、歴史学の基礎的研究としての意義を充分に有しながらも、そこで得られた新史実の歴史過程への積極的位置づけたる第二次的作業＝理論的再構成の部分が欠落しているため、個別的事実の歴史的全体像の下における意味が不鮮明となる欠陥がある。こうした研究動向が支配的となるにおよんで、歴史研究者の理論離れという由々しき事態が生じるに至った。ここにいう理論離れとは、戦前・戦後の歴史学界の支配的潮流としてあった「講座派」離れと云い換えることもできよう。

この「講座派」離れという新現象は、別の事実からも確認し得る。速水融[*4]、新保博[*5]らの先駆的研究によって明らかにされた、一九世紀初頭に始まる日本経済の著しい成長を強調する視角の獲得による、「講座派」的「停滞性」論を退けた計量経済史の抬頭、かつての「講座派」的明治維新論たる「絶対主義」説に代わる大谷瑞郎[*6]、中村哲[*7]や筆者[*8]の「明治維新＝ブルジョア革命」説の登場、同様に、地主的土地所有を「半封建的土地所有」と見做す「講座派」的見解に対する椎名重明の「近代的土地所有」説の発言[*9]とその普及[*10][*11]、加えて、戦前の「資本主義論争」に関して「講座派」の栄光をたたえんがためのかつての論争史的整理とは異なる、新たな視角からする「講座派」理論の限界性を指摘した小島恒久[*12]、田村貞雄[*13]、長岡新吉[*14]等の論争総括書の刊行、山崎隆三の熾烈な自己批判[*15]、および「社会史」の出現、等々がそれである。

こうして、長期にわたって隆盛を極めた「講座派」理論は、今日、その影響力を急激に低下させていったのである。

1 「講座派」理論衰退の背景

以上のような「講座派」理論の衰退に対して、その基本的要因を何に求めるかをめぐって、注目すべき二つの発言がある。

最近、若い世代の講座派離れがたいへん目立っています。一つには講座派理論にたいする誤解もあるでしょう。しかし、それ以上に、現代日本の社会的現実が、講座派理論を受け入れずらくさせている面が大きいと思います。GNP世界第二位、ジャパン・アズ・ナンバーワン的日本論がジャーナリズムで幅をきかせているとき……日本資本主義の後進性や脆弱性を強調しても、何となくピンとこないのは私にも理解できます。[*16]（中村政則）

講座派理論凋落の理由を日本経済高度成長など外在的要因にもとめる見解……があり、それにも一理はあるが、真の理由は、単系発展段階説にたって理想化した西欧との対比で日本の「後進性」を過剰に告発した講座派理論が、ついに史実を合理的に説明できなかったという理論内在的要因にこそもとめるべきである。そして、講座派理論が流行したのは、コミンテルン系列党派の政治的権威に支えられていたからであり、その政治的権威の全世界的相対化が講座派理論衰退につながったことも直視すべきであろう。[*17]（毛利敏彦）

前者は、「講座派」理論と深くかかわり、「最後の講座派[*18]」とも見做される中村政則の発言であり、「講座派」理論擁護の立場から、その衰退の要因を高度経済成長に求める外的要因説をとっている。ここには、若手研究者の「講座派」離れに対する如実な危機意識が表明されているが、同様のことは、今日の若手研究者をして「高度成長史観」[19]と命名した歴史科学協議会の認識にも現れている。これに対して、後者の毛利敏彦は、「講座派」理論の誤謬こそが、「講座派」離れを惹き起こした当のものであるとの、内的要因説を強く主張している。

若手研究者の理論離れによる史実の無色透明化は、確かに憂うべき現状であり、それは一面では彼ら若手研究者の育ってきた時代状況の故もあろうが、しかし、中村説の如くに、そのすべてを状況に起因するものとしてよいのだろうか。問題の本質は、若手研究者をして理論離れ＝「講座派」離れをさせてしまうような理論の体質にこそあったとは云えまいか。外的要因説には、そうした「講座派」的理論―研究姿勢の体質（既成理論―権威に対する無批判性）が、端的に表明されている趣を受ける。

毛利説が鋭く指摘しているように、かつての「講座派」理論隆盛の背景には、コミンテルン系列の政治的権威による支えがあり、「講座派」系研究者はそれに安易によりかかることで既成理論の再検討を放棄し、それに追随する権威主義―教条主義的姿勢に堕してしまったがために、[20]理論の発展の可能性が失われ、「歴史理論」としての適合性を欠くこととなったのである。若手研究者が、そうした理論の旧い体質を敏感に嗅ぎとった結果が、今日の「講座派」離れの要因ではあるまいか。外的要因説には、そうした内在的批判が皆無であるからこそ、「講座派」的体質といい得るのである。若手研究者の理論拒否＝「講座派」離れを嘆く前に、そうした現象を惹き起こした当のものが「講座派」理論であったことを、今こそ謙虚に反省すべきであろう。

このことは、理論の硬直性の問題であり、理論を硬直化させた歴史研究者の研究姿勢―教条主義の問題である。「講座派」およびその継承者は、マルクスの一言一句を金科玉条の如くに日本へと適用し、その理論的内実との乖離を日本の「後進」性の証左として告発してきた。しかし、マルクスの理論そのものに誤りは存在しなかったか。マルクスは全知全能の神ではない。時代を透視する優れた眼をもつと同時に、その時代に制約された存在でもある。近代主義を止揚すべく格闘した最初の体系的思索家がマルクスだとすれば、彼のなかにも、その近代主義が克服されずに残存していることは、多分にあり得ることである。「講座派」マルクス主義者は、そのマルクス理論の再検討という重要な行為を怠り、その継承者は、「講座派」理論の権威に眼を奪われたがためにその検討を放棄し、それらを聖典の位置にまで祭り上げてしまった。

こうした教条主義が理論の硬直化を生み、若手研究者の心を捉えきれなくなり、今日の「講座派」離れが進行したのである。この趨勢は、したがって、研究史の云わば必然的結果なのであり、若手の理論離れを云々する前に、まず、マルクスなり「講座派」なりの「歴史理論」の再検討こそ、緊急の課題として受けとめる必要があるのではなかろうか。

2 『資本論』と「講座派」理論

戦前の「講座派」マルクス主義者にとって、マルクスの『資本論』は、日本資本主義を分析する際の基準を与えてくれる汲めども尽きせぬ聖典であった。そこでの彼らの『資本論』の利用の仕方には、『資本論』で明らかにされた資本主義の抽象的原理を基準として、日本資本主義の特殊性を摘出する方法と、『資本論』の云わば附章ともいいうる「歴史分析」諸章に記されている歴史的事実の解釈を基準にして、日本資本主義の歴史過程を解明するという二つの方法が用いられていた。[*21]

『資本論』は、執筆当時の先進資本主義国イギリスを対象とし、それを理論的に抽象化することによって、一つの原理的資本主義像を理論的に再構成することを主題としたものであり、「歴史分析」諸章[*22]は、その例証として原理ほどではないにしても、イギリス的歴史過程をそれなりに抽象化して叙述したものと考えられる。したがって、こうした性格の書物を日本資本主義の分析基準として直接的に援用すれば、必然的に『資本論』の与える内容とは大きな乖離を示すことになり、日本の「後進」性─特殊性が不当に強調されることになる。その結果として導き出された「講座派」理論の基軸が、「天皇制＝絶対主義」説、「日本資本主義＝軍事的半農奴制的型」説、「寄生地主制＝半封建的土地所有」説の三本柱であった。

先進資本主義国イギリスから抽象した原理的内容を、そのまま現実の日本資本主義と対比するという、およそ学問とはかけ離れた乱暴な方法に対する批判は、いまさら論じるまでもあるまいが[*23]、問題は、歴史分析を取扱った『資本論』の諸章への接近の仕方である。『資本論』には、その原理的規定の内容にも多くの難点が孕まれていることは、今日では数多の経済学者によって指摘されているが、「歴史分析」章にも近代主義─古典派経済学的な誤りが相当に存在しているのであり、かつ、上述したように、その内容は必ずしも「生」の史実そのものではなく、かなり抽象化されたそれであるということである。さらに、より重要なことは、『資本論』第一版「序文」にみられるような、「産業的により発達している国は発達程度のより低い国にたいして、その国自身の未来の像を示す[*24]」という単線的な発展史観の立場に捉われていることである[*25]。「講座派」マルクス主義およびその継承者は、如上の謬説に対する疑問すら抱かずに、安易にマルクスの一言一句によりかかるという教条主義的態度をもち続けてきた。これこそが、日本資本主義の「後進」性についての過剰な強調の源泉なのである。

こうして、「講座派」理論の再検討は、必然的に『資本論』「歴史分析」諸章の再吟味を要請することになる。つまり、当該諸章に散見する資本主義形成過程に関するマルクスの歴史認識の「近代」性を、批判的に検討する作業である。加えて、「講座派」的歴史認識の虚構性が明らかとなった現在、戦前・戦後の「講座派」とは対立した諸研究の再吟味も、重要性をおびてくることになろう。[*26]それは、戦前「資本主義論争」以来の歴史学の再検討という巨大な課題をも要請することになる。戦前の「皇国史観」的歴史学を、戦後の「民主」的歴史学が粉砕して新しい歴史認識を打ち立てたことにも比類し得る転換が、今や果たされねばならないのである。

結　理論と実証——歴史的類型の抽出——

以上のマルクス「歴史理論」の再検討と、かつての正統「講座派」を含めた傍系—異端の学説の再吟味に並行して、実証研究の成果を理論的に再構成すべき重要な作業が、今日の歴史学に課されているといってよい。新たな史実を発掘することを目指す実証研究は、勿論、理論の単なる検証の場ではなく、史実と理論との相互の交流による既成理論の打破と、新たな理論の構築を図るための研究の一環としてある。したがって、理論は絶えず史実による厳しい検証を受けざるを得ない。もっとも、実証研究によって得られた「生」の史実は、理論化の作業にとって有効な武器となる場合もあれば、そうでない場合もある。同様に、理論は特定の史実に適合的である場合もあり、また、そうでない場合もある。要するに、一定の理論的立場から、すべての史実を合理的に解釈することは不可能に近く、必ずそこに歪みを伴わざるを得ないのである。逆に、特定の史実のみから理論化の作業を行うことは、理論の普遍性を否定することになる。

こうした矛盾を是正し、史実と理論（仮説）とを媒介する手段として、類型化の作業を提示したい。つまり、新たに発掘された史実を強引に理論化—一般化する前に、すでに多くの研究蓄積によって与えられている史実とその新史実とを対比的に検討し、一定の基準[*27]を設定してそれを関連的に分析してゆくことである。その際、かつての理論的立場から実証研究の成果が再構成されている場合は、一旦その理論（仮説）的枠組を解体し、そこに提示されている史実を再吟味することが不可欠となる。それは旧い理論の恣意的な組立て方法を排除し、史実に新しい光を照射することを意味する。このことによって旧い実証研究の成果が今日に活かされ、史実の豊富化が図られる。だが、豊富に与えられた史実も、そのままでは混沌とした表象にすぎない。その史実を活かし、歴史像の再構成に用いるためには、それら個々の史実の対比的検討を通して類型化する必要があり、それを媒介として理論化の作業を行ってゆくことである。[*28] 勿論、理論というのは、一つの結論であると同時にまた仮説でもあるのだから、特定の理論的立場から実証研究に従事した場合は、その仮説の適否を判断することにもなる。

ところで、実証と理論の関係が個別具体性と普遍的抽象性との対立としてある以上、その対立を止揚し、媒介となるための類型化の方法には、幾つかの媒介的―段階的作業が必要となる。それは、その対立―媒介図式そのものに基づく、具体性と抽象性の度合によっている。つまり、歴史的類型とは、具体と抽象の中間に位置するものであり、その中間的存在をさらに豊富化させるための、方法的問題に関することである。

以下、日本経済史の観点からこのことについて要点のみを記しておく。㈠より抽象的性格の強い類型として、すでに幾人かの研究者により提示されている地帯類型の再検討、㈡それよりは、やや具体色の濃い地域社会類型[*29]の設定、㈢それぞれのテーマに即した史実の類型化、等々。もっとも、㈠㈡の両類型には共通事項が多分に含まれているので、さしあたりは、いずれか一方の類型を整理すれば足りる。

以上のような段階的類型化の作業を深めていくことが、具体と抽象、個別と普遍との関係を整合化し、個別的史実を歴史的全体像のなかに活々と叙述することに成功する一つの方法となろう。それは、単なる実証主義や恣意的な理論主義の立場を超え得る、新たな試みとしての意義を有しているのではあるまいか。

註

＊1 ただし、かつての「郷土史」研究には、この点の成果が反映され難いことは否めない。また、近年の「地域史」研究の立場からする「地方史」研究への批判には、個別研究を進めてゆく上での貴重な発言が多々みられはするが、実際の研究成果にそれが反映されていない場合も少なくない。逆に、「地方史」研究の側から「地域史」研究の関心方向を把捉した秀れた研究もある。それ故、この三方向からの個別史の分析に関しては、イデオロギー的な先走りや新しい提言に対する居直りともみれる対応の仕方等々を抑制しつつ、今後とも、その概念の明確化と具体的な方法論の検討に、多くの交流が必要とされるであろう。

＊2 中村政則『日本近代と民衆――個別史と全体史――』（校倉書房、一九八四年）五四〜五五頁。

＊3 もちろん、一部の真摯な研究者は、自己の実証的成果と通説的理論との間の乖離と格闘し、通説の修正を行う行為をなしているが、それは、あくまで部分的修正にすぎなかった。多数の研究者は、大家の問題提起―理論に従って、その実証研究を進めるという研究態度をとっていた。

＊4 速水融『近世農村の歴史人口学的研究――信州諏訪地方の宗門改帳分析――』（東洋経済新報社、一九七三年）他。

＊5 新保博『近世の物価と経済発展――前工業化社会への数量的接近――』（東洋経済新報社、一九七八年）。

＊6 大谷瑞郎『ブルジョア革命』（御茶の水書房、一九六六年）以来の一連の著作。

＊7 中村哲「領主制の解体と土地改革」（歴史学研究会・日本史研究会編『講座日本歴史――近代1――』7、東京大学出版会、一九八五年）。

＊8 拙稿「地租改正研究序説」（『学習院史学』一〇号、一九七三年）、同「地租改正と明治維新」（『日本歴史』四〇四号、一九八二年）、のち拙著『日本資本主義と明治維新』第三章「結」および終章（文献出版、一九八八年）。

＊9 椎名重明『近代的土地所有――その歴史と理論――』（東京大学出版会、一九七三年）。

＊10 詳しくは、岩本純明「近代的土地所有と地主的土地所有――最近の論議をめぐって――」（『農業経済研究』五〇―三、一九七八年）、牧原憲夫「『近代的土地所有』概念の再検討――西欧近代地主制史研究を手がかりに――」（『歴史学研究』五〇二号、一九八二年）等々を参照されたい。

＊11　以上の論点の多くは、既に一九五〇年代以来、大内力を中心とする「宇野学派」によって提示されているものでもあり、それが新たな内容を附与されつつ再確認される方向が、今日の研究動向の一環を構成しているわけである。

＊12　小島恒久『日本資本主義論争史』（ありえす書房、一九七六年）。

＊13　田村貞雄『地租改正と資本主義論争』（吉川弘文館、一九八一年）。なお、拙稿「書評・田村貞雄『地租改正と資本主義論争』」（『図書新聞』一九八一年四月一一日号）をも参照されたい。

＊14　長岡新吉『日本資本主義論争の群像』（ミネルヴァ書房、一九八四年）。

＊15　山崎隆三「『講座派』理論の批判的継承のための序説」（『経済学年報』35、一九七五年）、後、『近代日本経済史の基本問題』（ミネルヴァ書房、一九八九年）に再録。

＊16　中村、前掲書、二九四頁。

＊17　毛利敏彦「日本——近現代一——」（『史学雑誌——一九八四年の歴史学界・回顧と展望——』九四—五、一九八五年）一五三頁。

＊18　中村、前掲書、二三四頁。

＊19　「一九八三年　歴史科学協議会活動報告」（『歴史理論』四〇四号、一九八三年）一四三頁。

＊20　こうした「政治主義」的批判を嫌うむきもあるが（山崎、前掲『基本問題』、三一～三二頁）、「講座派」自身に本文の如き批判が投げかけられる土壌があったことは否めない。かつて、野呂栄太郎の『日本資本主義発展史』所収の第一論文と第二論文との不調和が、「二七年テーゼ」によるものであるとの指摘があったが（鈴木博・日高晋「野呂栄太郎」、日高晋他『日本のマルクス経済学』上、青木書店、一九六七年）、近年では、これに加えて、山田盛太郎の『日本資本主義発達史講座』掲載論文と『日本資本主義分析』所収論文との間の異同が、「三一年テーゼ草案」から「三二年テーゼ」への急転回によるものであろうとの主張がされているのが（長岡新吉「『日本資本主義分析』の歴史と論理——一つの『講座派』批判——」『経済学批判』八号、一九八〇年）、その証左であろう。

＊21　大内力『経済学における古典と現代』（東京大学出版会、一九七二年）一四七頁。

＊22　「分業とマニュファクチュア」章（第一巻一二章）、「いわゆる本源的蓄積」章（同二四章）、「商人資本に関する歴史的考察」

章（第三巻二〇章）、「資本主義以前」章（同三六章）、「資本主義的地代の生成」章（同四七章）等々。

＊23　イギリス資本主義の歴史的発展傾向から抽象した原理的規定が『資本論』の内容なのであるから、それと現実――産業資本段階――のイギリス資本主義とを対比してもそこには必然的に乖離が生じ、現実のイギリス資本主義さえもが「後進」性を附与されることになる。ましてや、日本資本主義の分析をその方法で行えば、その「後進」性がいっそう過剰に強調されることになることは、言を要すまい。これに加えて、明治以来の伝統的な日本の知識人の西欧崇拝精神が、西欧を現実以上に美化する思考を生み、それが日本の「後進」性をさらに際立たせる役割を果たしたことをも附言しておく。「講座派」マルクス主義者も、その限りでは、日本の知識人の伝統的な思考様式を受け継いでいた。

＊24　マルクス『資本論』第一巻、向坂逸郎訳（岩波書店、一九六七年）三頁。

＊25　本書第一編第一章は、かかる史観への批判でもある。なお、中村哲は、この「序文」の文章に対して、単線的な発展史観の証になるとは必ずしも云えないとしているが、その理由についての詳述はない（中村哲「歴史学におけるアジア認識――小谷汪之氏の近業をめぐって――」『新しい歴史学のために』一八一号、一九八五年、五頁）。

＊26　「講座派」による日本の「後進」性の極端な強調に、あまりにも早く気づきすぎたがために、学界の一部からは大きな評価を得ながらも、不当にその存在を無視され続けてきたのが、大谷瑞郎の一連の研究である（大谷の理論活動の意義については、拙著『歴史学と現在』七、文献出版、一九九五年を参照されたい）。今後、その正当な評価が求められるべきである。また、中村吉治を中心とする研究グループや註＊11に記した「宇野学派」も、かねてより「講座派」的通説とは相容れない見解を示していたが、今後の再検討は必然であろう。

＊27　ここに云う「一定の基準」とは、かつての「大塚史学」等にみられる西欧を基準として発展段階の格差を確認するような「比較経済史学」の謂ではない。言葉足らずではあるが、比較を通して新たな発見を見出せるような事項のことである。

＊28　筆者による類型化の視点に基づく具体的な分析としては、以下のものが挙げられる。「地租改正の等級制度」（『学習院史学』一三号、一九七七年）、「埼玉県地租改正事業の実施過程――後期改租事業の特色――」（『埼玉県史研究』七号、一九八一年）、「川越第八十五国立銀行の分析」（『社会経済史学』四七―五、一九八二年）、「本源的蓄積の二類型」（本書第一編第一章に収載）、「国立銀行の諸類型」（『日本歴史』四五五号、一九八六年）、すべて前掲拙著『日本資本主義と明治維新』当該諸章に収載。

＊29　ここにいう「地域社会の類型化」という方法的視点は、一九六〇年代の国立銀行論争に端を発して、加藤俊彦により提言されたものであるが、その論争とは別の角度から、あらためて取り上げる意味がある。なお、国立銀行論争をめぐる「地域社会の類型化」論のもつ意義と限界については、拙稿「川越第八十五国立銀行の分析」（前掲）、同「国立銀行の諸類型」（前掲）――前掲拙著第二章「序」――を参照されたい。

第五章

最近の明治維新論議をめぐって

序　「革命」か「改革」か

明治維新の性格をめぐる論争は、「資本主義論争」とそれに続く「戦後歴史学」の時代にあっては、「ブルジョア革命」か封建制の再編成としての「絶対主義の成立」かが問われたが、近年に至ると「革命」か「改革」かがそこでの焦点となった。「改革」説を主張する研究者は、その改革主体が「絶対主義権力」であることを前提にしてはいるが、「絶対主義」[*1]の「封建的―反動的」側面よりは、むしろ「改革」的側面や「革命」的側面に注目するようになった。[*2]そのなかには、「改革」説の立場をとりながらも、明治維新後の権力を「絶対主義」と規定することを否定し、「ブルジョア専制権力」と見做す遅塚忠躬のような論者も現れた。

その遅塚は、最新稿「フランス革命と明治維新」[*3]において、数年前に発表した拙稿「明治維新論争の今日的地平」[*4]を取り上げ、その経済史的アプローチからする「明治維新＝ブルジョア革命」説を「いささか速断に過ぎる」[*5]と批判し、構造史（経済史）と事件史（政治史）との相互関係的分析の必要性を説いた。[*6]

この論文では、右の指摘の外にも、幾つかの貴重な提言がされており、再批判も含めて[*7]遅塚論文を検討し、あわせて最近公表された二、三の明治維新論議にも言及しつつ、明治維新の歴史的性格について考えてゆきたい。

1　「改革」説の検討(一)——遅塚忠躬の明治維新論——

明治維新が遂行された世界史の時代は、遅塚によれば、「資本主義的世界体制の確立期」(一八四八～一八七三年)[*8]とされており、その構造を遅塚の別稿[*9]によりつつ図式化して示せば、ウォーラーステインの「近代世界システム」論[*10]等を参考にしつつ、先進諸国(最先進国・相対的後進国・後進国)—低開発諸国(従属国・植民地)、という仕組みとして設定されている。[*11]そして、この論文で明治維新との比較対象とされるフランスは相対的後進国に、日本は後進国に分類される。これが、一九世紀後半という明治維新の時代に対する、遅塚の世界史認識の大きな枠組である。

加えて、資本主義的世界体制の確立期(一八四八年以降)に、国民経済の資本主義的編成を課題とした後進国が、「最先進国[英]および相対的後進国[米・仏]に対抗するためには、国内の資本主義的成長を待つことなくいわゆる上からの改革をおこなうことが要請された」[*12]との見解から、この時代における「ブルジョア革命」の可能性を否定する。こうした世界史的な視野を導入しつつ、遅塚は、明治維新の性格分析を進めてゆく。

遅塚によると、「近現代の世界史上の変革は、大別して革命 revolution と改革 reform とに区分され」、「その変革が従来の支配者の支配の仕方に断絶をもたらしたか(革命)、それとも連続性を残したか(改革)、という点に」[*13]その判別の指標が置かれる。また、次のようにも云う。「それぞれの国において資本主義の発展に適合した社会を実現したような変革」[*14]を「ブルジョア的変革」と呼び、その変革には、「ブルジョア革命型(英・米・仏)」

と「ブルジョア的変革型（独・伊・露・日）」との二類型がある、と。そして、右にいう「革命」と「変革」とを区別する具体的な指標として、「その変革が市民社会 civil society を実現したか否か」、「その変革が旧体制の責任者を抹消（処刑ないし追放）したか否か[*15]」、の二点を挙げる。

右の指標に基づく遅塚の議論によれば、「明治維新の政治的特徴は、旧来の支配秩序の根底における社団的編成を維持ないし再編成するにとどまった（市民社会を実現し得なかった）という意味で、支配の仕方を質的に変えるものではな[*16]」く、したがって、「旧体制の支配者＝責任者（将軍と大名たち）が、抹消されるどころか、明治国家において華族としての特権を与えられたのも当然であろう[*17]」という理解になる。かかる認識からすれば、維新改革は「ブルジョア革命」ではなく、「上からのブルジョア的改革」ということになる。

こうして、遅塚は、明治維新の本質を「改革」として捉えるが、この「改革」によって成立した権力の性格については、その政治構造は専制的であるが、それを「絶対主義と名づけるのは概念の誤用であり、資本主義育成のための近代的（ブルジョア的）専制とでも言うべきであろう[*18]」と評価する。

ここには、一九六〇～八〇年代に流布した「上からのブルジョア的改革（革命）」説とは、その基本認識に相当大きな違いがみられる。その一つは、この間の「改革」説は、明治維新によって成立したのは「天皇制絶対主義」であり、その「絶対主義権力」が「上からの改革（革命）」によって「ブルジョア権力」へと変質したとする理解であり、明治維新後の権力を「絶対主義権力」と見做していた議論との相違である。

ちなみに、明治維新を「天皇制」でもって総括する視点は、日清・日露戦争を経過する過程で体系的に創出され、昭和期に至って完成された「天皇制イデオロギー」の姿が、そこに投影されたものであって、明治維新の当初から、かかる「天皇制」が存在していたわけではない。この点に無自覚だったのが、「講座派」以来の「明治維新＝天皇制絶対主義の成立」説である。明治維新期における「天皇制」の研究は、「近代天皇制」の出発点として、今日でも重要な研究課題ではあるが、そのことと、明治維新の歴史過程を「天皇制」で括ることとは、まったくの別問題である。

以上のことはさておき、二つは、旧来の論理には、「改革」と「革命」とが必ずしも明確に区別されておらず、[19]「絶対主義権力」による「上から」の「改革（ないし革命）」が強調されていたが、遅塚のそれは、「改革」と「革命」とをはっきりと峻別した後に、明治維新を「ブルジョア的改革」と位置づけている点である。

これらの事実は、かつての「上からのブルジョア的改革」論者が、「絶対主義」説と「ブルジョア革命」説との対立を止揚し得るような新しい立場として自己主張したにも拘らず、その実は「絶対主義」説の枠内での論議にすぎなかったことを、端的に物語っている。遅塚の認識は、かかる「絶対主義」説の陥穽からは自由な議論によって生み出されたものであり、[20]あらためて検討する意義を有していると考えられる。

遅塚の議論の特徴は、変革分析のキーワードに「連続」「断絶」を援用するところにある。つまり、「連続＝改革」「断絶＝革命」という図式である。この枠組は確かにわかりやすく、一見正当な方法のように思われるが、にわかには賛同し難い大味な手法である。ましてや、資本主義形成期＝近代社会形成期に現出する変革期の分析用具としては、その適切さに欠けていると云わざるを得ない。

なんとなれば、当該期の時代特徴は、旧体制から新体制への過渡期であることを反映して、旧いものと新しいものとが交錯して存在しているからである。変革によって旧い関係が解体されてゆく側面に目を向ければ、それは「断絶」と映るであろうし、旧体制で芽ばえた新しい関係が変革によってその成長が促進される点に着目すれば、それは「連続」と理解されるだろう。もちろん、遅塚の本意は、変革期における旧いものの残存（連続）、新しい原理の出現（断絶）とを見据えたところにあるのだろうから、こうした指摘は難癖のようにもみえる。

しかし、そこには、変革前の旧社会の胎内で生成し始めた新たな要素を、いかに理解するかという重要な問題がある。これを見間違えると、旧社会への理解が大幅に異なってくることになる。いわばボタンの掛け違い現象とでもいってよい。かつての「地主制＝半封建制」「幕藩体制＝純粋封建制」「明治維新＝絶対主義の成立」等々の理解は、その典型的結果である。この新たな要素については、「結」において簡単に触れる予定である。

ところで、「革命」が体制原理の転換である以上、「断絶」はまず政治構造に現れ、引き続きそれは、政策体系に飛び火する。旧体制の残存物を解体し、新たな体制原理を構築してゆくうえから、このプロセスは必然である。この点は、あらゆる「革命」――「ブルジョア革命」や「プロレタリア革命」（現実的には社会主義革命）――に共通する事象である。

「連続」面は、「ブルジョア革命」に顕著に現れる。この「革命」は、私有財産制、あるいは私的所有という体制の範囲内での変革であるから、ましてや、本源的蓄積期＝資本主義形成期に勃発するものであるから、資本主義の発展に阻害となるものは廃棄されるが、旧体制の内部で形成されつつある資本主義的な諸関係は、ここで積極的に継承されることになる。つまりは、「連続」ということである。要するに、「ブルジョア革命」にあっては、旧体制内部で突出した動向、なかんずく国内の先進地域で展開している資本主義的諸関係を追認し、それを全国一律化してゆくところに、その特質がある。

このような傾向を有する「ブルジョア革命」に対して、「断絶」の側面をより多くみようとする見解は、「革命」を理念的に捉えようとする傾向が顕著である。つまり、革命期のある特定の局面なり動向なりを抽象化し、それを「革命」の純粋原理として設定する手法である。フランス革命は、かかる手法に基づいて古典的＝典型的な

「ブルジョア革命」に祭り上げられた。ここでは、「革命」の純粋性が強調され、旧体制との対比もその論法で処理されるから、「断絶」が際立つことになる。そして、この理念型を基準として日本の明治維新における「断絶」的側面の欠如を指摘し、「ブルジョア革命」としての性格を否定するのである。もちろん、註＊20に記したように、遅塚がこうした旧いフランス革命のイメージに捉われているわけではないが、その残滓が明瞭にうかがわれるのである。

明治維新は、旧体制下において相当広汎に進行した近代化過程を有していたからこそ、わずかの期間で西欧的近代化に成功したといってよい。そういう意味では、「連続面」が顕著に現れるが、そのことは、「絶対主義」説に適合する事実ではなく、逆に「絶対主義」説を否定する論拠ですらある。また、明治維新は、「断絶」面も顕著であった。その理由は、一九世紀後半の時代に、「万国対峙」を国是として、強烈な対外的危機意識に基づいて変革を進めねばならなかったことによっている。

かかる「連続」「断絶」をキーワードとする変革期分析の視点は、理念型化された「プロレタリア革命」を基準とした論法ではあるまいか。「プロレタリア革命」は、いうまでもなく「ブルジョア社会」の全面的解体を目指すものであるから、そこには原理的な意味での「連続」はあり得ず、「断絶」こそがその本質となるからである。「連続」と「断絶」という側面から、「改革」か「革命」かを判別しようとする議論は、それなりの有効性を発揮し得るとは思われる。しかし、それを機械的に分離した思考が、ブルジョア的変革期の分析に適用された場合、当該期における「連続」の意味が見失われたり、誤解されたりすることが生じやすいことに注意をはらわねばならない。

以上の抽象的な議論はさておき、遅塚が提示した具体的な指標の検討に進もう。遅塚によると、先にも引用したように、「その変革が市民社会を実現したか否か」が第一のポイントとなる。この峻別の基準は、しかし、「市民社会」なる概念がいかなる内実を有しているかが説明されていないため、直截的な判断は下しにくい。つまり、それが、今日的な現実の「市民社会」を念頭に置いているのか、あるいは、一九六〇年代末以降に平田清明等によって主張された、いわゆる「市民社会」論的な理念型を意味しているのか不明なのである。ここでは、おそらく後者の議論が前提となっていると思われるが、こうした「市民社会」概念を歴史分析に用いることは、かつての西欧近代を理想化＝理念型として設定し、それを基準として日本等の後進国の近代化を分析する方法に近似しているように思われる。[*21]

それはともかく、遅塚は、ブルジョア的変革と資本主義との相互関係を強く意識しながら、そこになぜ「市民社会」の実現云々の問題を据えなければならないのか。

遅塚によれば、近代以前の社会的編成が社団（身分・ギルド・村落共同体等）を単位としており、「近代的変革が徹底的におこなわれるためには、何よりもまず、あらゆる社団を解体して個人を自立させ、社団の保護を失った裸の個人に市民 citizen としての諸権利（基本的人権）を認め、こうして人権の主体となった市民たちが相互に取り結ぶ諸関係の総体としての近代市民社会を実現することが必要であった」。つまり、社団的編成から市民社会への転換が、社会の編成原理に「断絶」をもたらし支配の在り方にも基本的な変化を与えるから、「その変革は革命と呼ばれ[*22]」ることになる。イギリス、フランスの革命、アメリカの独立革命が右にいう革命に相当し、日本の明治維新は、「旧来の支配秩序の根底における社団的編成を維持ないし再編成するにとどまっ」ており、いうところの市民社会は実現されず、したがって、「支配の仕方を質的に変えるものではなかった[*23]」、というのが、遅塚の結論である。

この遅塚の論法は、しかし、かつての古典的認識たる「村落共同体・ギルド＝封建制」という認識に捉われすぎではあるまいか。真の近代社会とは、旧い村落共同体（遅塚云うところの社団）等が解体されることによってのみ成立し得るのであり、それを解体させる直接的契機となった変革が「ブルジョア革命」である、とするかつての二分法的認識と、遅塚の議論との間に本質的な違いはみられない。

右のような考え方は、「共同体的規制」と封建領主制下に特有なる「経済外的強制」とを峻別せずに、同一の範疇とする立場である。つまり、村落共同体を封建的な社会関係と見做し、それが存続している限り近代社会への移行は果たされていないとする理解である。

イギリスのように、資本主義形成期に展開されたエンクロージャによる土地の大量収奪と、さらに資本主義確立期にみられた農業生産の対外依存が進むような場合は、確かに共同体の解体が現実のものとなろう。しかし、それはイギリスの特殊性であって、資本主義国のすべてに共通した事実ではない。ましてや、日本的稲作農業は、村落共同体の存在を不可欠としており、資本主義の進展がある程度進んだ段階においても、農業生産が国民経済のなかで大きな位置を占めている以上、共同体は変質を余儀なくされても、決して解体することはない。特定の段階までは、資本主義と共同体は共存していたといってよい。ただし、その共同体は資本主義の確立とともに、資本の論理によって次第に再編成されてゆくことになる。[*24] 資本主義の確立の前段階に位置する「ブルジョア革命」が、共同体の解体を実現させることなど、したがって、「ブルジョア革命」が農業生産を廃止したとでも云わない限り、およそ不可能なことである。

近代社会は、非近代的存在（例えば共同体）を原理的に排除するような純粋な社会ではない。自己の発展に阻害となる存在に対しては、そこにつよい排除の論理が働くが、自己の存在にとって危険がないと判断した場合には、その清掃を積極的に行うことなどしないのである。逆に、その存在が自己の利益に利用できるものであれば徹底してそこに吸いつき、必要とあらばその再編成にも手を出すような社会なのである。

遅塚説の第二のポイントは、「その変革が旧体制の責任者を抹消（処刑ないし追放）したか否か」という指標である。だが、これは、副次的なことであって、時と場合によって事態は異なるのではあるまいか。問題は、旧体制と変革によって出現した新体制とが、その本質において編成原理を異にしているかどうか、という点にあるのだろう。この視点からすれば、幕藩体制に特有な領主―領民関係は、明治維新によって国家―国民関係へと編成替えされており、その体制原理はまったく異なったものとなったといい得る。

ところで、遅塚が右のような指標を提示した背景には、次のような事実認識がある。すなわち、「近代以前の社会がさまざまな社団の寄せ集めであるとすれば、それらを統合する国家権力の頂点には、ある種の神聖性ないしは呪術性を帯びた国王が、いわば国家統合の要として捉えられ[*25]」ており、「社団の解体によって特権を失う旧支配者層は、旧体制の頂点にいた国王を利用して旧体制を擁護しようとするため、変革の過程で国王は追放または処刑されることになる」云々……。英、仏、米はいずれも国王を抹消したが、独、伊の場合は国王が新国家の君主に移行し、露はツァーリズムが存続した、と。そして、国王の抹消は、旧体制擁護の責任追及の意味をもつと同時に、「前近代的な呪術からの解放 Entzauberung という意味をも[*26]」つのだとされている。

右の遅塚の議論は、しかし、直接的に日本に適用できるかどうかに、まず、問題がある。幕藩体制下における将軍が、この場合の国王に比せられていると思われるが、その権力の背後に神聖性や呪術性が存在したということはできまい。また、神聖性や呪術性は、国王専制の裏面を意味するのでもあろうが、将軍権力は必ずしも専制的権力を有していたわけではないことが、近年の研究によって示されてもいる[*27]。いずれにせよ、遅塚の指標は、日本のブルジョア的変革期の分析へと適用することは困難である。

察するところ、遅塚の議論の前提には、「ブルジョア革命」の打倒対象として、先験的に「絶対主義」が設定されているように思われる。これは「発展段階」論の名残りであろう。また、この理論によった場合、「絶対主義」の打倒を経験しなかったアメリカ革命に対して、それを「ブルジョア革命」と評価する遅塚の議論は成り立たなくなってしまうであろう。

以上、遅塚の明治維新についての主張を検討した。その分析手法には少なからず疑問が残るが、フランス革命を一八世紀末の世界史的拡がりのなかで検討しつつ、その独自性を相対的後進性に求め、同様に、一九世紀後半という時代のなかで明治維新を考え、そこに「ブルジョア専制権力」の成立をみる視点は、筆者の事実認識とさほど大きな相違は感じられない。それにも拘らず、遅塚の議論を批判的に検討したのは、その理論に強い刺戟を受けたからであり、かつ、歴史認識の近似性とは裏腹に、その分析手法に疑問をおぼえたからに外ならない。

2　「改革」説の検討㈡——中村政則の明治維新論——

本節で取り上げる中村政則の論稿「明治維新の世界史的位置」も、前節冒頭で紹介した遅塚の世界史（一九世紀後半）把握とほぼ同様に、遅塚云うところの後進国、ウォーラーステインによれば「半周辺」と呼ばれる地域、中村はこれを半周辺的資本主義国家群と呼び、中枢的資本主義国家群（イギリス、フランス、アメリカ、ドイツ）とは区別している。その分類には両者に若干の違いはあるが、いずれも、（資本主義的）後進国＝半周辺的資本主義国家群に分類される国家として、イタリア、ロシア、日本等を設定している。

また、「一八四八年革命以降、ブルジョアジーは民衆運動に対抗して、保守化・反動化し、かれらは封建貴族・地主階級と妥協するにいたる。したがって、この時代以降、後進国の近代化過程において英仏型のブルジョア革命が実現する世界史的条件は失われた[*28]」とする認識も、遅塚の主張と合致する。

一九世紀後半に関する右のような理解を前提として、中村は、「英仏型のブルジョア革命あるいは英仏型の近代化を基準に日本の近代化の特質をさぐるという[*29]」、従来からの支配的方法とは異なる比較史の視点を提示した。その方法とは、「日本の明治維新をおなじ『半周辺』に位置するイタリア・ロシアと比較することによって、これら三国における封建社会から資本主義社会への移行、換言すれば、近代化過程の歴史的特質を相互に比較・検討する[*30]」ことであるとされる。

その分析結果によると、イタリア、ロシア、日本三国に共通するのは、「〝進んだ工業〟と〝遅れた農業〟という格差構造」であり、この構造的特質が「三国における政治形態＝憲法構造に反映している[*31]」ことになる。さらに、明治維新の帰結ともいい得る明治憲法体制については、「いわば立憲主義と絶対主義の二つの契機によって構成された外見的立憲制（絶対的立憲制）とよぶべきものであった[*32]」と結論づけた。

ここには、かつて中村が主張した「国家類型」と「国家形態」との乖離という議論[*33]が、後景に退いていることがわかる。とすれば、中村の「絶対主義」概念は、「専制」概念に置き換えが可能な筈である[*34]。「講座派―戦後歴史学」の時代に、時代区分―段階概念として根強いイメージが定着した「絶対主義」なる用語は、この際、捨て去るべきである。そうすることが、新たな対話を生み出す契機となるだろう。

以上のことはさておいて、中村の比較史に話題を戻そう。ドイツとの近代化比較は、これまでにも歴史学界で試みられたことはあったが、中村が提示したイタリア、ロシアと明治維新との近代化過程の比較という視点は、従来の研究にまったくみられなかったわけではないにしろ、斬新な発想に基づく体系的な比較・対照であり、注目に値するものといってよい。

ところが、この三国の比較を行うに際して、その対照時期に疑問が残る。中村は、明治維新を一八五三年のペリー来航から一八九〇年の帝国議会開設までの歴史過程[*35]と限定しているにも拘らず、実際には、その後の一八九〇年代以降の時期をもっぱら取り上げ、イタリア、ロシアとの比較・対照を展開している。そこには、日本の近代化を考える上での貴重な成果もみられるが、自らの枠組を逸脱してしまっており、テーマに即してみれば、不適切という外ない。本節では、したがって、中村云うところの明治維新期に限定してその主張を吟味することにし、一八九〇年代以降の諸問題は、ここでは捨象せざるを得ない。

中村によれば、明治維新は、「復古（Restoration）、改革（Reform）、革命（Revolution）の三側面をもっており、どこに重点を置くかによって[*36]」その評価は異なってくるとされ、明治維新史上の史実を、次の三つに分類する。

徳川将軍権力から維新政権への権力の転換と、その後における資本主義の急速な発展を重視すれば、それは「革命」とよぶに値する大変革であった。

実際に政治権力を掌握したのは少数の藩閥官僚であり、しかも彼らは古代以来の伝統的権威をもつ天皇を新政権の頂点にすえた。この面を重視すれば、「復古」の側面が浮かび上がってくる。

維新政権は地租改正・秩禄処分をおこなって、領主的土地所有を廃棄し、旧武士階級を切り捨てることさえやった。その上で、明治政府は「上からの資本主義的工業化」を推し進め、政商ブルジョアジーと寄生地主という新しい階級を産み落とした。この点に着目すれば「改革」の側面が浮かび上がってくる。[*37]

中村は、こうした評価を統括して、「明治維新は、革命・改革・復古の三側面をふくみつつも、その基本的性格は、『未完の近代革命』にあったと言えよう」との、結論を導出する。ここに云う「未完の近代革命」とは、明治維新が「革命」として純化されておらず、「改革」「復古」の側面をも有していたことから下された評価であろうが、なんとも唐突な感を免れ得ない。

それというのも、これと近似的な議論である「未完のブルジョア革命」説（旧ソ連邦の日本史研究者）や「不徹底なブルジョア革命」説（「労農派」[*38]）という先行研究に対する、中村の適切なコメントが見当たらないからである。先行両説では、「ブルジョア革命」の側面に力点が置かれているが、中村の場合は、「『未完』とは文字通り、完成しなかった、中途半端に終わった革命という意味である」[*39]との意であり、この議論を補強すべく「日本の特徴はやはり『市民革命なき資本主義化』が、基本線をなした」[*40]とも指摘している。その意図するところは、したがって、大きく異なる筈である。ところが、他方で、中村は、この論稿では従来よりも「革命」的側面を強調したことをも主張している（註＊2参照）。中村がどこに重点を置いているのか、右の文脈からそれを見極めるのは甚だ困難である。

このような一般論議はさておき、もう少し具体的な検討に進もう。中村が明治維新の「復古」的側面として着目するのは、「古代以来の伝統的権威をもつ天皇」を最大限に利用し、それを新政権の頂点に据えた点である。ただし、それは単なる保守反動ではないとして、井上勲の議論（『王政復古』）をなぞりつつ、「一切の過去からの訣別」を意味していると論じ、また、アリマ・タツオ云うところの「革命的な復古」（『自由の衰退』）なる表現をも援用して、「『復古』をたんに保守反動と捉えるだけでは、一面的である」[*41]、とのコメントを附している。

右の論理からすれば、「復古」は文字通りに解釈するわけにはいかない。とすれば、「革命」や「改革」と同列に置くべきものではないことになる。にも拘らず、それが同列に置かれていれば、明治維新の他の側面、なかんずく「革命」的側面を相殺する役割を果たすことになる。中村が、それを意識的に行ったのかどうかは知る由もないが、結果として、明治維新の「革命」性が否定されることになる。

ところで、中村が典拠として掲げた井上によれば、「神武創業に原づく」「王政復古の宣言は、天皇統治の一点をのぞいて、過去の一切を否定し、百事一新の先行条件を提供した」[*42]のであって、「王政復古の政変は、今を否定することにおいて、根元的そして急進的であった。今につづく制度・組織・慣行のさまざまを一挙に否定した」[*43]とされている。つまりは、「復古」が体制原理の転換として現れたわけである。そうである以上、中村の理解とは異なり、「復古」は「革命」と読み替えられることも可能となる。

体制変革の正当性を始源に求めることは、およそ洋の東西を問わず、一般的にみられる事実であろう。西川長夫も、「ジャン＝マリー・ドムナックは Révolution の語源にある根元、あるいは始源への回帰という意味を強調していました。私自身もかなり昔に……そのことを強調したことがあります」[*44]と語っている。「始源への回帰」という発想は、つまりは、明治維新で「復古」と表現された行為は、したがって、「革命」の一部を構成するものではあっても、決してそれを全否定するものではないのである。

中村が「改革」的側面として挙げている、地租改正、秩禄処分についてはどうか。廃藩置県と地租改正により、「経済外的強制」に基づく領主—領民関係は、国家—国民関係へと再編成され、領有制に固有な割拠制も解体された。国家は、国民の土地所有を公的に確認し、体制原理の中核に私有財産権の公認を導入した。また、新たに設定された地租は、割拠制に基づく旧貢租の不均衡を是正し、「負担の公平」という近代的な租税原則に忠実であった。この地租改正によって、国家の租税収入もそれなりに安定し、国民国家に照応する租税制度もできあがった。いわゆる「租税国家」[*45]の成立である。これらのことによって、近代国民国家に特有な権利―義務関係が、土地所有権保障―納税（地租）義務の関係として確立されたのであり、地租改正のもつ劃期性は、かかる点に存在する。[*46]

また、秩禄処分は、旧体制の残存物たる士族の禄制を、公債という近代的な方法を利用して廃棄したものである。ここで交付された公債は、日本資本主義の資本蓄積の低位性――帝国主義段階へと突入しつつある先進国に対する――を補うべく資本へと転化され、資本主義化の資金源泉の一翼を担った。同時に、低額被交付者たる下級士族の没落を促し、その無産者化を推し進めるものでもあった。秩禄処分は、旧武士層、なかんづく領主層に対する妥協的側面があることは否めないが、中村の「改革」―「革命」の論理を借りれば、そこには「妥協＝改革」の面と、その実施方法とその結果にみられる「革命」的な面との、両面が同居していたのである。

地租改正、秩禄処分は、西欧諸国からの逼迫下における日本が、早急な資本主義化を遂行するための資金創出―財源確保政策の一つでもあり、後進資本主義国に特有な原蓄政策の典型であったといい得る。[*47]また、かかる政策の実施過程と並行して、属地主義に基づく戸籍制度による国民統括、徴兵制度―国民皆兵制等々が実施され、アイヌ、琉球民等への異民族支配を射程に入れた国境画定をも進めていった。[*48]これらの一連の施策は、国民国家の枠組を創り出してゆくものであったと総括し得る。

以上の諸点を勘案すれば、明治維新を劃期として領主制から国民国家へと、体制原理の転換が図られたと評価し得るのであり、その変化の大きさは、「改革」と表現するよりは、むしろ「革命」と呼んだほうが適切である。中村が指摘するように、明治維新史の現実は、「革命」「改革」「復古」の諸側面が入り乱れていることは確かであり、そのことが、明治維新の特質の一つになっていることは否定できない。だが、そうした混沌のなかに存在する基底的なものを抽出した場合、やはり、明治維新は、「革命」という名に相応しい変革であったといい得るであろう。

3 「革命」説の検討――国民国家との関連から――

以上の二つの節において、遅塚、中村の明治維新論を検討したが、この二人の発言を承けた田中彰は、「明治維新の変革としての性格は、『継続』と『連続性』、『革命』と『改革』の共存・癒着といえるだろう。私がこれまでの著書で『非連続の連続』といったりしたのもそのことに通じる。革命か改革かと問われれば、その両者の『複合変革』ないし『複合革命』とでもいわざるをえない」と論じ、明治維新は、「一九世紀後半の世界史のなかの東アジアにおける、近代的変革（『革命』）の一形態である」[*49]（傍点は引用者）と総括した。

田中のここでの議論は、遅塚や中村の主張を柔軟な姿勢で受け取りつつ、「革命」か「改革」かを二者択一的に選択する視点を拒否したものといい得る。[*50] しかし、田中の文章表現（傍点部分）からすれば、明治維新の「近代的性格」「革命としての性格」を、必ずしも否定しているわけではなく、かえって、その「近代」性や「革命」性に重点が置かれているようにも読み取れる。

以上の三者にみられる共通見解とは異なり、最近では、明治維新を明確に「革命」と評価する議論も活発である。その幾つかを、次に紹介しよう。まずは、中村哲の「全般的革命」説である。

中村哲の明治維新評価は、「日本の社会が前近代から近代へと転換する画期であるとともに、それは、政治的変革であるだけでなく、社会的・経済的・文化的変革でもあった。トータル・レボリューション（全般的革命）[*51]」

であり、「近代世界における非欧米型の近代革命の最初のものであった」[*52]というところに、端的に示されている。また、明治国家については、「近代世界における後発国が先進国に対抗し、国内統合と経済の近代化を推進するための専制的権力」(権威主義的体制・開発独裁)の一種であるが、そのなかでは「かなり民主主義的要素が強いタイプである」として、このことは、「明治維新の旧体制を解体させたその変革の深さと、民衆をまき込んだその変革の広さによる点が大きいのである。それが国民統合の強さに作用している」[*53]とも論じている。

ところで、中村哲による日本の世界史的位置づけによると、日本は明治維新を経過して中進資本主義国[*54]となったとされる。そして、一九世紀末~二〇世紀前半の時代には、イタリアやロシアも同様に、中進資本主義国として位置づけられている。[*55]この「中進資本主義国」という概念は、中村に独自なものだが、ウォーラーステインの云う「半周辺」概念を、一九世紀後半の明治維新の時代に、若干の修正を施して援用した遅塚や中村政則の議論と、この中村哲の歴史認識に、それほど大きなズレはみられないといってよい。

中村哲は、以上のような主張に加えて、「日本が西ヨーロッパ主導の近代世界に強制的に組み入れられ、明治維新はそれへの対応であったことからすれば、むしろ、一九世紀末から現代に至るアジア・アフリカ・ラテンアメリカの独立や政治的変革、経済の近代化、近代国家の形成などと比較することが重要である」[*56]と指摘する。この提言は、中村自身が日本・韓国の研究者と共同で、朝鮮・韓国近代史を対象に実践しているところである。[*57]

この比較史の対象拡大の提言は、中村政則が日本の近代化比較の対象を、イギリスやフランスではなく、イタリアやロシアに求めたことにも通じる。同様のことは、十数年ほど前に日中近代化の比較・検討を行った芝原拓自の先駆的業績[*58]をも考えあわせれば、あるいは、日朝中三国の比較の重要性についての毛利敏彦の指摘[*59]等々をも勘案すれば、西欧先進資本主義国以外の国との比較史的視点[*60]は、明治維新研究のみならず、広く今後の日本近代史研究の課題となるだろうし、現にそうした動向が顕在化しはじめている。いずれ、こうした成果に学び、明治維新史研究へと活かさねばなるまい。

かといって、イギリス近代史やフランス革命と明治維新との比較が、もはや意味がなくなったというわけではない。そうした研究が衰退したことは事実であるが、そのことは、西欧近代を理想的なものと賛美し、日本の近代の遅れを過度に強調した議論が過去のものとなったことと無関係ではない。だから、比較の対象を「理想化された西ヨーロッパ[*61]」に戻すことが肝要なのであって[*62]、比較の対象そのものが旧いということにはならないのである。

一九八九年に東京と京都で開催された、フランス革命二〇〇周年国際シンポジウムに報告者の一人として参加した佐々木克の、次に掲げる意見は、右のことに関する有力な証言である。

ふり返ってみれば、日本史の研究者の多くは、明治維新を念頭に置きつつ、それと比較しながらフランス革命を見つめて来た。そしてその理解は、およそのところジャコバン主義の立場であったといえよう。否むしろそれを超えて、フランス革命を理想化し過ぎて評価してきたきらいさえある。……しかし、そのような評価をしてしまうと、明治維新とフランス革命の間の距離は、ますます拡大する。民衆革命のない明治維新、権力からはるか遠くに存在する民衆、という図式になり、フランス革命に比べて、あまりにも遅れた明治維新という解釈におち入ってしまうのである。これではフランス革命と明治維新との対話は成り立たない[*63]。

「理想化された西欧近代」と「暗澹たる日本近代」というコントラストによって描かれた、これまでの研究の輪郭が、ここに明らかであろう。フランス革命研究は、近年、斬新な視点からの接近が図られ、これまでの「古典的」イメージが払拭されつつあると聞く。今後の比較研究の途が新たな地平の下で拓かれはじめたのである[*64]。

佐々木の明治維新評価についても附言しておく。佐々木は、率直に以下のように発言する。「日本史の研究者で、明治維新を『王政復古』の歴史であるなどという人はいないだろう。だからといって、『明治維新』をやめて『明治革命』とすべきだ、というつもりはないが、ただ訳語の場合は、革命をイメージするRevolutionを用いるべきだと思う」[*65]、と。

ところで、ここに云う「明治革命」という訳語は、西川長夫の提言によるものである。西川は、「明治復古」ではなく、この「明治革命」を使う理由として、次の二点を挙げている。

(1)一八六八年とそれに続く諸事件は日本社会に、「革命」という用語にふさわしい急激で大きな変化をもたらした。「復古」という用語ではこの歴史的転換期の本質的な側面がおおい隠されてしまうおそれがある。

(2)「明治革命」という用語を使うことによって、明治維新は世界の諸革命の一つとして同じ平面に置かれ、比較史的研究はより容易になるだろう。[*66]

佐々木と、ほぼ同様の見解といってよい。明治維新を「革命」と訳す西川の念頭には、「フランス革命と明治維新における国家装置の形成と、とりわけ国民統合のための諸方策の類似性という問題が」[*67]あったと述懐している。このことは、「フランス革命がイギリスやアメリカの革命におくれた第二の革命として、急速な国民国家の形成をよぎなくされた革命であり、明治維新はそうした一連の国民国家形成のための革命の後尾に位置する革命である」[*68]という共通点によっているとされる。

右の事実は、既に国民国家の創出を完了し、産業革命をも経過しつつあったイギリスの領導するヨーロッパ的世界が、急激にその規模を拡大し、全地球的規模で一つの世界を創りはじめた一八世紀末~一九世紀後半という時代背景から見直すことが肝要である。この段階こそ、国際社会が地球的規模で確立した時代である。かかる国際社会の下で、独立国家たらんとするためには、フランスや日本のような後進国は、早急に国民国家の創出を進めることが課題とされたのである。「革命」が国民国家の創出へと向かったのは、けだし当然である。近年のフランス革命研究が、国民統合の視点から論じられるようになったのは、こうした理解が研究者の共通事項として、広く普及したことによるものと思われる。

最後に、「明治維新＝ブルジョア革命」説は、ブルジョアジーなき「ブルジョア革命」論であるとして、これを容認しなかった「講座派」的見解に対して、最近の研究は、「イギリスやフランスの近代革命（ブルジョア革命）も、その実態はブルジョアジーなきブルジョア革命であった」[*69]ことを紹介しつつ、明治維新の「革命」としての性格を力説する正田健一郎の主張を取り上げておきたい。ここでも、国民国家が問題の焦点となっている。

正田の理解は、「明治維新は何よりもまず、近代国民国家の出発点であり」、イギリス革命もフランス革命も、それは同様である。「そうすると、……ブルジョア革命の歴史的意義はブルジョアジーの覇権確立の画期ではなく、近代国民国家出発の画期」[*70]ということになる。

正田の議論も、先の中村哲や佐々木の指摘に一脈通じるものがある。これまでのイギリス・フランス革命史研究が、ブルジョアジーの権力掌握を過大に評価することで、ブルジョアジーなき明治維新と比し、その遅れを強調していたことに対する正田の批判なのである。「ブルジョア革命」によって出現した国民国家は、その出発点からブルジョアジーのヘゲモニーの下に編成されていたわけではない。正田の主張は、その点を鋭く突いたものであった。

このことは、しかし、考えてみれば至極当然のことではある。語に忠実な意味でのブルジョアジー（産業ブルジョアジー）の誕生は、「ブルジョア革命」後に経験した産業革命を直接的な契機としているのであるから、かかる階級が「ブルジョア革命」期に既に存在していたとする史実認識自体が、そもそも顚倒していたのである。フランス革命や明治維新という「革命」の方向が、国民国家の創出にあったことは、その国家的独立の基盤ともいうべき資本主義の育成と直接的な関係にあったことを示している。資本主義は、あらためて云うまでもなく、資本と自由な労働力から成っている。この労働力は、「さまざまな歴史的・文化的・人種的特殊性を刻印された人間の人格と結びついた存在」[*71]であるから、比較的均質な労働力を調達するには、特定の地域性を有さざるを得ないことになる。資本主義が国民経済として生成・展開するのは、かかる事情に基づくものである。

国民国家による統合は、このような意味で、資本主義の問題と連結している。そして、このことは、その統合の裏面にある排除をも必然化するものである。つまり、国民としての均質な労働力水準にそぐわない者は、異端として排除されるということである。同じことは、今西一が指摘しているような、民衆生活の破壊の場にも現れる。今西が、「『近代国民国家』こそが、民衆生活のなかに『分割線』を引き、国家にとって有用でないものを、『旧慣・陋習・迷信・愚昧』などというレッテルをはって葬ってしまう」[*72]ことを強調するのが、それである。

国民国家は、また、侵略の論理をも内包している。国境の確定は、周辺地域が国民国家形成の途についていない状態にある時、その地域をも国家統合の対象として自らの裡へと組み込んでゆく。統合後は、しかし、先に指摘した排除の論理が働き、いわば内的な植民地的状況へと、それらを追い込んでゆくことになる。蝦夷地や琉球に対する明治維新政府の施策は、まさにその典型である。国民国家とは、したがって、統合と排除、平等と差別が構造的に並存しているシステムの謂に外ならない。それは矛盾の凝集体なのである。第一節でみた「自由」と「平等」とをキーワードとする抽象的な「市民社会」論は、この排除と差別の論理を内包し得ない点において、具体的実在たる近代社会の分析概念としては不適切と云う外ない。[*73]

国民国家に着目した右のような視角は、これまでの「革命」史研究にみられた勧善懲悪的史観とは、その立脚点をまったく異にしている。従来の「ブルジョア革命」論は、「革命」によって封建制が打倒され、新たに生まれた統一的な近代国家の下で、市民の諸権利が保障されたことを強調し、そのことによって民主主義の生誕を高らかに論じ上げるというものであった。つまり、民主主義対封建制という正悪の対抗過程としてこの変革期を捉えていたわけである。そこでは、封建制の廃止と対をなす市民的権利の獲得、統一国家の樹立という面にのみ関心が向けられ、「革命」を契機に創出された国家が、その当初から内包していた矛盾点にまでは、分析の筆がおよばなかったのである。西欧こそ理想の「革命」とその結果としての「近代」を経験した唯一の地域であるとの、倒錯した西欧崇拝精神に、その歴史観の根源があったことは、今日では論じるまでもないことである。本章でもしばしば言及したように、西欧的近代の現実は、必ずしもそこかしこで示されたような理念的な近代とは異なり、国民国家特有の矛盾を抱え込んでいたのである。その矛盾こそ、差別（同化）と排除の論理である。かかる事実が明らかになるにおよんで、短絡的な対抗図式に基づく「革命」史研究も終焉を迎えることになる。

ついでに記しておけば、ブルジョア的変革期に創出された国民国家が、一定の完成を迎えた時は、同時に、その矛盾が顕現化し、新たな歴史段階へと突入する劃期となる。国際社会における個々の国民国家は、国民経済の限界に遭遇した時——経済レベルでいえば、国内における過剰資本問題——、その過剰資本の対外輸出のための植民地支配を、つまりは、帝国主義的侵略を開始する。日本のような後進資本主義国の場合は、ましてや西欧帝国主義国の侵略対象とされたアジアに位置する日本の場合は、国内過剰資本の形成いかんに拘らず、自国の独立維持と未来への展望のために、西欧帝国主義に対抗するかのように帝国主義段階へと突入してゆくことになる。

明治維新が国民国家創出の出発点であるとすれば、その終期は、日本が帝国主義段階へと突き進む時代に接続する時期として設定されることになる。筆者が、旧稿[*74]において、明治維新の終期を日清戦争に求めたのは、右の事情に基づいている。

これまでの検討からも明らかなように、かつての「絶対主義」説にみられたような、明治維新の「革命」性をまったく無視した議論はほとんど姿を消し、それを「革命」の方向で、かつ国民国家創出の視点から捉える動向が、今日、ますます広汎化しているのである。

結　近代化の第二段階

明治維新は、「日本の社会が前近代から近代へと転換する画期である[*75]」あるいは、「徳川封建社会から近代資本主義社会への転換期であり、近代日本の出発点であった[*76]」との理解は、今や常識の部類に属する。しかし、日本の近代化は、明治維新によって突如として開始されたわけではなく、それを遡って相当の長期にわたっての静かな進行が、先行する近世期に存在していた筈である。そうでなければ、そもそも明治維新という西欧への対応も、およそ不可能だったろう。

では、その起点はいつ頃に求められるのか。この場合、明治維新という大変革期とはその事情が異なり、いわばなし崩し的に幕藩体制社会が変質し、近代社会への移行が進むのであるから、政治・経済・社会・文化等のすべての分野で同時的に近代化が開始されることはあり得ない。それらは密接な関連を保ちつつも、個々に近代化の途を歩みはじめることになる。

政治・経済についていえば、幕藩体制の基礎となる領主制が、在地領主制を欠如させた特異な領主制であっため、[*77]領主が次第に固有の領有権を衰退させてゆく原理を内包しており、そのことが、体制変質の一契機となる。その起点は、一七世紀末に地主制が成長を開始しはじめた頃に求めうる。地主制の生成は、土地の事実上の処分権（質地売買）が農民の手に移行したことを前提としている。このことは、領主による領地―領民支配、つまりは領有権衰退の一指標となる。

右のような動きと並行して、藩体制下における家臣武士層の官僚化が進み、中期以降、主君親裁体制から家老合議制へと藩政が移り変わり、その過程で、「主君の権力は、家老・重臣層の集団的権力によって根本的な制約を受け[*78]」るような政治体制が定着した。強固な身分制の存在が、社会の変質に対応しつつ、官僚制、合議制といったシステムを必然化させたのであろう。こうして、領主制はその外皮（権威）を残したまま、大きく転回してゆくことになる。大名領主は、領地―領民支配の弱体化に加えて、藩政における主導権をも失いつつあり、領主制は、その形骸化を深めてゆくことになる。

領主的支配の弱体化は、一八世紀以降の商品経済の農村への浸透と相俟って、共同体秩序の変質を余儀なくさせた。共同体成員の行動範囲は拡がり、「共同体的規制」は個々のレベルでそのゆらぎが表面化してゆく。こうした動向に対して、共同体的秩序の維持を企図すべく、共同体的機能の分化が始まり、かつ共同体相互の連係も進められてゆく。一八世紀後半以降に生まれた郡中惣代、組合村等は、かかる趨勢への対応の結果であろう。[*79]

日本近代化の起点をめぐる研究は、これまでは、もっぱら明治維新史研究に課せられていたが、ここにみたように、近世社会の内部に近代化の主要契機が孕まれており、今後は、近世史研究において、その契機と明治維新との関連について、より一層意識的に取り組まれる必要がある。[*80]

そのことはともかく、近世社会における領主制の衰退―近代化の進行という事実は、明治維新が日本の近代化の起点であったとする常識的理解に反省を迫るものである。明治維新は、近世社会にみられた近代化の動向を基礎としつつ、さらなる近代化の段階へと突入する劃期であったと評価すべきであろう。つまり、明治維新は、近代化の第二段階に相当するわけである。

それが劃期として現出したのは、ペリー来航以降の西欧に対する強烈な危機意識に支えられていたからである、変質—衰退しつつも存続していた領主制的な支配原理を、国民国家へと転換させることで、「万国対峙」の国家的課題を遂行することで、独立国家を建設し、それが「危機」からの脱却に繋ると考えられたからに外ならない。かかる課題は、西欧化として実施に移された[*81]。したがって、近代化の第二段階の内実は、西欧的近代化として展開したのである[*82]。その典型が、明治維新政府によって遂行された、資金創出を目的とする原蓄政策であった。

そもそも、イギリスやフランスの場合でも、ブルジョア革命は、近代化の第二段階として現れるのではあるまいか。その内実の拠点は、国民国家の創出にあったといい得る。それが後進国の場合には、西欧化として出現するのだろう。

明治維新が、その変革過程を通じて劃期性を附与されたのは、右のような事情が基底にあったからである。近年の明治維新論議は、この劃期の評価をめぐって、「革命」か「改革」かが争われた。この論議は、第三節で紹介したように、「革命」の側面から捉える視点が、ようやく一般化しつつあることと対応している。しかし、その「革命」がいかなる性格を有していたのかについては、必ずしも説得的な見解があるわけではない。本章で取り上げた「全般的革命」説や「複合革命」説も、それが「革命」である以上、その変革は「全般的」「複合的」たらざるを得ないのだから、そうした規定では、明治維新の性格を論じたことにはならない。筆者などが主張する「ブルジョア革命」説も含めて、明治維新の「革命」についての適切な評価は、なお今後の課題として残されている。[*83]

註

＊1　絶対主義とは、〝官僚制と常備軍とを二大支柱とする統一的、中央集権的な権力である〟とする旧いイメージは、一九六〇年代以降の西欧史研究の成果によって否定されつつある。官僚制の売官的―家産的性格、軍隊の傭兵的性格、独立的な諸侯の存在、権力の不統一性等々の摘出が、それである。近年では、こうした研究動向を積極的に継承して、日本の絶対主義を考え直す日本史研究者も現れるに至った。そこから生じた議論は、「幕藩体制国家＝絶対主義国家」説であり、かかる認識の延長線上に「明治維新＝ブルジョア革命」説が展望されている。こうした見解は、山本博文（『幕藩制の成立と近世の国制』校倉書房、一九九〇年）、宮崎克則（「民衆的世界の否定と近代社会の成立」上下『人民の歴史学』一一八、一一九号、一九九四年）等の近世史家によって主張されている。ちなみに、右の視点とは異なるが、飯沼二郎も、今から二〇年も前に幕藩体制＝石高制社会を「日本型絶対主義」と規定していた（『石高制の研究』ミネルヴァ書房、一九七四年、最近では同『徳川絶対王政論』未来社、一九九一年）。

＊2　このような傾向を代表する論者の一人に、中村政則がいる。中村は、その近業「明治維新の世界史的位置」（同編『日本の近代と資本主義』東京大学出版会、一九九二年）を引き合いに出して、「明治維新の『革命』的側面を従来よりも強調した」（同「遠山史学と私の歴史学」『歴史評論』五一九号、一九九三年、三五頁）と自らの明治維新論の新しさを強調したが、筆者が読み込んだ限りでは、中村の明治維新理解の軸となっているのは、むしろ「改革」的側面である。この点は、第二節で詳述する。

＊3　田中彰編『近代日本の軌跡　1』明治維新（吉川弘文館、一九九四年）に所載。

＊4　『日本史研究』（三一七号、一九八九年）、本書第二編第四章に収載。

＊5　遅塚「明治維新」（前掲）二四七頁。

＊6　遅塚の拙稿批判を、もう少し具体的に引用すれば、次の如くである。佐々木が、「『政治史的アプローチ』を後回しにして『経済史的アプローチ』のみにもとづいて明治維新を後進資本主義国のブルジョア革命であると結論づけたのは、いささか速断に過ぎるのであり、むしろ、……『政治史的アプローチ』によって究明した後に、維新変革が革命であったか改革であったかについての結論を出すべきであった」（前掲論文、二四七頁）。つまり、遅塚は、経済史的アプローチのみによる狭隘性と、経済史的アプローチに対する政治史的アプローチの先行性とを指摘したのである。遅塚の批判内容は確かにその通りであり、筆者にも反省すべき点があるが、旧稿の議論のなかでの不正確な発言が、かかる批判をもたらしたとも思えるので、ここで一言弁明しておきたい。旧稿では、その結論部分において、「明治維新＝ブルジョア革命」の経済史的分析に対して、政治史的分析の立ち遅れを強調し、「一八、一九世紀的世界における後進国の政治的近代化の類型的特質を析出するという視座からの政治史的分析が、今や待ち望まれているのである。『明治維新＝ブルジョア革命』説の成否は、ひとえに、この政治史的分析の内容如何にかかっているといってよい」（前掲拙稿、七九頁、本書一四四頁）との主張を展開した。筆者がここで「経済史」と「政治史」とを機械的に分離している点は、遅塚によって責められて然るべきであるが、問題は、「経済史」の内実である。筆者は、漠然と「経済史」と称したが、「経済史」には、産業史、商品流通史、農民層分解史等々のような、社会構造を分析する狭義の「経済史」と、国家の財政・金融政策─経済政策等をも分析対象として取り込む広義の「経済史」とがあり、筆者は、どちらかといえば、後者の側面から明治維新へとアプローチしたのが実情である。後者の内容は、おのずと政治史と深く絡んでおり、云わば「経済史」と「政治史」との接点になる分野である（また、その分析結果が、権力の性格を端的に証明する点でも、両分野の繋りは明らかであろう）。その接合に成功したかどうかに自信はないが、筆者は、旧著『日本資本主義と明治維新──本源的蓄積の日本的特質──』（文献出版、一九八八年）第一章第二節（本書第一編第二章）で、日本における本源的蓄積の特質を究明する目的の一つとして、明治維新政府の財政・金融政策を取り上げ、その資金創出政策を後進国的な資本主義化政策として位置づけている。この研究を前提として、拙稿「地平」を発表したわけである。その拙稿でも、「筆者の場合は、『ブルジョア革命』説によって、明治維新を理論的に総括することが可能と考えている。ただし、その際には、『本源的蓄積』論との有機的関連に視野を拡げておくべきである。前掲拙著は、かかる方法を具体化したものである」（前掲拙稿、七五頁、本書一五〇頁、註＊37）と注記したのであるが、「経済史」云々という無配慮な発言をしたため、遅塚の批判を

受けたと考えている。

＊7　旧稿「地平」では、河野健二編『近代革命とアジア』（名古屋大学出版会、一九八七年）に収録されているシンポジウムでの遅塚発言に対して、その「経済決定論」的思考と言葉足らずとを批判した。遅塚論文は、この「批判に応えて、『言葉足らず』の部分を補い、私の考えているところを敷衍して述べる」（前掲、二四五頁）ことを企図したものである。したがって、本章は、遅塚からする反批判に対する筆者の再批判という意味合いも有している。

＊8　遅塚、前掲論文、二五四頁。

＊9　遅塚忠躬「フランス革命の歴史的位置」（『史学雑誌』九一―六、一九八二年）。

＊10　ウォーラーステイン『近代世界システム』ⅠⅡ、北川稔訳（岩波書店、一九八一年）。

＊11　遅塚「歴史的位置」（前掲）二〇頁。

＊12　遅塚「明治維新」（前掲）二五四頁、同「歴史的位置」（前掲）四四頁。

＊13　遅塚「明治維新」（前掲）二五〇頁。

＊14　同右、二四七頁。

＊15　同右、二五〇頁。

＊16　同右、二五九頁。

＊17　同右、二六〇頁。

＊18　同右、二六一頁。

＊19　当時、かかる議論を展開した後藤靖は、その著『士族反乱の研究』（青木出版、一九六七年）においては、「上からのブルジョア的改革」（九一頁）と述べながら、「近代天皇制論」（歴史学研究会・日本史研究会編『講座日本史』9、一九七一年）では、「上からのブルジョア革命」（二二二頁）と表現を変更しているのが、その一例である（拙稿「地租改正研究序説」『学習院史学』第十号、一九七三年、六二頁）。なお、「上からの革命」概念の最初の提唱者であった服部之総は、「『上からの革命』は改革にすぎない」（同『明治維新のはなし』青木文庫版、一九五五年、一五頁）と断じ、「明治維新は改革で、革命ではありません」（同右、一九頁）と述べ、「改革」と「革命」とを峻別している。

＊20　かつての「講座派」理論に代表される「絶対主義」説が、その封建反動の側面をしきりに強調していたのに対し、遅塚は、明治維新の変革的意義を正当に評価する視点に立っている。次に引用する遅塚の指摘は、その証左でもある。「王政復古に始まる明治維新が、政治・社会・経済・意識（文化）などの諸構造に大きな変化をもたらした近代的変革であることは確かであり、それが、資本主義の発展に適合した社会をもたらしたという意味でブルジョワ的変革の名に値する」（「明治維新」前掲、二五八頁）。また、先にみた「講座派―戦後歴史学」に特有な認識は、フランス革命を「ブルジョア革命」の典型として理解する立場と軌を一にしていたが、フランス革命の専門家である遅塚は、かかる通説的見解にも疑問を提示し、世界史におけるフランスの相対的後進性（最先進国イギリスに対して）が、革命の内実を規定している点を明らかにし、フランス革命が「相対的後進国革命」であったことを立証する貴重な成果を挙げている（遅塚「歴史的位置」前掲、三四頁以下）。これに近い見解は、柴田三千雄『近代世界と民衆運動』（岩波書店、一九八三年）――「フランス革命はその進展の間に、経済的後進国の革命という性格を明白に帯びた」（二六六頁）――にもみられ、また、大谷瑞郎『ブルジョア革命』（御茶の水書房、一九六六年）や『歴史の論理』（刀水書房、一九八六年）、岡本明『ナポレオン体制への道』（ミネルヴァ書房、一九九二年）等では、「フランス革命は古典的ブルジョワ革命ではない。それは中進国特有のブルジョワ革命である」（岡本、前掲書、八頁）と評価されており、「フランス革命＝古典的（典型的）ブルジョア革命」説は、次第に衰滅しつつある。

＊21　平田「市民社会」論は、マルクスの『ドイツ・イデオロギー』『経済学批判要綱』に頻出する「分業」「交通」「所有」「市民社会」等々の概念を多用しつつ、大略、次のような議論を展開する。

「市民社会とは、何よりもまず、具体的な人間がひらの市民として相互に自立して対応し、その所有する物を、したがって意思を、交通しあう社会である」（平田清明『市民社会と社会主義』岩波書店、一九六九年、八六頁）、換言すれば、「それは、『私的諸個人』が対等な所有権者として自由に交際（交通）しあう社会である」（同右、五六頁）。

この「市民社会」から「個体的人間の歴史」が始まり、「そこでの社会形成が、市民的なものの資本家的なものへの転成として展開するとき、この展開の過程には、商品・貨幣所有者の資本所有者への経済的転成が基底として展開すると同時に、市民的所有権の資本家的領有権への転成の過程が展開している」、つまりは、「市民社会という第一次的社会形成の資本家的な第二次的社会形成への不断の転成として、現実的な社会形成が展開するのである」「このような社会形成が典型的に見られるのは西ヨーロッパにおいてのみである」（同右、五三頁）。

「市民的生産様式は、それ自体の競争的自己展開において、自己解体的な運動を展開する。それは、私的所有の不平等を促進・激成することによって、多数の市民的生産者を敗北させ、対等な競争場裡から駆逐する（この駆逐の過程は、市民的領有様式を補完するものとしての旧社会の暴力によって、歴史的に媒介される）。そして、そこに駆逐された旧生産者を、市民的交通形態を経て、おのが生産過程のなかに包摂する。ここにおいて市民的生産様式は、資本家的生産様式に転変する」（同右、五八〜五九頁）。

前段部分は、自由・平等な商品所有者の存在ということを、ことさらに「交通」概念を用いて云い換えたものであり、そこでは、商品の流通のみが取沙汰され、生産過程への視点が欠如している。したがって、当該社会における階級関係が後方に追いやられることになる。中段部は、その欠落した論理を市民社会から資本家社会への転成という論法で取り込むわけである。後段は、市民的生産様式の両極分解論とでもいうべき議論であり、その主張は、マルクス原蓄論にみられた「自己の労働に基づく私有の世界」が、資本主義形成期に全面開花したとする誤解に満ちた歴史認識と、それに乗っかった大塚久雄の論理を焼き直したものである（本書第一編第一章）。つまり、「自己の労働に基づく私有の世界」を「市民社会」と呼び換えたものである。問題は、この「世界」が非実在的なものであるにも拘らず、それを「市民社会」として実体化し、なおかつ、それを西欧の理念型として設定したことである。かかる「世界」を実現した西欧近代の先進性と、それを経験しなかった日本近代の後進性とを、その理念型を基準として過剰に強調し、日本の後進性を告発する論理構造である。

＊22　遅塚「明治維新」（前掲）二五〇〜二五一頁。
＊23　同右、二五九頁。
＊24　前掲、拙著、二七三〜二七四頁。
＊25　遅塚「明治維新」（前掲）二五一頁。
＊26　同右、二五二頁。
＊27　笠谷和比古『近代武家社会の政治構造』（吉川弘文館、一九九三年）四三七〜四三八頁、尾藤正英『江戸時代とはなにか』（岩波書店、一九九二年）一九五頁他。将軍権力の専制性については筆者も疑問をもっているが、幕府権力の強大さは認めないわ

けにはいくまい。その幕府権力は、将軍権力を背景とはしているが、幕府権力の強大さが将軍権力の専制性を証明するものではない（註＊78は、この点とも関連する）。両者は相対的に区別されるべきものであろう。

＊28 中村、前掲論文、二頁。
＊29 同右、一～二頁。
＊30 同右、三頁。
＊31 同右、二六頁。
＊32 同右、二八頁。
＊33 同「近代天皇制国家論」（同他編『体系日本国家史』4、東京大学出版会、一九七五年）。
＊34 拙稿「地平」（前掲）六八頁、本書一三五頁。
＊35 中村「世界史的位置」（前掲）一頁。
＊36 同右、一頁。
＊37 同右、二六頁。
＊38 拙稿「地平」（前掲）、七五～七六頁（註＊12）、本書一五〇頁（註＊40）。
＊39 中村、前掲論文、二六頁。
＊40 同右、二七頁。
＊41 同右、三四頁。
＊42 井上勲『王政復古』（中公新書、一九九一年）三四〇頁。
＊43 同右、三三八頁。
＊44 西川長夫「フランス革命と国民統合」（『思想』七八九号、一九九〇年）一二〇頁。
＊45 林健久『日本における租税国家の成立』（東京大学出版会、一九六五年）。
＊46 拙著『地租改正』（中公新書、一九八九年）。
＊47 本書第一編第二章。

＊48　本書一一六頁。

＊49　田中彰「近代日本の序幕」（同編、前掲書）一九頁。ちなみに田中云うところの「複合革命」とは、フランス革命を論ずる際に遅塚が用いたものであり（同、前掲論文、三六頁）、その概念の提唱者であるルフェーブルによれば、フランス革命は、ブルジョアジーと農民との指導と同盟関係によって遂行されたわけではなく、お互いに独自な革命勢力として存在していたとする史実認識に基づいている（ルフェーブル『フランス革命と農民』柴田三千雄訳、未来社、一九五六年）。したがって、ここでの田中の論法は、これまでのフランス革命史研究のなかから生まれてきた「複合革命」論とは、およその趣が異なるものである。

＊50　もっとも、田中に限らず、遅塚や中村政則にあっても、かつての議論にみられたような硬直した思考を示しているわけではない。「断絶」と「連続」の論理で、「革命」と「改革」とを峻別した遅塚が、「断絶と言い連続と言っても、それは相対的なものであるから、革命と改革との区分は絶対的なものではない。革命によってもある種の連続性は残るであろうし、改革においても何らかの断絶性はもたらされるであろう」（同「明治維新」前掲、二五〇頁）と語っていることが、そして、中村が、明治維新の「革命」「改革」「復古」の諸側面を指摘していることが、それである。

＊51　中村哲『日本の歴史――明治維新――』16（集英社、一九九二年）八頁。ところで、この「トータル・レボリューション」という視点は、明治維新を「文化革命」と捉えたフランク・ギブニーに発するものである。ギブニーによれば、フランス、アメリカの革命は政治革命であり、ロシア、中国の革命はイデオロギー革命であるのに対し、「日本の場合には、近代化への文化的変化は、現実の政治革命に先行し、革命の火が燃えあがるやそれに油を注ぐものであった。この点において、明治革命は、近代史のなかで試みられた最初の全面革命《トータル・レボリューション》であった」（同「文化革命としての明治維新」、永井道雄、M・ウルティア編『明治維新』東京大学出版会、一九八六年、一三六頁）とされている。

＊52　同右、一四頁。

＊53　同右、三一五頁。

＊54　同『近代世界史像の再検討』（青木書店、一九九一年）八三頁。

＊55　同右、五七～五八頁。

＊56　同『日本の歴史』16（前掲）一四頁。
＊57　中村哲他編『朝鮮近代の歴史像』（日本評論社、一九八八年）、同他編『朝鮮近代の経済構造』（日本評論社、一九九〇年）。
＊58　芝原拓自『日本近代化の世界史的位置』（岩波書店、一九八一年）。日中近代化の比較という視点は、あらためていうまでもないが、戦前の服部之総に端を発する（『服部之総著作集』第一巻、理論社、一九五四年）。
＊59　毛利敏彦『明治維新の再発見』（吉川弘文館、一九九三年）。
＊60　ただし、比較史云々とはいっても、西欧を基準とした単線的な発展段階論に基づく、かつての「大塚史学」とは、その視座も射程もよほど異なるものであることは、附言を要すまい。
＊61　中村『日本の歴史』16（前掲）一四頁。
＊62　本書第一編第一章では、以上のような観点から、イギリスと日本の原蓄期を分析し、イギリスに特有な史実とされた「自己の労働に基づく私有」＝「分割地農民」の広汎な存在と、その両極分解という認識が、マルクス以来の誤謬に基づくものであることを明らかにした。
＊63　佐々木克「明治維新とフランス革命」（『日本史研究』三四二号、一九九一年）七九頁。
＊64　註＊20・83等を参照されたい。
＊65　佐々木、前掲論文、八一頁。
＊66　西川、前掲論文、一一九頁。
＊67　同右、一二〇頁。
＊68　同右、一二四頁。
＊69　正田健一郎『日本における近代社会の成立』中巻（三嶺書房、一九九二年）六三頁。
＊70　同右、七〇頁。
＊71　柴垣和夫『社会科学の論理』（東京大学出版会、一九七九年）八四頁。
＊72　今西一「近代日本の『国民国家』と地域社会」（『歴史評論』五〇〇号、一九九一年）一二一頁。
＊73　「市民社会」概念が近代社会分析のキーワードとして採用されるのは、ヘーゲル―初期マルクス的な「国家と市民社会の分

離」という論理構成を念頭に置いているからであろう。しかし、この論理は、原理的、抽象的次元ではともかくも、具体的、歴史的場面への適用は慎むべきである。この議論を軸に歴史をみる限り、今日に至ってようやくその誤りが明らかとなった、西欧型モデル中心史観ともいうべき歴史認識に逆戻りすることになってしまう。

＊74　本書第二編第三章に収載。

＊75　中村哲『日本の歴史』16（前掲）八頁。

＊76　中村政則「世界史的位置」（前掲）一頁。

＊77　このことは、在地領主制の存在がまったくなかったということではない。幕藩体制の中軸となる大名領主が、そもそも在地領主として存在し得ない構造になっている事実について、指摘しているのである（拙著『地租改正』Ⅰ章、前掲）。

＊78　笠谷和比古『主君「押込」の構造』（平凡社、一九八八年）二六八頁。笠谷は、本文にみた官僚制を、「身分的自由をもつ封臣たちによって構成される官僚制、即ち『封建的官僚制』」と呼び、「近世の大名家の政治体制は、議会部を欠如した行政一元的構造を有している」が、「そのことは直ちに当該政治体制が『専制』を意味するのではなく、「その官僚制の意志集約的構造がこれを相殺する政治作用をもたらすものであった」（同右、二七一頁）との、注目すべき見解を述べている。以上の事実は、幕府政治にあっても、おそらく同様であろう。尾藤も、「幕府でも各藩でも、奉行など重要な役職の大部分が、複数の人員によって構成され、重要事項については合議で運営すべきものとされていたことは、この時代の政治組織の大きな特色をなしている」（同、前掲書、一九〇頁）、との指摘をしている。こうした近世官僚制の進行とその経験は、明治維新後の政治体制を考える上でも、貴重なヒントとなるだろう。

＊79　こうしたなかから、「惣代庄屋らが行政担当能力を獲得し、代官行政委任事務をこなし、その費用も郡中・組合村で負担するような体制ができあが」ることで、「公共的性格を獲得し」、「地方行政を実質的に担う体制ができあが」ったと理解する久留島浩は、「近代の地域社会構造や地方行政、さらにその主たる担い手たちは、いずれも、この近世後期の地域社会が領主制支配領域単位でその行政委任事務を遂行しえたという点をこそ継承したのである」（同「近世後期の『地域社会』の歴史的性格について」『歴史評論』四九九号、一九九一年、二四〜二五頁）と評価した。近世社会のなかに生まれた近代社会の契機の一つとして、郡中、組合村を考えることは、久留島の議論のなかからも可能であろう。

＊80 「連続」「断絶」という視点では、本文で指摘した先行社会における近代化の契機を見過ごす危険性が多分にあることは、否めない。したがって、近世社会と明治維新との関係を考える視座も欠落しがちとなる。筆者が、先に「ボタンの掛け違い現象」と称した危惧も、このことと関連するわけである。

＊81 尾藤前掲書には、early modern age と英語表記される「近世」という語を、これまでの便宜的な用法から本質的な時代概念として設定し直すことが提言され、「日本史上の時代区分として、『近世』と『近代』との二つの時代があるのは、表現上からすれば確かに紛らわしいけれども、前者は、日本史の固有の発展の中から生まれた、いわば日本的な『近代』を指し、それに対し、明治維新後の『西洋化』された『近代』を指すのが後者である」（同右、X頁）と記されている。「近世」における近代化の進展に着目すれば、このような理解は論理必然である。ちなみに、「近世」を英語表記にみられる early modern age という語に忠実に、「近代」という視点を導入して考え直すことは、最近の一部の近世史研究者にもみられるようになった傾向である。ところで、このような議論の先駆は、二〇年程前の大谷瑞郎によって示されていた（同『幕藩体制と明治維新』亜紀書房、一九七三年）。大谷は、「近世は封建時代か」という問いかけのなかで、英語表記と「近世＝封建時代」説との矛盾を指摘しており、日本の「近世」とは文字通り、「初期近代社会」であるとの問題提起をしていた（拙著『歴史学と現在』七、文献出版、一九九五年）。

＊82 そこには、幕藩体制下で進行した固有の近代化と西欧的近代化との相克と結合、それと相対する伝統や慣習（少数異民族のそれをも含めた）、これらが同時的に進行する三つ巴の現象があった。乱暴にいえば、これらが明治維新の基底を彩るすべてである。

＊83 イギリス革命やフランス革命が「ブルジョア革命」として認定されている以上、明治維新にも同様の評価が下されるべきであろう。ことにイギリス革命との対比でいえば、明治維新の方が遥かに「革命」としての内実を有していた筈である。あるいは、フランス革命と比較しても、明治維新のもたらした変革の大きさと深さは、その質的相違はみられるにしても、遜色ないものとして了解し得る。もっとも、その前提が崩れれば、つまりは、両革命の「ブルジョア革命」としての性格が否定されれば、この論は成り立たなくなってしまうから、あまり積極的な議論と云えないことは、筆者も承知の上である。いや、いっそのこと本音を吐けば、それでも明治維新にのみ「ブルジョア革命」としての評価は残されるのではあるまいか、というのが筆

者の偽らざるところである。ちなみに、最近、西欧近代史研究において、「ブルジョア革命」概念の適用の可否が、問われつつあるという。柴田三千雄によって紹介された、フランス革命研究におけるかつての「ジャコバン主義」への「修正主義」からの批判——ブルジョアジーは、資本主義的な発展を阻害する貴族制に対して、必ずしも闘いを挑むものではなかった、とする指摘——が（同「フランス革命研究の新地平」『思想』七八九号、一九九〇年）、その一例である。

第六章

明治維新の歴史的位置

序　研究史の回顧と本章の課題

私に与えられたテーマは、総体的・包括的な観点から明治維新を捉え直せということであった。そこで、今回の報告（【附記】参照）では「明治維新の歴史的位置」というタイトルを設定した。これを、これまでの研究史の在り方に即して翻訳すれば、「明治維新の性格」をいかに認識するかという枠組みの問題であろう。その意味では旧くて新しい課題といってよい。

右に指摘したような問題関心は、戦前のマルクス主義者による「日本資本主義論争」にみられる「講座派」と「労農派」との論争や、「戦後歴史学」における明治維新史論争等が、その出発点としてあったことは、多くの研究者によって諒解されているところである。

戦前「日本資本主義論争」下における明治維新理解は、その論争の性格から一九二〇～三〇年代の現状分析を前提として、その現状の端緒を明治維新に求めたところからはじまっている。したがって、論争当事者における現状認識の違いとそこから導き出される革命戦略の相違が、そのまま明治維新解釈の対立へと繋がるという特色をもっていた。

あらためて指摘するまでもないことだが、「講座派」は現状をブルジョアジーと地主勢力とのブロック政権である半封建的な「天皇制絶対主義」と規定し、その起点としての明治維新を日本における「絶対主義の成立」と見做した。他方の「労農派」は現状の国家権力は既にブルジョアジーが掌握しており、その出発点である明治維新は「不徹底なブルジョア革命」であると位置づけた。

敗戦とそれに続く被占領、安保体制の下では、対米従属を現状認識の軸とする趨勢が、知識人や学界を席巻したこともあって、歴史学界においても日本の後進性を極度に強調する戦前「講座派」の問題関心に親近性を見出し、「戦後歴史学」は「講座派」的歴史認識を継承したため、「講座派型絶対主義」説は歴史学界の主流となった。それに対して「宇野経済学」が「明治維新＝ブルジョア革命」説を提示したが、戦前同様に論争は平行線のままに推移した。

ここで特徴的なことは——「宇野経済学」を除けば——、良くも悪しくも「講座派―戦後歴史学」「労農派」のいずれもが、その歴史認識においてイデオロギーの大きな影響を受けていたことである。その点への言及はここでは差し控えるが、もう一つ両者に共通していることを挙げると、『資本論』の原理的世界、ないしは理念化された「西欧型近代モデル」と近代日本の歴史との乖離を問題としていた点にある。つまり、「西欧＝理想的な近代」「日本＝遅れた非近代」とする二極的な認識構造である。

その後の明治維新認識については、その性格解明に積極的であったのは歴史学の隣接諸分野においてであり、実証性を旨とする歴史学の側からはかかる方向からのアプローチは慎重に回避され、今日に至っている。加えて、今回の大会運営委員会が提示しているように、近年の明治維新史研究の隆盛は豊富な個別実証的成果をもたらしたが、一方において、「議論の細分化が進み、総体的・包括的な観点から『明治維新』を捉えることが困難になってきている」[*1]という現状がある。

ともあれ、「絶対主義」かさもなければ「ブルジョア革命」かといった二者択一的な方法への懐疑も現れ、一九八〇年代以降は一部の研究者を除いて、問題設定そのものが疑問視されるようになった。と同時に、明治維新を総体的・包括的に捉える観点が、歴史学界のなかから大きく後退することになった。[*2]

このような研究状況へと結果したことの背景には、いわゆる「発展段階論」からの解放があったことも銘記すべきことである。明治維新論争の内部には「絶対主義」→「ブルジョア革命」といった発展段階論的図式が前提としてあり、その枠組みから自由ではなかったことが、この論争の原点にあったことを総括しておくべきである。

以上の諸点を踏まえて、本章では、明治維新がいかなる歴史的変革期であったのかを、一九世紀史というスパーンのなかで考えてみたい。日本における一九世紀という時代は、産業的には農業社会から工業社会への転換期にあたる。また、地域社会史の側面からみるとその成長、自律の歩みが開始されつつも、世紀末には中央による画一的再編へと帰着する時代でもある。いずれの変化も、同世紀後半に生じた明治維新という変革期を経由することで、大きな転換を迎えることになる。

その変革の内実は、領主制・身分制に基づく内的編成によって形作られた幕藩体制が次第に変質を余儀なくされるなかで、それと相即的に成長を遂げはじめた日本的近代化を背景としつつ、さらに西欧との係わりを通して導入された西欧的近代化の推進に求めることができる。その意味で、明治維新は日本社会が近代化の第二段階へと突入した時代と位置づけられようか。

旧体制から新体制へと転換するこの時期は、云うまでもなく新旧勢力の衝突を内包しているが、そこには、日本的近代化の担い手（豪農商）と西欧的な近代化の推進者（新政府）との軋轢があり、さらには近代化からは阻害された伝統的生活者の存在もある。これらの三層が相互に対立し混沌とした状況にあったのが、明治維新であった。

このたびの報告では、右に指摘した日本的近代化の第二段階という歴史的時代、そこから生じた三つ巴の対立構造といった過渡期の時代状況を、西欧的世界が全地球的規模で拡がりをみせ、各地に展開していた地域世界がその西欧的世界に対してそれぞれの対応を示すようになる一九世紀的な国際社会を念頭におきつつ、検討を加えてみたい。また、地域史の視点からも多少の言及を試みたいと考えている。

1　一九世紀史というスパーン

歴史過程は継続的側面と断絶的側面とが絡み合っているが、断絶的側面が象徴的には見えない場合であっても、そこには変化の底流があることは否めない。そこで、多少乱暴な見方ではあるが、歴史過程を大きく輪切りにしてみると――例えば世紀単位に――、変化の内実が見易くなる。二百数十年続いた近世の時代を例にとれば、一九世紀の近世と一七世紀の近世とでは、その実情がずいぶんと異なることは素人目にも明らかである。

同じ近世として括られていても、一九世紀の近世は「変質した近世」であることは一目瞭然である。少なくとも一七世紀に形づくられた「近世的原理」がそのままに存続しているようにはみえない。表面上、形式上は変質が顕れていないようにみえても、その内実が形骸化を進めている実情を見据えるべきである。また、さほどの変化を生じていないものもあろう。したがって、ここでは、変質したものとしないものとを峻別することも必要となる。

変化したものに焦点をあてれば、それは当初の「近世的原理」が次第に形骸化してゆくなかで生み出されてきた、云わば「変質した近世的原理」――「変質した原理」と云うのもおかしいが！――とでも命名できようか。この後者をも、一緒くたにして「近世的原理」として捉えることはできない。

「変質した近世的原理」も明治維新の側からみると、「近世＝旧いもの」として理解されがちだか、それはすでに変質を経験した事象であって、「近世的原理」そのものではない。「近世的原理」を補完する機能を有したものもあれば、それと矛盾するものもあろう。いずれにせよ、それらは近世社会の内部から生まれた新しい動きであり、近世的なものではあるが、同時に近世社会の旧い原理とは矛盾するものでもあって、なし崩し的に近世社会を衰退に導く要因の一つとなってゆく。この「変質した近世的原理」をも旧い原理として一括する方法は反省を要する。[*3] そのなかには近世的体制を次第に形骸化させてゆくものも内包されており、日本的な近代化の一つとして積極的に評価してゆくことも重要である。

「近世的な原理」の一つとも云いうる領主と村が個々に対峙する領主的秩序が、一八世紀末以降に至って次第に変質の色を表すなかで、新たに村々の結合を契機とした動きが活発化してゆくことは、近年の近世史研究が明らかにしているところである。

同様に、一九世紀の地域経済に関しても、一八世紀以来の多様な特産物生産の発展を承けて、さらなる展開を示していた。幕藩体制末期にみられた地域経済の実態をほぼ反映しているとみられる「明治七年府県物産表」によると、農産物・工産物・原始生産物の全国的な価額構成比は、それぞれ六一％、三〇％、九％となっている。

この「物産表」を通しての事実認識も、一九五〇〜六〇年代には、工業生産の比重が高い府県（東京・大坂・京都）と農業生産の圧倒的優位県とを対比し、「地域差が相当著しく、それが当時の特徴の一をなしてい[*4]」たとの「農村停滞性論」的な理解が強く示されていたが、今日では「大多数の県が二〇％前後から四〇％前後の工産物比率をしめして」おり、工産物比率が二〇％未満の純農業地域が意外に少ないことにこそ注目すべきであって、それは地域間の経済格差の小さいことを物語る[*5]とされるような解釈へと変わりつつある。

右のような新たな一九世紀像から、地域内部で培われた個性が開花しはじめ、独自の発展の可能性が生み出されつつあった様を読み取ることも、あながち無謀ではあるまい。一九世紀の日本は、地域が秘めているこのような動きが、国内の動向をリードしていった希有な時代であり、地域の活性化が本格的に進んでいった時代であった。それは自律的な地域社会が形成されてゆく場面とでも云えようか。

だが、明治維新によって成立した国民国家形成の施策は、このような地域の個性を伸張させる方向へとは向かわずに、画一的な統合による地域編成への途を模索していった。その背景にあるのは、中央の統一的権力による西欧的近代化政策の推進による、ある特定地域における工業化と都市化への開化の趨勢であった。そこに、その発展を支える普遍的な地域の存在が必要とされたのである。

個々の地域社会が独自的に発展しうるような地域政策とは異なる一局集中型の政策体系は、一九世紀末の市制・町村制による地域編成として現実化された。国民国家というシステムに特有な均質化・一元化を地域に対しても要請することになったのである。同時に、資本主義の発展にともなって地域には都市と農村という類型的差異化の現象が生じ、地域独自の持続可能な発展は、こうして次第に狭められてゆくことになる。

しかし、地域の自律的発展が開花を迎えるまでには至らない段階で、いわゆるウエスタン・インパクトに遭遇し、それが西欧への過剰なまでもの危機意識を醸成するなかで、明治維新という大きな飛躍を経験することになる。もっとも、この飛躍の過程にあっても、地域における成長はその持続性を保ってはいた。体制転換の論理に拘泥すればこの飛躍は断絶として映るのだろうが、断絶は政治権力の在り方にもっとも顕著に現れたのであって、地域社会の有様までもが一変したわけではない。したがって、明治維新の時代に相当する一九世紀後半にみられた、国家の統一政策と地域的個性とのぶつかり合い、せめぎ合いをも視野に入れつつ、一九世紀史というスパーンのなかで地域の躍動のプロセスと国家との対抗関係の動向を検討してゆくことが、つまりは地域社会の形成と変容の歴史過程の検討が、今日に求められているのではあるまいか。

一九世紀史という視点には、もう一つの有効性がある。あらためて指摘するまでもなく、一九世紀の時代には明治維新という大変革期が間に挟まれている。ここには歴史の連続と断絶＝飛躍の連鎖が織り込まれており、それを反映してか研究史的には断絶の現状に置かれている。一九世紀史という視点の可能性は、したがって、今日の歴史学の研究状況にみられる、近世史と近代史の間に介在する研究史的断絶を超える点にもある。

つまり、世紀史としての統合の試みである。あらためて指摘するまでもなく、近年に至って移行期研究の重要性が強く意識されるようになったが、近世・近代史の当該研究に限れば、その具体的研究はいかにも乏しいのが実情である。一九世紀史という視点は、この研究史的断絶状況から一歩を踏み出すための試論でもある。近世史・明治維新史という時代区分に限定された研究枠を超えて、一九世紀史というスパーンのなかで歴史への問いかけを試みようという提言である。[*6]

2　日本的近代化の胎動——近世の変質——

明治維新に先立つ幕藩社会の体制原理は、石高制を媒介とした領主制、身分制、集権的性格を多分に有する幕府体制、その幕府によって制御された対外秩序、都市を中心とした商品経済の一定の発展、等々によって構成されていた。

日本における近代化の契機は、右の体制原理の変容のなかから生じた。その一つである資本主義の形成に関しては、一七世紀末にはじまる本源的蓄積の進行が、その起点となる。ここにいう本源的蓄積とは、直接耕作農民の没落による土地所持権の喪失と、その対極に位置する土地集積地主の成長という歴史的事実である。それはよく知られているように質地関係として展開していった。

幕藩体制の下で進展した質地関係は、土地永代売買の禁令による規制や、小農経営の一般的成立による農民の土地取り戻し観念等によって、一七世紀末以降次第に浸透していった。この質地関係の特質は、それが事実上の土地売買として展開したことである。「土地所持」と呼ばれた農民の土地占有権は、この質地関係を通して土地の処分権を行使しうるまでに強化され、事実上の所有権に近似してゆく。この事実のなかには、土地に対する領有権の後退という裏面の事態が含有されている。

その背景にあるのは、一七世紀後半以降に顕現化する農業技術の向上と、それに基礎をおく恒常的な農民的剰余の成立である。剰余の一般的成立は、土地が利殖の対象としての新たな意味を持ちはじめた時代へと突入したことを告げるものであり、土地の集積を自己の蓄積基盤の一つとする階層の形成を促すことになる。

近世における土地の「所持権」が、なんらかの共同性を媒介として成り立っていたとしても、[*7]次第に商品経済的論理に基づく土地移動が実態化してゆくことになる。共同体的な論理は、かつては共同体のすべての成員に貫通していたが、そこに商品経済的論理が浸透することによって、一部の共同体員のなかに、共同体的論理とは異質な観念である商品経済的論理による行動パターンが生じてくる。共同体的論理の分裂が顕在化することになるわけである。

こうして、共同体的秩序は変質を余儀なくされ、その規制は個々の村々のなかで弱体化してゆく。請戻し慣行があるとはいえ、一八世紀後半以降に土地の永代売買証文が現れはじめるのは、共同体的規制が衰退した現象といえるだろう。加えて、商品経済の浸透によって共同体成員の行動範囲が拡大し、共同体的機能の分化を促進することにもなる。[*8]

一八世紀後半以降にみられる組合（村）の結成や、惣代庄屋・大庄屋等の中間機構の生起は、右のような共同体の変質に対応した新たな村々の結合形態の一つであり、それはまた、衰弱した領主制的秩序を補強する側面をも有していた。かかる趨勢は、個別村落の枠を超えた広域行政化の方向が模索されつつあるものとしても、評価することができる。このような動きが顕現化した地域においては、明治初年の大区小区制へと連結する方向性を見出すことも可能であろう。いずれにせよ、領主と対峙する個別村落（領地）とその居住民（領民）という領主制的構造は、こうして、次第に形骸化を進めてゆくことになる。

質地関係を通しての土地移動は、別の面からみれば地主による土地収奪（高利貸的資本蓄積）でもある。地主はそこから得た収入による豪農経営を通して、小営業者とともに在来産業の展開を担い、資本蓄積を進めた。つまりは、耕作農民の窮乏を経由して土地所有の近代化が進んだわけである。他方、西欧にみられた外国貿易に従事する重商主義的蓄積とは異なる、国内貿易（商業）を通して資本蓄積を進める商人資本の成長も顕著であった。このような商品経済的展開が、領主制の下で生まれつつ次第にその根幹を揺るがすことになる。

近世領主制の変質は、かかる動きとは別の方向からも進展した。官僚組織の発達が、それである。笠谷和比古によれば、近世的組織は「自己改造、自己否定を柔軟に駆使した状況適応能力」が高く、「身分制の厳格な外観にもかかわらず、有能な人材を柔軟に抜擢登用して枢要の部署に配置し得た」[*9]として、「養子制度、御家人株の売買制度、足高制、基本的にはこの三つの制度を用いる形で、この組織の可動性、能力主義的な昇進のダイナミズムが実現されていた」と論じている。かかる動向に加えて、譜代大名の幕府官僚化、地方官化が顕著となっていったことも見逃せない。他方で外様大藩は領有体制を維持し、自律の方向性を模索していた。

農村における商品経済的観念の成長や新たな地域結合の進展、武家政治内部での官僚制の生成等々は、なし崩し的に領主制の根幹を揺るがし、次なる社会への展望を生み出していったが、それがなし崩し的であったが故に、体制解体に至るまでには、外側からの大きな衝撃（幕末のウエスタン・インパクト）が必要とされたのである。

3　明治維新の世界史的背景——資本主義と国民国家——

明治維新の歴史的位置づけを考えるにあたっては、やはり「近代化」というテーマが不可欠のものとなろう。その近代化の指標を世界史の経験にそくして捉えれば、それは資本主義と国民国家の問題に収斂しよう。資本主義は一六世紀にヨーロッパ圏域に始まり、国民国家はフランス革命を契機として、一八世紀末〜一九世紀初頭に西欧を中心として成立した。

資本主義の基本的な構成要素は、いうまでもなく資本と自由な労働力である。この労働力は、「さまざまな歴史的・文化的・人種的[*10]」あるいは「民族的」特性を有した人間の人格と結びついた存在であるから、そこには自ずから特定の地域性を帯びることになる。資本主義が国民経済としてそのシステムを確立するのは、このことと深く関わっている。

したがって、資本主義の成長が国民国家的枠組を要請するのであって、この両者の形成にみられる時間的なずれは、その事実を裏面から照射したものであり、換言すれば、国民国家の成立にとっては資本主義的な発展が不可欠の前提としてあったことになる。

その国民国家にあっては、一七世紀のヨーロッパに成立した主権国家を単位とする国際社会が国家間戦争を頻発させており、そこにおける独立の保持と、その防衛に必要な水準を満たす兵士と軍事力の確保が焦眉の課題となる。一定の水準を有する労働力と兵士、その自前での調達こそ、資本主義と国民国家の死活を制する課題であった。

この質的水準、云い換えれば均質性が、特定の地域性に制約されているものであることは、言を要すまい。ただし、ここに云う調達とは、必ずしも国家による上からの人工的創出のみを指すわけではない。本源的蓄積の進行に基づく無産者層の社会的創出や、自国防衛を契機とする国民的アイディンティティーの形成等々の歴史過程が、そこでの前提となる。これらは、特定の地域―国家内部（西欧では絶対主義国家や初期ブルジョア国家）において生み出されてくるものである。

かかる地域性は、その存立における国際性と裏腹の関係にある。同様に、資本主義と国民国家も、国際性を抜きにしては考えられない。ヨーロッパ世界に端を発した資本主義と国民国家は、次第にその範囲を広げ、一九世紀には全地球的規模で一つの世界を創り出していった。このことは、当該先発国（西欧諸国）に対して後発国が、常になんらかの国際的圧力を受けざるをえない構造を暗示している。同時に、後発国は先発国の模倣を取り入れることによってしか、つまり、資本主義化と国民国家化を進める外、その圧力から逃れられないことにもなる。したがって、非西欧後発国の場合は、なんらかの変革（自己否定）を通して、人工的に西欧化の途を模索してゆくことになる。

一九世紀後半の時代にあって、明治維新が極端な西欧化を進めていった背景には、こういった世界史的情勢が介在していた。つまりは、西欧的近代化の推進である。明治維新とはこの一九世紀後半段階における世界史的近代への被規定的―主体的参入であり、その体制的成功は、日本における近代国民国家―社会の一応の確立を意味することになる、と考えられる。

以上のような観点から明治維新の時期設定を試みれば、ナショナルな危機意識が高揚する直接的契機となったペリー来航（一八五三年）をその起点とし、対外的危機意識に基づく旧体制の解体―新体制の創出作業が、ほぼその形を整える帝国憲法発布・議会開設（一八八九、九〇年）を経て、日英通商航海条約締結―日清戦争突入（一八九四年）の時点をその終期とみなしうる。[*11]

4　明治新政府の成立――復古と模倣――

西欧諸国に対する深刻な危機意識に端を発した明治維新の過程は、西欧諸国特有の資本主義と国民国家の制度を取り入れることで、国際社会における当該諸国と対等な関係を確保することを課題としていた。維新変革の基底は、したがって、西欧的近代化の政策過程として展開することになる。

国境域の画定はもとより、国民創出と国民皆兵制、資本主義的諸制度と西欧的文明の導入等々が、つまりは西欧化政策が矢継ぎ早に実施されていったのは、右の課題の具体化であった。こうした西欧化政策は、しかし、日本独自の近代化の途とさらには伝統的な世界との間で、あるいは日本の周辺地域との関係において、さまざまな軋轢を生ぜしめることになる。

以上のことはともかく、この過程がすべからく西欧国民国家の姿態をそのままに、日本へと移しかえたわけではない。そこには、復古と模倣という相異なる二つの手段が併存しており、その合作として明治維新があった。その特質は、日本の伝統的政治思想を読み替えるという手続きを経由して、つまりは復古という媒介を通して、統一国家の理念を提示していったところにみられる。その求心力として天皇権威の正統性が利用されることになるが、それが復古として現象したのは、一つに旧体制の権威の全的否定、二つに現天皇における個人的カリスマ性の欠如という草創期の事情である。だからこそ開闢以来の神聖性を取り出し、祭政一致の官制を復活させることで、天皇の神権的な権威を浮かび上がらせようとしたのである。[*12]

それは、政治理念としての一君万民論としても喧伝された。右の論は、幕末の志士の朝臣化、さらにその維新官僚化[*13]を進める上での政治的統合においては十分に機能した。この結果、体制の転換を実現させたのであるから、その限りでは、革命的内実を有していたとの評価も可能である。だが、ここに云う復古イデオロギーは、その後に続く国民統合においては、必ずしも有効に作用したわけではなかった。天皇制を核とした国民的アイデンティティーの創出に成功するのは、明治の中後期、日清・日露戦争という本格的な対外戦争を経験してからのことである。

それにも拘わらず、明治維新が国民国家の形成期であるとする理由は、アイディンティティー形成の基本条件とも云いうる対外的な危機意識が、たとえ国民の深部にまでは至らなかったとしても、政府官僚や知識人層が当時の対外的状況をナショナルな危機として強烈に意識しており、その政府官僚によって国民の創出が急がれたからである。

そこでは、「皆欧米各国ニ行ハル、所ノ現時ノ制ニ倣イ」「此開明ノ風ヲ我国ニ移シ、我国民ヲシテ速ニ同等ノ化域ニ進歩セシメン」[*14]との、西欧的な諸制度を模倣した諸政策が実施され、国民国家の枠組みが創り出されていった。国民的アイディンティティーは、維新官僚や知識人層の危機意識によって代行されたのである。国民国家が特定の歴史的条件のなかで作為された擬制であったとすれば[*15]、右のような国家形成も、国民国家成立の一類型として位置づけが可能であろう。

よく知られているように、ベネディクト・アンダーソンは、「国民は、限られたものとして想像され[*16]」、したがってまた、「一つの共同体として想像される[*17]」と語っている。そこでは他者との区別が強烈に意識され、外に向かってのナショナリズムが発現する。それは同時に、国民の同一性と同質性が前提的了解事項となり、現実の搾取関係や支配─被支配関係は問われることなく、内に向けてのいわば幻想的な意味での平準化が進行する。維新政府の実施した一連の四民平等政策は、右のような意味での国民創出政策の基底的な前提であった。

5　領有制解体と地域の再編

一八六九（明治二）年五月の戊辰戦争終結後には、戦争遂行過程において次第に明らかとなりつつあった、領主制の衰退と藩士の天皇への忠誠心の浸透とが版籍奉還（同年六月）を可能とし、領主の個別領有権が否定された。つまり、版籍奉還によって領主は地方官（知藩事）としてかつての領地を管轄することとなり、また、藩士は士族に編成されることで、領主の領有権が否認されるとともに、個別的な藩主—藩士間の主従関係も制度上断絶した。つまり、名目上領有制はここに解体したのである。このことは、藩士の維新官僚としての成長を著しく促し、懸案であった権力の中央集中も、一八七一年七月に廃藩置県を断行することで、ようやくその課題の実現に成功した。

ところで、中央政局にとっての廃藩置県は、領主制を名実ともに解体し、権力の中央集中を実現した劃期的変革であったが、地域にとってはそれほど大きな影響を受けたわけではなかった。地域編成の側面からみれば、廃藩置県以前の旧体制同様のままに推移した所も多数存在したのである。

廃藩置県を地域の側からみると、ここでは藩がそのまま県となったにすぎず、全国も三府三〇二県に細分化されたままであり、府県の規模も大小の格差が著しく統一性に欠けていた。さらに、旧直轄県のなかには廃藩置県によっても管轄区域の分散性（飛地管轄）が解決されず、中央—地方の集権体制の創出にまではおよばなかった。この点について、後に茨城県へと統合される新治県の事例を紹介しよう。

行方郡借宿村（現茨城県鉾田市）は、旧幕藩体制の時代に府中藩領（宿組、高五五一石七斗九升三合）と旗本

表　行政区域の変遷（借宿村）

旧幕期	借宿村は府中藩領（宿組）・旗本領（須賀組）の２給体制
慶応４年７月	旧旗本領（須賀組）は上総・安房知県事の管轄となる
明治２年２月	上総・安房知県事の管轄区域に宮谷県が設置され，須賀組を編入
６月	府中藩は石岡藩と改称
４年７月	廃藩置県によって石岡藩は石岡県となる
11月	宮谷県・石岡県等が廃され，借宿村は新設の新治県に編入
５年２月	新治県は５大区51小区に区分され，借宿村は３大区１小区に編入
８年５月	新治県が廃され，借宿村は茨城県に編入
９月	改正大区小区制（12大区133小区）が施行され，借宿村は12大区６小区に編入
11年７月	地方三新法が公布され，大区小区制は廃止．連合戸長制の実施により，借宿村連合（借宿・青柳・半原・野友４カ村連合）に所属
17年６月	改正三新法による再編で，串挽村連合（串挽・青柳・借宿・半原・高田・野友６カ村連合）に所属
22年４月	市制・町村制の施行により串挽村連合の６カ村は秋津村となる

註）『茨城県史料　維新編』（茨城県，1974年）より作成．

領（須賀組、高一九三石七升）との二給支配の下に置かれていた。[*18] 改革組合村は、府中藩領・松川藩領・旗本領の村々一七カ村から構成されている串挽村組合に属した。[*19] その後の変遷は、表にまとめた通りである。以下に概述しよう。

この周辺地域の旧幕府領・旗本領は慶応四年七月に上総・安房知県事の管轄下に編入された。借宿村の旧旗本領（須賀組）も同様であり、したがって、同村は旧幕期そのままに二分割体制（府中藩＝石岡領と上総・安房知県事の管轄）が敷かれていた。上総・安房知県事が廃され宮谷県が成立した後も二給体制に変化はなく、そのまま廃藩置県を迎えることになる。問題はこの廃藩置県の結果である。旧直轄県たる宮谷県は継続存置となったため、同村の旧旗本領も宮谷県管轄下となった。石岡藩領もそのまま石岡県管轄下に移行したため、借宿村は相変わらず村としての一元化が果たされてはいなかったのである。廃藩置県によって一村は二県に分断されたわけである。借宿村近隣の白塚・菅野谷・安塚三カ村（現茨城県鉾田市）も、宮谷県と松川藩とに分断統治されていたために、同様の事態が生じている。旧幕藩体制下における領有構造の特質（相給村）を承けた関東地方には、こうした事例が多数存在していた。

一八七一年七月の廃藩置県では、右にみたように地域編成の一円化に成功しておらず、また、府県規模についても旧藩体制と変化はなく、その格差の存在は統一的な地域編成を進める上で、大きな障碍であった。そこで、新政府は同年の一一月にあらためて府県の統廃合を実施して、三府七二県としたことは周知のところである。現茨城県域にあっても、一八県が茨城・新治・印旛の三県に統廃合され、借宿村もこの時に全域が新治県の管轄下に入り、「分断」体制はようやく解消された。

右の事情からも明らかなように、地域にとっては七一年七月の廃藩置県よりも、同年一一月の府県改置こそ、実質的な廃藩置県であったということができよう。ここに本格的な地方府県体制が成立したのである。

6　国民創出政策の展開と民衆の動向

西欧的な国民国家と資本主義の創出を目指した新政府にとって、それを根源から支える兵士と労働力の水準確保は、大きな課題の一つであった。同時にこのシステムに照応する財政制度の新たな建設は、財源の確保のための税制改革と、いまや冗費となった禄制の廃止が不可欠となった。加えて、近代産業の保護育成も急がねばならない。明治五年から六年にかけて進められた学制による教育制度の導入、徴兵制による常備軍の編成と国防に耐えうる軍事力の整備、地租改正による土地税制改革は、まさこの課題に向けての政策であり、殖産興業政策も資本主義育成のための直接的施策であった。

学制に示された国民皆学方針は、国家の「富強安康」と実学による国民の文明化を企図したものであり、同じく国民皆兵を目指した徴兵告諭も「皇国一般ノ民」が「国ニ報ズル」こと、すなわち国民の国防義務を明示することで、強固な軍隊を創出することにあった。いずれも四民平等イデオロギーに基づく文明化の方向を見据えたものであった。ここに云う文明化とは欧米化と同義であり、国民国家の創出、資本主義の育成に他ならなかった。

学制や徴兵制の理念は、しかし、国民化の課題を背負わされた民衆にとって、その現実世界との間にある懸隔は大きく、学費負担、労働力不足等のしわ寄せが重くのしかかる懸念を惹起させた。就学率は停滞し、西日本を中心とする徴兵反対一揆や、広範な免役事項を利用した「徴兵逃れ」が頻出した。明治九年度（一八七六年）には、二〇歳の壮丁およそ三〇万人のうち、免役該当者が約二五万人（八三％）にもおよんでいる。国民皆兵の原則は、宙に飛んでしまったといってよい。

さらに次のような事例もある。新治県下の行方郡借宿村（前掲）にみられた「身代金御下ケ願」である。徴兵該当者（二男）の父親から県宛に提出された嘆願書二通（一八七三年三、四月）によれば、「極貧男小前之者ニテ御貢未納決済ノ為」、二男は同年一月から一二月までの一年間、年季奉公に出ているとの苦しい実情を訴えた上で、以下のような嘆願を記している。

御検査之上皇国保護之為御人数江御編入ニ成頑愚之者ニ而モ御採用ニ相成候儀候ハ、何卒寛典之以御仁憐を……一家者共御憐助ト思召身代金之儀者御下相成候様幾重ニ茂奉懇願候[*20]

つまり、二男の兵役と引き換えに身代金の下渡（借金の肩代わり）を願い出ているのである。これはタフな民衆の嫌がらせではない。その証拠に、一通目の嘆願書には嘆願人の名と共に惣代の連名があり、二通目も同様に戸長代が名を連ねている。国民皆兵の理念と農民の意識との乖離は、これほどに大きかったのである。

このような新たな負担設定に加えて、違式詿違条例や旧慣禁止令による西欧的生活倫理の強要と民衆的生活慣習の禁止による、生活風俗への権力的規制も進められ、民衆の新政全般に対する情緒的な強い不満が横溢していった。なんらかのきっかけが生じれば、それが契機となって一揆へと突入することも珍しくはなかった。

右の動向とは異なり、日本的近代化の進展の上に西欧的近代化の内実を結合させた土地税制改革は、その過程でさまざまなトラブルを惹き起こしながらも、当初の理念をほぼ達成することができた。地租改正は、土地所有権の国家的保障と一対にして納税義務（地租）を設定したものであり、旧来の領主―領民関係を国家―国民関係へと編成替えする上で、新たに西欧的な権利―義務関係を導入して、その近代的システムの基礎を築いた。

地租改正はまた、明治維新に先立って展開した日本独自の近代化の、ひとつの到達点でもあった。新政権が企図した地租改正の理念に、それを探ることができる。ここにいう理念とは、㈠旧貢租額の維持、㈡土地所有権の公認、㈢地租金納制、㈣地租負担の公平の四つである。[*21]

地租改正事業の過程では、全国各地でさまざまな問題が生じた。等級編成問題、反収査定（押付反米）問題、改租費用の人民負担問題、立替金不正問題、仮納地租をめぐる石代価問題から端を発した地租改正一揆等々がそれであり、これらに対する農民の不満は、新政への不信感と結びついてトラブルに至った場合も多い。[*22]

ところで、地租改正事業を進める上では、大区小区制のシステムに乗って区戸長の下に各種の総代制が導入されて、土地所有者による事業参加の途も開かれていた。ここで総代制のはたした役割はまことに重要である。この総代制は、一八世紀末以降に畿内を中心に成長したシステムであるが、大区小区制という上からの地域支配方式のなかに取り入れられ、土地所有者の声を代表する機能を担わされたのである。近世社会において総代制の展開が緩慢な地域にあっては、その後の三新法、市制・町村制へと展開する「地方自治」の運営に対して、その訓練と経験の蓄積は大きな作用を与えたであろうと推測しうる。また、模範組合村方式の導入は、これまた近世後期以来の広域行政の経験を継承し、市制・町村制へと媒介する役割をはたしたと考えることができる。

地租改正は、日本における近代的な土地所有関係と租税制度を確立したが、同時に過渡的な大区小区制の不備を補いつつ「地方自治」の経験を創出し、結果的にその後の国民国家を支える広域的な地方制度への橋渡し的機能をもはたしたのであった。

結　明治維新＝過渡期の終焉

明治維新によって遂行された西欧化政策は、日本独自の近代化の蓄積とその経験を前提条件としており、かかる日本的近代化は、旧来の領主的支配をなし崩し的に衰退へと導く役割を果たした。ここにペリー来航を契機とするウエスタン・インパクトが加わることで、領主制の矛盾が顕現化し、体制変革の途が切り拓かれたのである。明治維新は、旧幕藩体制の下で成長してきた日本的近代化の成果を承けつつも、西欧的近代化の論理を一気呵成に日本社会へと適用することで、万国対峙という国家目標の達成に邁進した歴史的変革期であった。その意味で明治維新は、近代化の第二段階としての位置を有していたことになる。

しかし、その過程は、複雑な経路をたどっている。明治新政府は、みずからの正統性を示すために王政復古という論理を導入し、その下での西欧化＝開化政策を進めていった。つまり、「復古」と「開化」という一見相反する理念によって、その政策が彩られていたのである。

新政府が推し進めた西欧的近代化の体現者は官僚と政商であったが、これに対して、豪農・豪商等の日本的近代化の担い手は、新政府の西欧的近代化政策と必ずしも利害が合致していたわけではなかった。専制的に西欧化政策を進める新政府に対して彼ら豪農商は、民権運動の一部を主体的に担いつつ抵抗を開始した（もちろん、豪商農のなかには新政府と深く連携したものもあったろう。それらを否定するものではない）。他方、伝統的な慣習世界のなかにいる民衆は、日本的近代化の進展から生ずる諸矛盾に対して、世直し一揆にみられるような抵抗運動を展開し、西欧化―旧慣禁止政策を強行する新政府に対しては、新政反対一揆をもって抵抗した。

もっとも、新政反対一揆と表現されてはいるが、そこでの民衆の動向は複雑である。民衆は必ずしも新政の方向にすべて直接反対したわけではない。地租改正反対一揆と称されるなかには、反対一揆というよりも石代価引き下げ一揆（地租改正不服一揆）と表現した方が適切な騒擾があり、[*23] また、学制反対一揆の数が意外と少ない事実も報告されている。[*24] さらに、徴兵令反対一揆や解放令反対一揆の場合は、その地域が西日本に偏している傾向がある。

こうした事実に着目すれば、新政に対する民衆の情緒的不満は横溢していたとしても、そのすべてが直線的に反対一揆へと進んでいったわけではないことが了解されうる。民衆の新政に対する反応は、したがって、反対一揆にすべてが収斂したわけではなく、新政の内実とその実施状況とによってさまざまであったと考えられる。例えば、学制反対一揆の件数が希少なのは、区行政レベルでの有力者の寄付金による授業料負担の軽減という事実や、[*25] 当時において就学忌避行為が比較的容易だったという事情があり、地租改正に直接的な反対を表明しなかったのは、この改革で土地所有権が国家的に保障されたからである。

あるいは、太陰暦から太陽暦への、不定時法から定時法への改定では、民衆は頑なに旧慣を保持し新制への同化を拒んでいた事実もある。民衆の日常生活と合致しなかったからである。ちなみに、新暦や定時法が全国に浸透するのは、明治三〇年代以降のことであり、それは新政による学校教育によって教育された世代が、社会の中枢を占める時代が到来してからのことである。[*26]

国民皆学、国民皆兵という新政府の理念も、右にみた状況のなかでその実現には多くの困難がともなったが、その後の徴兵令における免役条項のたび重なる改正、資本主義の成長による就学忌避事情の緩和等々により、日清・日露期にはその課題がほぼ達成されるに至った。

大区小区制後の地域編成についても、ここで一瞥しておく。明治五年から施行された大区小区制は、統一性の欠如や地域編成にみられる過渡的性格が、たび重なる改正を余儀なくさせたが、地租改正を実施する上ではそのシステムを有効に利用しつつ、幾つかの改租委員ポストを設置してそこにかみ合わせることで、困難な改租事業を推し進めてきた。その改租事業の核であった耕宅地改租もほぼ竣功に近づいた明治一一年七月、地方三新法が公布され、これまでの統一性に欠ける地方行政機構が整備された。

この新法によって、町村名やその区域はほぼ旧に戻ったが、その町村すべてに戸長が置かれたわけではなかった。茨城県の例を挙げると、そこでは三〇〇箇を基準として、それに満たない町村は連合して一戸長を置くこととされたため、一部の大規模町村（三〇〇箇以上）を除いて、多くは数カ村が連合するかたちをとった。当時の茨城県の町村数はおよそ二二〇〇ほどであるが、この時に配置された戸長数は五六八人である。平均すれば四カ村が連合して、一戸長が置かれる計算になる。このような連合町村制（連合戸長役場制）は、後に三新法体制の一定の修正を目指した明治一七年の改正の結果、全国的に実施された制度と同様の地方体制である。[*27]

こうして、中央集権体制の下における地域編成が実施され、かつ統一的な諸政策の遂行と相俟て、中央の強力な指導が地域に浸透してゆくことになる。それは新たな時代の到来を示すものであったが、これまでに蓄積された地域的個性の存在は、中央による地域統治を画一的なシステムで運営させることを許さなかった。一八世紀末以降に生まれた地域の、あるいは地域相互間に存在する自律性と主体性は、新政府の政策理念の貫徹を拒んでいた。明治新政府にとっても、地域編成の統一的な方向はなかなか確定することができず、わずか一〇年余の期間に府藩県三治→大区小区制→地方三新法と変遷を余儀なくされていた。明治維新の時代は、したがって、新政府の強力な統一政策と地域的個性とのぶつかり合い、せめぎ合いの時代であったと云いうる。

同時に、地租改正―大区小区制期の混沌とした社会秩序を、伝統的な旧社会の関係に基盤をおくことで（郡区町村編制法）、安定化をもたらせようと図ったのであろう。[*28] 伝統的な社会への立脚は決して近代化の後退ではなく、その後のイデオロギー体系としての天皇制へと結実する日本的な近代化の端緒であった。

地域編成とその統治方式が強化され多分に画一的な側面が顕著となってゆくのは、一八八九（明治二二）年に施行された市制・町村制を契機としてである。国民国家の基礎となる地域編成は、ここからはじまったといってよい。加えて、資本主義の成長と工業化の進展による近代都市の成立は、都市と農村という地域の分裂と格差を生み出し、都市＝先進、農村＝後進という類型的な区別と均質化が進行してゆくことになる。中央と地域との新たな関係の創出である。

こうして、万国対峙の国是の下に外へと向かう明治維新は、内にあっては西欧的近代、日本的近代、伝統的慣習世界の三つ巴のなかで展開し、次第に西欧的近代化がその影響力を浸透させていった変革期であったということができる。この三つ巴の確執こそが、明治維新の歴史を複雑なものとした源であった。

他方、対外的には、国民国家創出の方策として、国境域の確定が急がれた。維新期における東アジアの国際関係は、一方に欧米列強の侵略と圧力の脅威があり、それに規制された東アジア諸国の思惑とが交錯していた。右のような状況のなかで維新政府は、領海を隔てた近隣ロシアの動向に細心の注意を払いつつ、樺太—北海道、琉球、朝鮮を睨んでの対外政策を展開した。

この過程で、アイヌ、琉球等の異民族支配をも俎上に乗せ、蝦夷地を北海道と改め、その地に開拓使を置き（一八六九年）、一連の琉球処分（七二年琉球藩設置、七九年沖縄県設置）を実施して、強引に両地域を自国内へと編入した。また、隣国朝鮮に対しても日朝修好条規（七六年）を締結し、強圧的な方向を推し進めた。こうして、外へと膨張する明治維新は、近隣諸国への侵略を国民国家体制の確立の一環として展開することで、脱亜入欧イデオロギーを準備してゆくことになる。加えて、日清開戦前に日英通商航海条約の締結によって、治外法権の撤廃と関税自主権の一部回復を達成し、独立国家としての体裁も確保した。

明治維新は、したがって、幕藩体制の下で開始された日本独自の近代化を前提としつつ、一九世紀後半のウエスタン・インパクトへの対応としての西欧的近代化の歴史過程であり、近代化の第二段階に相当する劃期であったと位置づけられる。

その近代化の第二段階たる明治維新の終期は、最初の対外戦争たる日清戦争に求められる。その理由の一つとして、この戦争を契機としてナショナリズムが高揚し、国民的アイディンティティーの方向性が、次第に顕現化したことが挙げられる。二つに、憲法公布、帝国議会開設、市制・町村制の施行等を通して、国民国家的政治体制の法的基盤が中央—地方において確立したこと、三つに、綿紡績業を中心とする日本資本主義が、この段階でほぼ確立したことである。[*29]

また、国民文化を考える上で重要な意味をもつ言語に関しても、標準語という言葉が登場し、また、言文一致の口語体文体が確立する特徴がみられるのも、日清戦後のことである。[*30]

明治維新は資本主義と国民国家という西欧近代の成果を日本に導入し、もって「万国対峙」の国是を実現させることを、最大の課題としていた。とすれば、資本主義的システムの確立と国民国家的枠組みが達成された時点が、そして、日清戦争の勝利によって独立国家としての実質を確保し得た時が、明治維新の終期ということになる。

「復古」と「開化」が織りなす模索と試行、西欧的近代、日本的近代、伝統的世界の三つ巴のせめぎ合い、あるいは中央と地方との在り方等々これらの複雑なプロセスが明治維新の総体であり、そのなかで大きく揺れ動きながら、資本主義—国民国家—「万国対峙」の課題が、現実のものとなってゆく過程で、「脱亜入欧」イデオロギーもが準備されてゆく変革期が、過渡期としての明治維新を性格づけているのである。[*31]

端的に云えば、近世領主制社会から近代国民国家への移行期こそ、明治維新の時代そのものであったといいうる。

註

＊1　大会運営委員会「創立三〇周年記念大会を開催するにあたって」(『会報　明治維新史学会だより』一三号)二頁。

＊2　以上の論争史に関する詳細、ならびに一九八〇〜九〇年代の論争史の枠組みについては、本書第二編第四、五章を参照されたい。今日では、かつての「絶対主義」かはたまた「ブルジョア革命」かといった発想そのものが、文字通り前世紀の遺物として歴史学界から排除されているが、それに代わるいわゆる「国民国家形成論」からの明治維新史へのアプローチ自体が、ベネディクト・アンダーソン「想像の共同体」、西川長夫「国民国家論」、あるいは歴史学界では意識されていないようであるが吉本隆明「共同幻想論」等の成果を取り込みつつ、この戦前以来の二項対立的論争を止揚する方向で、積極的に読み替えていった成果ではあるまいか。

＊3　かつての論争史にみられる「講座派」「戦後歴史学」双方にみられた近世史に対する静態論＝「停滞論」的認識が、その典

型である。筆者がかつて「ボタンの掛け違い現象」と称したのは、このことである（本書第二編第五章）。
＊4　山口和雄『明治前期経済の分析』増補版（東京大学出版会、一九六三年）五頁。
＊5　石井寛治『大系日本の歴史』12（小学館、一九八九年）五五～五六頁。
＊6　拙稿「十九世紀の地域史」（『地方史研究』三三四号、二〇〇八年）。近年では地域史や民衆史に、その成果が顕れつつある。
＊7　鶴巻孝雄『近代化と伝統的民衆世界』（東京大学出版会、一九九二年）一一頁、渡辺尚志「総論　村落史研究の新展開のために」（同編『新しい近世史』4、新人物往来社、一九九六年）二一頁以下等。
＊8　矢木明夫『近世領主制と共同体』（塙書房、一九七二年）。
＊9　笠谷和比古『士（サムライ）の思想』（岩波書店、一九九七年）一五四頁。
＊10　柴垣和夫『社会科学の論理』（東京大学出版会、一九七九年）八四頁。
＊11　本書第二編第三章。
＊12　安丸良夫『近代天皇像の形成』（岩波書店、一九九二年）一六七頁。
＊13　佐々木克『志士と官僚』（ミネルヴァ書房、一九八四年）七九頁。
＊14　『伊藤博文伝』上巻（原書房、一九七〇年）六三八～六三九頁。
＊15　加藤節「国民国家のゆらぎと政治学」（岩波講座『社会科学の方法』一九九二年）六三頁。
＊16　ベネディクト・アンダーソン『増補　想像の共同体』（白石さや、白石隆訳、NTT出版、一九九七年）二五頁。
＊17　同右、二六頁。
＊18　鬼沢貞良家文書（旧鉾田町史編さん室蔵）。以下の分析は『鉾田町史　通史編（下）』（鉾田町、二〇〇一年）第一章第一節（拙稿部分）による。
＊19　柳田和久『幕藩制社会と領内支配』（文献出版、一九九八年）一四三頁、第2図。
＊20　明治六年三月「無題」、同四月「徴兵御採用相成候儀候ハハ身代金御下ケ願」（鬼沢昭武家文書、旧鉾田町史編さん室蔵）。
＊21　拙著『日本資本主義と明治維新』（文献出版、一九八八年）三〇二頁。
＊22　地租改正に端を発して全国いたるところでトラブルが生じたが、その事件が必ずしも地租改正そのものに原因があるわけ

ではない場合も多かったことは、その政争が村内新旧有力者層の対立として顕現化したり、村落内の階層対立として表面化していることなどからもうかがえる（拙稿「地租改正期の地域社会」、拙編著『国民国家形成期の地域社会』岩田書院、二〇〇四年）。

＊23 拙著『地租改正』Ⅵ章（中公新書、一九八九年）、同編著『茨城の明治維新』（文眞堂、一九九九年）七〇頁。

＊24 高久嶺之介『近代日本の地域社会と名望家』（柏書房、一九九七年）六四～六五頁。同「書評・困民党研究会編『民衆運動の〈近代〉』」（『日本史研究』四一一号、一九九六年）七七頁。

＊25 同右。四一頁以下。

＊26 織田一朗『日本人はいつから〈せっかち〉になったか』（PHP研究所、一九九七年）八二頁。

＊27 『鉾田町史　通史編』下（鉾田町、二〇〇一年）一〇五頁以下（拙稿部分）。

＊28 一体に大区小区制の枠組みはその構想からも推測できるように、規模が大きいのが特徴である。地域によって違いはあるが、小区は組合村と同様にほぼ二〇～三〇カ村程度で連合することが一般的であった。地租改正事業を進めるにあたって、模範組合村方式などには適正な規模であったようだが、土地所有住民の意思を十分に汲み取れないもどかしさがあったと考えられる。地租改正事業を発端として、各地で紛議が生じているのはそのためであろう。三新法体制による旧町村「復活」の要因は、このあたりに求められるのではあるまいか。つまり、「公共団体・自治団体として、行政区画＝機関」（奥田晴樹『地租改正と地方制度』山川出版社、一九九三年、二七九頁）として小区規模では統御が不可能であり、さりとて個別町村では財政的な自立も困難である状況のなかで、広域行政としての適正規模を模索しつつ、数カ村単位での連合戸長役場制が取り入れられたのは、このことと深い関係があるのだろう。この数カ村という規模はいわば「顔が見える範囲」とでも云えようか。いずれにせよ、旧町村の「復活」は、地域的個性がいまだに潰されることなく存続していたことの証左であり、それを吸い上げつつ広域化の実を狙ったものであろう。その後の動向も一七年の三新法体制改正、市制・町村制の施行と移るなかで、さらに適正規模の模索が進められていったと推測しうる。市制・町村制の結果として、ほぼ五カ村程度が合併することで新たな町村が成立しているのは、このことを物語っているのではあるまいか。

＊29 地租として徴収された財政資金の一部は、資本主義の育成に投下された。「万国対峙」を国是とする新政権にとって、早急

にその経済的基盤を整備することが、主要な政策課題の一つであったからである。欧米列強の富国の要因を資本主義経済に基づく機械制大工業制度にみた政府首脳層は、その日本への移植と育成とに活路を見出し、積極的な殖産興業政策を実施していった。この殖産興業政策は、したがって、典型的な政府主導型の資本主義育成策であった。この過程は紆余曲折を経ながらも、一八八〇年代後半の鉄道、紡績業を中心とした最初の企業勃興へと連なってゆく。これを契機に九〇年代末には、近代的な紡績業を軸とした西欧的機械制大工業の確立を達成するに至り、資本主義が体制的に確立した。わずか三〇年足らずの期間で資本主義が定着しえたのは、その政策的効果も大きいが、同時に、旧体制以来の在来産業の存在も見逃せない条件である。伝統的な国内市場の拡がりが在来産業の成長を支えており、当該産業は明治期に入っても独自な展開をみせていた。この国内市場と在来産業の厚みこそ日本的近代の有様の一つであり、短時日のうちに西欧的産業が日本に定着した要因でもあった。

＊30　宮地正人「日本的国民国家の確立と日清戦争」（比較史・比較歴史教育研究会編『黒船と日清戦争』未来社、一九九六年）。

＊31　さらに云えば、旧来より明治維新がさまざまな視点（復古・改革・革命）から論ぜられ、多様な解釈が生み出されているのも、それが過渡期としての特有な性格を有していることの証しであろう。

【附記】大会報告（明治維新史学会創立三〇周年記念大会）では時間配分でミスを犯し、肝心な明治維新の歴史的位置づけに関する部分で時間が足りなくなり、会場の皆様方にご迷惑をおかけした。本章では、大会当日の報告で触れることができなかった点については、当日用意しておいた原稿を「結」として附加した。その分、報告で言及した地域史に関する箇所を端折ることになった。また、大会報告の「2」と「3」の順序を、本章では入れ替えてある。なお、報告、ならびに本章をまとめるにあたっては、旧稿「明治維新――近代化の第二段階――」（『学習院史学』三六号、一九九八年、後に学術文献刊行会編『日本史学年次別論文集――近現代一　一九九八年版――』）、および同「十九世紀の地域史」（『地方史研究』三三五号、二〇〇八年）等から一部を援用したことをお断りしておく。

跋に代えて――明治維新史論の現況――

1　明治維新の時期区分に関して

本書第二編第三章で取り上げた明治維新の時期区分に関連して、その後の研究動向について簡単に触れておきたい。まずは最近刊行された刺激的な二冊の明治維新に関する通史が、その対象として設定した時期について検討しよう。通史の一つは新書版二〇〇頁強にまとめられたコンパクトな維新史、もう一つは四六判上下二冊九〇〇頁強の大著と対照的ではあるが、いずれも明快な論理構成の下に組み立てられた力作である。新書版維新史は、坂野潤治・大野健一による共同執筆『明治維新――1858-1881――』、上下二冊本は宮地正人『幕末維新変革史』である。

坂野潤治・大野健一という「政治史家と開発経済の実践者」による共同執筆『明治維新――1858-1881――』の企図するところは、戦後の東アジアに出現した開発独裁とは異なる「柔構造」をその特質とする明治維新を歴史比較および国際比較の視点から明らかにすることであり、「世界史的に見て実に驚くべき（明治維新の――引用者）事業の背景にどのようなタイプの指導者がおり、彼らがどのような動きをすることによってそれを達成できたのか」を検証することである。加えて、「いくつかの評価基準を提示することによって、他例との比較に堪えるモデルに仕立て上げたい」[*1]との本書の課題も提示されている。

以下、本書の枠組みを簡潔に記す。明治維新という「開国」の衝撃を承けての「変革期」は、「開国のインパクトに対応するために政治体制を再編し、国家目標を定めなおし、その具体的内容、優先順序、工程表および実施者につき合意・決定する過程」[*2]であるとされ、開港ならびにそれに対応するための有力諸藩による藩単位の富国強兵（封建商社）および名賢諸侯による合議制（封建議会）の構想が打ち出された一八五八年から、十四年政変とそれに続く国会開設の詔、国営企業の民営化路線、松方財政のはじまり等にみられる国家システムの根本的組み替えの方向性が定まった一八八一年まで、と規定する。

この「明治革命」[*3]を分析する手法として著者らは「柔構造の多重性」という視点を導入し、そこに国家目標、合従連衡、指導者自身という三つの側面を指摘する。「柔構造」の一つは国家目標たる「公議輿論」と「富国強兵」という改革指針が状況変化のなかで変容と発展を遂げ、その分離が生じる（富国、強兵、議会、憲法）。そして、その個々の目標を担う党派の対立と牽制、連合といった動きが政府部内に生まれるが、この合従連衡を通して大きな混乱に陥ることなく長期的には複数の国家目標を達成させた。これを二つめの「柔構造」と論じ、「カリスマ的リーダーは存在せず、指導者の交替が可能で、一人の指導者（たとえば殖産興業派の大久保）の死や失脚でその派が途絶えるということはなかった」[*4]として、指導者自身の可変性と多義性に係わる「柔構造」を三つめのそれとして提示した。

「複数目標を同時に追求する能力、内外ショックへの対応力、政権の持続性」[*5]という明治新政府の政治的柔構造は、戦後の東アジア開発独裁にみられた単純明白な硬構造よりも強靱であり政治的に成熟していたと論じている。また、この明治革命はサムライによる革命であり、豪農、豪商や知識人は主たる政治的指導者とは云えず、一般大衆の政治関与も日露戦争後の日比谷焼討ち事件まで俟たねばならないとし、「戦後歴史学」の伝統とは好対照の認識を示している。[*6]

宮地正人『幕末維新変革史』によれば、本書は攘夷から開国へ、非合理から合理への転向過程として幕末維新史を描く通説への批判であり、目的とするところは、「後からの解釈をできるだけ挿入せず、当時の日本人男女がどのように彼らの現代史をとらえ、理解し行動したのかを、当時の史料から再構成することにある」[*7]とされている。実際にさまざまな史料が豊富に用いられつつ、当時の時代状況とその雰囲気が克明に描かれている。また、本書全体を通ずる枠組みとして、国際政治と国内政治との関わりを複合的に考察しつつ、世界資本主義への包摂過程のなかで日本国内のあらゆる階級、階層からの反撥と抵抗が生じ、それが次第に民族的力量の増大となって内部変革が進んでいくとの見通しを立て、ペリー来航から西南戦争までの政治過程を叙述している。ここに云う民族的力量の増大とは、反封建的近代化・反封建的民主化と表裏一体をなしているとの指摘からも窺えるように、「戦後歴史学」の視点を強く意識し継承しているように見受けられる。

本書が対象とする時代はペリー来航以前、西南戦争以後にもおよび、第Ⅰ部として「前史」が、第Ⅴ部として「自由民権に向けて」が配置され、第Ⅰ部では世界資本主義の東アジア進出と不平等条約世界体制、幕藩制国家と朝幕関係、ペリー来航以前における日本人の世界知識などを前提的与件とし本論（第ⅡⅢⅣ部）に入ってゆく。そこでは、ペリー来航と日米和親条約の締結により「鎖国」という幕府の国際政治統御システムが崩壊し、幕末維新史がはじまるとされ、この幕末史の過程で伝統的に朝幕関係を支えていた公武合体制が解体してゆくことを論じている。

宮地が維新の終期をどこに置いているのかについては、「ペリー来航以降の激動を生み出しつづけてきた幕末維新期的状況からの離脱に国家が成功しはじめる時期を一八七四（明治七年）二月佐賀の乱鎮圧に、その完了の時期を明治九年二月、軍事力を擁しての日朝修好条規締結にみる」[*8]、また、西南戦争の勝利によって天皇制国家の原基形態が形成されたとする記述から明らかであろう。

第Ⅴ部では西南戦争後の自由民権運動が、「いかに幕末維新の変革と内在的につながり、またそこでの論理を踏まえて発展していった」[*9]かを福沢諭吉と田中正造に焦点をあてながら考察し、次なる時代である「日本型国民国家」[*10]の確立過程に向けての展望を示している。

本書の特徴を総じて云えば、幕末維新の過程を通じて、世界資本主義―国際政治体制への強制的包摂に対する日本の抵抗と国家的独立のための民族的営為とを、下からと権力内部からの双方の動きに着目しつつ、政治史として一九世紀の世界史のなかにまとめ上げた力作である。

こうして具体的に通史を叙述した三人の研究者は、それぞれの思惑によりつつ明治維新の枠組みを設定し、それに対応するような時期設定を行った。坂野・大野と宮地に共通するのは、現代政治・社会の今日的課題を強く意識しつつ、維新の通史へと取り組んでいった点にあるが、このような問題意識を有していないと、通史の叙述に取り組むというような冒険は難しいのであろう。

以上の通史による具体的な時期区分に加えて、近年、とみに活況を呈している幕末史研究[*11]のなかに、幕末史の節目に関する新解釈を提示している研究があり、明治維新の始期を考える上での有効な素材を提供している。ここでは、その点に限って二、三の研究を振り返ってみたい。

今日の幕末政治史研究に大きな影響を与えた家近良樹は、幕末倒幕運動を一会桑権力を媒介に分析するという視点から、「倒幕問題に主体的に関わった薩長並びに会津藩が中央政局に本格的に登場してくる」[*12]文久期から書きおこし、幕府制の廃止を目指した大政奉還＝公議政体派をも含めた倒幕派・反幕派・討幕派（武力倒幕）を峻別しつつ、王政復古へと至る幕末政治の分析を試みた。

青山忠正は安政以降に「公儀」が公家の政府と武家の政府とに分裂し、その分裂した「公儀」を回復すべく一八六三年に将軍上洛がなされたことを指摘し、「公儀」という歴史用語の検討からみた将軍上洛の年をひとつの劃期として強調している。[*13]いずれの議論も明治維新の起点を文久期に置くと明言しているわけではないが、幕末史における文久期のもつ意味の重大性を提示したものとして、時期区分などとも関連する成果の一つと云えよう。

さらに、ペリー来航を始期とする通説に対する直接的批判も現れた。幕末維新期の対外関係についての著書[*14]もある鵜飼政志が、ペリー艦隊の来航を近代日本の夜明けを促したとする見解を「黒船来航史観」と呼び、明治政府の正当性を強調する歴史理解に外ならないとして、強く批判する。[*15]鵜飼はペリー来航によって発生した諸事情を、幕閣と諸大名との関係などにも言及しつつ日本側の対外的対応を検討し、さらにイギリスやロシア・オランダへの目配りをも加え、当該期の諸問題を構造的に分析している。このような実証的成果が、黒船来航に対する過大評価を戒める基礎となっている。

もっとも、結果論的な指摘になるが、そのこととペリー来航のもつ歴史的位置づけとは必ずしも合致するわけではない。鵜飼は時期区分の問題にも言及しているが、事は世界史的な意味での近代世界における日本の在り方の問題であり、その世界への日本の参入――規定的―被規定的――についての解釈如何に関わることである。いわゆる近代世界システムへと編入された重要な契機としてペリー来航が位置づけられているわけであって、つまり、事はそれほど単純ではない。

そうであるにしても、坂野・大野通史によって新たに一八五八年説が提示されるような状況もみられ、鵜飼が示したペリー来航期をめぐる事実関係の新たな展開と解釈は、当該期の事実認識についての拡がりと膨らみをもたらす成果であり、ペリー来航のもつ意味についても、再検討すべきとの課題提起となっていることは確かであろう。

あるいは、明治維新史学会編『講座 明治維新』第1巻[16]の構成が、一九世紀前半からペリー来航に至る時代を対象として設定していることも、このことと無関係ではあるまい。この第1巻のテーマが「世界史のなかの明治維新」と題され、特に東アジア社会の変容のなかで日本の動向を取り扱ったのは――対ロシア関係をも含めて――、ペリー来航を明治維新起点のオールマイティとすることへの警鐘と受け止めることができようか[17]。

明治維新の始期をめぐる議論は、ようやく新たな展開を迎えようとしている。研究の進展や今日的な状況の変化に対応して、研究者の視点や力点の置き方が変われば、時期区分の在り方も自ずと変更されることになるのであって、決して固定されたものではない。それは、これまでにも多くの研究者が歩んできた途でもある。

終期説についてここでは詳述しないが、本書第二編第三章に示したように、さまざまなバリエーションがあり、今後もそれが続くことになろう。始期においても、かなり一般化していた「ペリー来航」説があらためて検討素材とされたことは、今後の新しい研究成果のなかから多様な始期説が提示される可能性が秘められていると云ってよい。

2　明治維新史論に関して

明治維新という変革期をいかに理解し、それを世界史的な視野に立ってどのように歴史的に位置づけるか、あるいは日本史上に位置づけるかというのが明治維新史論の主要なテーマであり、それらの作業を史学史的、歴史理論的な方法をも駆使しつつ明治維新の歴史像を構築することが、そこでの課題と云えようか。

歴史を論じる以上、史料批判と史料分析を着実に進める実証研究が、その研究の基礎となることは云うまでもない。しかし、実証研究に忠実なだけでは、史論を導き出すことはなかなかに困難である。実証研究の成果を十分に受け止めつつ、その材料を理論的に再構成してゆく作業が必要である。本書の最終節を利用して、このような研究に関する近年の動向について私の感想らしきものを記しておきたい。

この三〇年ほどの間に、明治維新史研究を取り巻く環境は大きく変わった。グランドセオリーの影響力が著しく後退してゆくなかで着実な実証研究が進展したことが、それである。埋もれていた史料の発掘が進み、実証研究の成果が史料批判を呼び起こし、その趨勢が歴史史料の再発見と再分析とを促し、既存の史料の取り扱いに対する疑念も提示されるようになった。かかる実証的成果がこれまでの明治維新史の枠組みに対して修正を求めはじめたのである。こうした研究状況が、新たな明治維新史論を要請していると見做すことができようか。それに加えて、明治維新史学会が創立三〇周年記念大会の開催に際して以下のような提言をしたことは、このことを如実に物語っている。

近年の明治維新史研究は、個別具体的事例の検証という点で著しい発展を遂げる一方で、議論の細分化が進み、相対的・包括的な観点から「明治維新」を捉えることが困難になってきている。このような研究状況を見なおすために、また、三〇周年を区切りとして研究の現状と課題を共有するために、大会テーマとして「明治維新史研究の今を問う――新たな歴史像を求めて――」を設定した。[*18]

あるいは、次のような高木不二の指摘もある。

一つは、過去の研究史との断絶状況である。特に唯物史観に対する、情緒的ともいえる批判的姿勢は、過去の研究成果に対する軽視を生み、その客観的評価を困難にし、克服への道を閉ざしている。

二つは、世界史的視点の欠如である。世界を一元的に、あるいはトータルにとらえようとしたマルクス主義の崩壊は、歴史研究における世界史的視野への関心を失わせ、ある意味で一国主義への埋没を正当化した。

三つは、日本史のなかでの明治維新の位置付けの欠如である。実証研究への沈潜を批判されることがなくなったことにより、世界史のみならず、日本史全般との関係について関心が向けられなくなり、明治維新研究の意味すら問われない状況が日常化している。[*19]

右のような研究状況は、「マルクス主義という巨大な重責がとれた解放感の裏返しである」[*20]と指摘しつつ、上述の状況が生じた所以についても高木は筆を伸ばしているが、そのことは後に触れるとして、いずれの課題設定においても精微な実証研究の飛躍的前進と総体的把握の停滞が強く懸念されており、実証研究の前進によって明治維新をある一局面からみた性格は提示しえても、それを全体像のなかにいかに位置づけるかという議論が停滞しており、その出現を待ち望んでいるようである。

高木が論じたような研究状況が一般化した要因についてはさまざまな事情が考えられるが、教育・研究組織としての大学が置かれた有様の変容のなかからみると、以下のようなことが云えそうである。

戦前日本の大学は、よく知られているように「象牙の塔」と表現されていた。このことは、大学が社会から隔絶した存在であり、世俗の世界とは無縁な研究に従事していることを意味しており、その存在は深遠なものとされていた。したがって、社会性ある発言、特に当時の体制と異なる発言をした場合は、容赦なく政府の干渉が加えられていった。

戦後の「民主化」を経験し、学問・思想の自由を与えられた大学は、冷戦構造の下に置かれた日本の保守—革新の二極構造のなかで、いわばオピニオン・リーダーとしての役割を果たすことになる。そこでは、日米安保体制に対する厳しい政府批判が繰り広げられ、「平和と民主主義」の思想が展開されていった。現実の社会に対する告発を、大学が進んで発言したのである。この時代に一世を風靡したのがマルクス主義史学としての「戦後歴史学」であり、これと共闘関係にあったのが「大塚史学」や「丸山政治学」等の近代主義的社会科学であった。その一方で文部省は、一九六一年の中教審答申に基づく「大学管理法」を強く推進し、戦後の「民主化」の方向を押しとどめ、「大学自治」を縮小しその運営を自らの下に一元化してゆく動きを顕にしていった。また、大衆社会化状況の到来による新たな「人づくり」が経財界から要請され、六三年にはその線に沿って中教審答申が幅広い階層への高等教育の充実を掲げ、大学大衆化の途が切り開かれてゆく。そうした中で六〇年代末には、「大学解体」と「自己否定」の論理を掲げた全共闘運動が高揚し、ベトナム反戦運動や七〇年安保闘争を指導する新左翼諸派の活動とも絡んで、「平和と民主主義」の運動が表皮にすぎなかったことが明らかとなるにおよんで、大学は次第に疲弊の色を漂わせていった。

一九五五~七〇年の高度経済成長の結果、科学技術の進歩、産業経済の発展、社会生活の高度化、国民の教育水準の上昇等々が達成され、それと歩調を合わせるかのように、次第に大学の大衆化が進み、現在ではその進学率が五〇%を越えるまでに上昇し、これからも増大の傾向にある。大学は、こうした社会の変化に対応すべく新たな模索を開始することを余儀なくされた。

かつて、大学は高所から社会の矛盾を告発し、社会のリーダーたるべく自らの存在意義を示してきたが、いまや現実の要請に応えていないとして、社会からの強い批判を受ける立場へと逆転したのである。この勢いに乗じて文部省は、一九九一年七月、大学審議会の答申に基づく大学設置基準の「大綱化」を実施した。「大綱化」によって、専門学部教育と一般教育科目との区分が廃止され、教養部の解体や新学部の創設が相次いだ。これに学齢人口の急減が加わり、九〇年代以降は大学改革の時代となった。改革に大学の生き残りをかけるサバイバル時代がはじまったのである。なかでも将来の研究者として期待される大学院生の確保に、多くの大学が四苦八苦する事態が現前している。[*21]こうして永続的な改革が強いられることになった。それは大学に限られたことではなく、さまざまな企業や組織においても内的な必然性の伴わない外的な強制による改革が強いられているのである。

この間、「冷戦の終結」からソ連邦の解体、湾岸戦争の勃発、イスラム世界の抬頭等々の世界史的な転換を経験し、国内においてもバブル景気とその崩壊、平成不況、五五年体制の崩壊等々の政治社会の変転を経て今日に至っている。労働事情は悪化し、国民生活の安定化にはほど遠い状況にある。

高木はこのような社会環境のなかで歴史に主体的に係わっていこうとする意識が薄れたことを強調しているが、こうした社会的背景が大学における研究環境を変質させ、「学位獲得が就職に不可欠なものとなり、その中で研究成果を短期的にまとめる必要性がでてきた[*22]」ため、時間をかけて研究を深化させることを困難にしたと述べている。つまりは理系スタンダードが歴史学にも要請され、効率的、短期的に論文を書き上げることが求められた結果ということであろうか。

かかる状況下にあっては、積極的な維新史論を提示する若手研究者の出現はなかなかに困難ではあるが、ともあれ、一九九〇年代以降に発表された幾つかの研究動向に触れてみたい。まずは旧来の「日本資本主義論争」を強く意識した維新史論を取り上げる。

最初に大藪龍介による体系的な維新史論を紹介したい。マルクス主義国家論などに関する著書のある大藪が、「講座派」と「労農派」の理論を批判的に克服して通俗的な公式論を斥け、明治維新研究の新境地を開く[*23]と課題設定をした上で、「革命期」の設定、後進国における当該期における複合的発展の見地を方法論として用い、以下のような明治維新解釈を示した。

大藪は服部之総や下山三郎の「上からのブルジョア革命」論を批判しつつ、ドイツにおける「上からのブルジョア革命」を理論的に検討し、この革命について「政府が国家権力を手段として推進する保守的革命、あるいはまた国権主義的な自由主義革命[*24]」と規定し、この観点から明治維新の考察を試みている。

大藪によれば、明治維新の「革命期」は一八六七年の王政復古、維新政府の成立から一八八九、九〇年の帝国憲法制定、帝国議会開設に至る期間とされ、絶対主義段階と初期ブルジョア国家段階とが独特に複合された後進国の近代的発展の特質として認識される。この「革命期」に対する分析視点として大藪は、⑴革命の目標、⑵指導的党派、⑶組織的中枢機関、⑷手段的方法、⑸革命思想を取り上げ、明治維新の場合はそれぞれ、⑴独立と立憲政体の樹立、⑵維新官僚層、⑶政府が主力となった変革、⑷全面的な国家権力の発動、⑸尊王思想—天皇制イデオロギーであったとされる。[*25]

大藪の議論の特徴は、明治維新の国際的環境や対外関係に眼を配りつつ、ドイツやイギリス、フランスの革命とも対比しながら、東アジアの弱小国日本が欧米列強の外圧に対抗してゆく過程が、「歴史的諸段階を圧縮して

なった明治維新を西欧諸国、なかでもフランスのブルジョア革命をモデルにして裁断し、その前近代性を力説する」[*26]単系的発展段階論への強い不信感があり、その点では本書第四、五章で取り上げた「上からのブルジョア革命」説とは異なる理解を示している。[*27]

続けて「日本資本主義論争」を総括的に論じた研究を幾つか検討する。山本義彦は一九九九年に公表した論文で、[*28]「世界史的には大きな構造転換期と考えられる今日、一九二〇―三〇年代の日本資本主義論争（封建論争）が、現実過程の認識方法にとって、いかなる意義を持つものであるかを提示したい」として、この論争が当時そしてその後の社会諸科学に大きな影響を及ぼしたが、「今日の世界と日本の諸現実のもとでの有効性いかんは、ほとんど問い直されることなく推移している」[*29]との問題関心から、「日本資本主義論争」の総括を試みている。

山本によれば、「論争」段階では国際的な視野に基づいて一国経済を分析すべきであるとの認識が不充分であるため、「生産実態と金融・信用部面との総合的把握」についての認識が弱かったとされ、その要因として「野呂栄太郎の視覚が充分に継承されず、山田盛太郎的な視覚が強烈な意味を与えられた」[*30]ことを指摘する。また、「社会運営のルールとしての民主主義変革を永続させることが不可欠」[*31]との立場から、野呂と猪俣津南雄の間でなされた戦略論争――一段階革命か二段階革命か――に関して、猪俣は民主主義の独自の課題を過小に見積もり、野呂は絶対主義による民主制の弱体から一気に民主主義変革を強調する結果になった、との見解を示した。

さらに、「天皇制権力の現実的機能を歴史的に捉えると、絶対主義というには距離がある」「ある意味では、日本の近代化に登場した権威主義的支配の構造としての天皇制、そしてそれはいわば専制国家体制と理解されてしかるべき」[*32]として、「講座派」的な絶対主義論に対しての批判を展開している。その上で「戦前の資本主義論争が提起していた課題の一つは後発途上国家の資本主義化のメカニズム解析への関心であり、この点では野呂、山田を嚆矢とした講座派的視角が、今日の途上諸国分析に有効な視座を提供してきた」[*33]と評価し、その今日的見直しの必要性を説いている。

一九七〇年代末以降征韓論政変（明治六年政変）論争[*34]に一石を投じた毛利敏彦によると、「日本での明治維新研究の基調は、どちらかといえば明治維新における変革的意義の矮小化、つまり不変の側面を強調する傾向がある」[*35]とされ、その変革的側面を強調しながら、以下のように明快な維新史の位置づけを行う。云わく、明治維新とは「近世封建社会の政治的上部構造である幕藩制国家を廃絶し、かわって近代資本制社会の政治的上部構造たるべき近代天皇制国家を創出した国家体制の変革つまり革命であった」[*36]、と。その始期として「幕藩制国家滅亡の直接のきっかけをもたらした」一八五三年のペリー来航を、終期として近代天皇制国家の形成過程が基本的に完了、その形態と性格を国家基本法に確定した時点」である一八八九年の大日本帝国憲法の発布に設定する。[*37]

毛利はさらに「近代」というものに対して、例えば他民族から植民地支配された韓国などでは、「近代化↓民族自立（独立）」の意義を肯定的に捉えているが、日本の場合には「われわれが近代化に懐疑的になれるのは、じつは近代化の恩恵に浴したからであり、もしかしたら一種の贅沢ないし思いあがりなのかもしれない」[*38]と論じているが、この指摘は、「講座派」ならびに「戦後歴史学」が、『資本論』などの記述を基準として近代日本を断罪した方法への批評でもあるのだろう。

大島真理夫による「山崎隆三の学問を振り返る」では、「資本主義論争」に深く関わりをもった大島の師でもある山崎隆三の学問をその出発点から取り上げ、山田盛太郎『日本資本主義分析』に執着しつつも時代の変化に対応して誠実に学問を進めていったことを称えている。そのなかで、筆者の関心ある部分への言及についてみると、山崎の「江戸後期における農村経済の発展と農民層分解」[*39]において、近世期に「萌芽的利潤」が成立しその下での質地地主・小作関係についてその地代の本質は封建地代ではなく高利貸し的収奪であり、日本の地主制が封建的とは云えないと明言し、この地主制論が「講座派」理論と矛盾することから、「講座派」理論の批判的継承へと進み、また、『近世物価史研究』へと展開してゆくと、大島は指摘する。[*40]

その批判的継承[*41]について大島は以下のように議論を続ける。山崎の論点は「講座派」にみられる「経済主義」批判にあり、近代天皇制国家について国家の階級的本質と国家形態を分けて考えるという結論に行き着いたとしつつ、しかし、「『国家の階級的本質』という概念を使うことは、やはり国家の経済主義的理解ではないか[*42]」と疑問を提示し、また、次のようにも云う。「結論的には、『国家の階級的本質』と『国家形態』の区別ということは、近代天皇制をめぐる研究史への決着としては有意義であったかも知れないが、『そこから先が問題』という『先』にすすむためには、『階級的本質』へのこだわりは、むしろ研究の妨げになってしまったのではないか[*43]」とも論じ、山崎が試みた「講座派理論の批判的継承」については「基本的な無理があった[*44]」との率直な感想を示した。[*45]

以上の議論は、旧来の「資本主義論争」を強く意識した維新史論と云えようか。これに対して、次の青山忠正の提言は「論争」からの距離を保ちつつ、今日的な研究方向の課題を提示したものである。

青山忠正は、「講座派」「戦後歴史学」そしてそれを継承した一九六〇年代の維新史研究を史学史的に分析し、そこに共通する「絶対主義」と「変革主体」という分析基軸に対して手厳しい批判を加え、世界史的観点から普遍化した方法、進歩史観からの解放、政治過程研究のさらなる実証的深化が必要だと論じた。[*46] 青山はまた、既成の歴史用語や表記法についても根源的な疑問を提示し、そのことを通して今日の歴史学的枠組みを再検討するという方向を示している。[*47]

最後に、「宇野経済学」からの「日本資本主義論争」の総括について触れておきたい。一九九〇年前後に刊行された『思想の海』シリーズ[*48]において、「日本資本主義論争」関係が二冊収録されている。その二冊とは、青木孝平編『天皇制国家の透視――日本資本主義論争Ⅰ――』[*49]、河西勝編『世界農業問題の構造化――日本資本主義論争Ⅱ――』[*50]である。前者では国家論の定礎、戦略論争、絶対主義論争、幕末維新論争、折衷派と第三の立場、後者ではプチ・帝国主義論争、現段階論争、農業論争、封建論争等々が取り上げられている。

いずれも二段組みで五〇頁近い解説が付されており、論争史の総括としてはたいへん興味深い解釈や分析が多々提示されている。しかし、ここでは論点も多岐にわたっているので個々のテーマには立ち入ることなく、編者の「日本資本主義論争」に対する構え方のみを紹介しておきたい。青木は今日的課題解決の原点として「日本資本主義論争」の意義を、おおよそ以下のように総括する。

資本主義分析の「古典」と「現代」を架橋する新たな座標軸がいまなお痛切に求められているのはいうまでもない。日本資本主義論争における天皇制国家の存立構造の透視は、絶えず再検討されるべき未解決でヴィヴィットなプロブレマティークをわれわれに提供しつづけてくれる。[*51]

一方、河西は、

論争が直面している現実の日本の問題が資本主義の帝国主義段階をこえる現代世界問題であることは、理解されなかった。労農派であれ講座派であれ、日本のマルクス主義が深くレーニン主義に依るかぎり、レーニン帝国主義論の普遍性を疑うことはとうてい不可能だったのである。[*52]

と論じており、論争への評価は低い。河西のこのような総括は、「宇野経済学」の論争に対する立場を代表しているようである。[*53]

以上、明治維新史に関する総体的、総括的議論をみてきたが、今日では『日本資本主義論争』あるいはその背景としてあるマルクス主義に対する評価は一様ではなく、その関わり方は多種多様である。研究の方法や構え方についてもさまざまであり、そこで提示された明治維新史像も同様である。

多様な議論を収斂させることは不要であるが、研究者間の対話を通して拡散したイメージを再検討することは、今後の課題であろう。過去の議論に対しても「旧い」と一刀両断に切り捨てるのではなく、それとの対話を通していかなる視点、方法でかつての研究を止揚すべきかが問われねばなるまい。

註

＊1　坂野潤治・大野健一『明治維新——1858-1881——』（講談社現代新書、二〇一〇年）三〜四頁。

＊2　同右、一九頁。

＊3　同右、二三頁。

＊4　同右、二九〜三〇頁。

＊5　同右。

＊6　坂野は別著において、「戦後歴史学」とは異なり戦前日本近代デモクラシー史にこだわることで、「目の前のデモクラシーの体たらくは、逆に幕末、明治、大正、昭和初期のデモクラシーを輝かせてくれるという効用もある。先輩の世代が戦前日本を暗黒の時代に描くことによって戦後民主主義を輝かせてきたのとは正反対の路を、筆者は歩んでいるのである」（坂野潤治『未完の明治維新』ちくま新書、二〇〇七年、二四三頁）と論じ、さらに「戦後歴史学の暗黒の日本近代史像も間違っていれば、それを単に裏返したにすぎない、体制派知識人の美しき天皇制日本像も事実に反する」（同、二四四頁）と断言しているが、なかなかに含蓄深い。

＊7　宮地正人『幕末維新変革史』下（岩波書店、二〇一二年）四三二頁。

＊8　同右、三二四頁。本書第二編第三章一〇九〜一一〇頁をも参照。
＊9　同右、三五九頁。
＊10　宮地正人「日本型国民国家論」（『21世紀歴史学の創造』2、有志舎、二〇一二年）。ところで、ここに云う「国民国家」なる概念で明治維新を総括したのは、すでによく知られているように西川長夫である（西川長夫「日本型国民国家の形成」、西川長夫・松宮秀治編『幕末・明治期の国民国家形成と文化変容』新曜社、一九九五年、西川長夫『国民国家論の射程』柏書房、一九九八年他）。西川によれば国民国家とは、①原理的には国民主権と国家主権によって特徴づけられ、他国によって主権国家として認められていること、②国民統合のための強力なイデオロギーとそれを支えるさまざまな装置を有する、③他の国民国家との関連において存在するのであって、単独では存在しえない、さらに、④国民国家は断絶（革命）と復古、解放と抑圧、平等と格差、統合と排除、普遍的な原理（文明）と個別的な主張（文化）を有する矛盾的性格を伴っており、それが発展のダイナミズムの根源となりその矛盾の解決を国家の拡大によって図る傾向をもっているため、国民国家の安定や完成は原理上ありえない、⑤国民国家のモジュール性、等々の特徴をもつものとされている（西川、前掲論文、五〜九頁）。こうした西川の議論は、アルチュセールの「国家＝イデオロギー装置」論を軸に、ベネディクト・アンダーソン「想像の共同体」論、ウォーラー・ステイン「近代世界システム」論等々を踏まえたものであり、マルクスに欠けていた体系的な国家論の一部を補完しつつ、多少具体的な近代国家のイメージを提示したものと考えられる。かつてのマルクス主義国家論は、あらためて指摘するまでもなくレーニンによる「国家＝階級支配の機関」「国家＝暴力装置」等の「階級国家」論が、その大勢を占めていた。マルクス主義内部においても、七〇年代以降この型どおりの国家論に対する反省などがあり（廣松渉『唯物史観と国家論』論創社、一九八二年他）、そのような動向のなかからマルクス主義との共生的な方向での国家論的アプローチが、国内外を問わずに進められていった事情がある。西川の「国民国家」論は、かかる研究の現段階における総括的な位置にあると考えられ、近現代史研究の新たな可能性を切り拓いたと云いうるが、歴史学界のなかにはそれに対する的外れで安易な批判も多い。なお、西川の「国民国家」論の評価については、今西一「国民国家論争への所感」（『立命館国際研究』一二―三、二〇〇〇年）、同「ボナパルティズム論から国民国家論へ」（『言語文化研究』一二―三、二〇〇〇年）等を参照されたい。
＊11　一九八〇年代以降の幕末史に関する新たな研究史の動きを紹介している青山忠正によれば、「実証的、理論的な研究が進む

につれて、一九五〇年代以来の枠組みは、実態にそぐわないことが次第に明らかになった」（青山忠正「幕末政治と社会変動」、明治維新史学会編『講座 明治維新』第2巻、有志舎、二〇一一年、三頁）とされ、幕末以降を扱う近代歴史学が依拠した歴史的枠組みが、無自覚的に薩長倒幕史観に基づいたものであったことが明らかにされるなど、研究の進展が著しい。

＊12 家近良樹『幕末政治と倒幕運動』（吉川弘文館、一九九五年）二頁。

＊13 青山、前掲論文。

＊14 鵜飼政志『幕末維新期の外交と貿易』（校倉書房、二〇〇二年）。

＊15 鵜飼政志「ペリー来航と内外の政治状況」（明治維新史学会編『講座 明治維新』第2巻）

＊16 明治維新史学会編『講座 明治維新』第1巻（有志舎、二〇一〇年）。

＊17 ただし、時期区分にあたって、その因果関係を追求し過去への遡及を際限なく推し進めることは、「木を見て森を見ない」愚を犯すことにもなりかねないから、よほど慎重にする必要があろう。区分をする上ではその時代を象徴する事象に着目することの、本質的意味に立ち戻ることが肝要である。

＊18 明治維新史学会編『明治維新史研究の今を問う――新たな歴史像を求めて――』（有志舎、二〇一一年）ⅱ頁。

＊19 高木不二「幕末政治史の研究史から」（同右、三九頁）。

＊20 同右。

＊21 『茨城大学五十年史』（茨城大学、二〇〇〇年）。著者執筆部分の「序章　社会と大学」から一部加筆をして援用。

＊22 高木、前掲論文。

＊23 大藪龍介『明治維新の新解釈――上からのブルジョア革命をめぐって――』（社会評論社、二〇〇六年）一七八〜一七九頁。

＊24 同右、一四〇頁。

＊25 同右、一四頁および一六五頁以下。

＊26 同右、一七一頁。

＊27 永井和は大藪著への書評において、「一九八〇年代には『講座派』の明治維新論は学説としての説得力を完全に失い、いまでは絶対主義論に立つ研究者はほとんど存在しない」「現在の日本史学界の主流と大藪氏の明治維新論は実質内容的にそれほ

ど大きなちがいはなく、後者があくまでマルクス主義の概念体系の中で議論しているのに対して前者はマルクス主義の概念体系に拘束されることをやめてしまった点にちがいがあるだけだ」と論評し、かつ、大藪が自ら設定した「革命期」「複合的発展」という方法論に関しても、「革命期」を「明治維新の視点と終点」と置き換えれば、それ自体は前から議論されて来たことであ」り、「複合的発展」の見地からみれば「革命期」の視点は「開国」にまでさかのぼるべきであると批評している（「書評 大藪龍介著『明治維新の新考察――上からのブルジョア革命をめぐって――』」『季報唯物論研究』九八号、二〇〇六年）。同様の指摘は毛利敏彦による書評からも受けている。毛利はさらに江戸時代日本の市場経済化が相当に進展していることを挙げ、江戸幕府は国民的市場統一を目指した西欧の絶対王政と基本的に共通した歴史的、社会的機能を果たした※として、大藪の江戸時代経済に対する低い評価を戒め、大藪が指摘する史的唯物論の公式からの逸脱論――「明治維新は、生産諸力と生産諸関係の対抗的矛盾、それに基づく経済構造の変動から引き起こされたのではな」く、「外部からの強圧に対応して実現された」（大藪、前掲書、二二二～二二三頁）――に対して、「明治維新全過程を史的唯物論によって合理的に説明できる」と断言して書評を閉じている（「書評 大藪龍介著『明治維新の新考察――上からのブルジョア革命をめぐって――』」『季報唯物論研究』九六号、二〇〇六年）。

※初期の服部之総をも含めて近世を絶対王政の成立とする見解は多いが、特にいわゆる「外国史」研究者からの発言が目を惹く（本書第二編四、五章参照）。近年では岡本明「フランス絶対王政と江戸幕藩体制」（『就美大学史学論集』二六号、二〇一二年）等々。ただし、岡本の場合は、かつての字義通りの「絶対性」は今日のフランス史では否定されており、その新たな研究動向を共通認識として日仏を対比した上での規定である。

＊28 山本義彦「日本資本主義論争――その現代的意義とは何か――」（『静岡大学経済研究』4―1、一九九九年）。

＊29 同右、一頁。

＊30 同右、三～四頁。

＊31 同右、九頁。

＊32 同右、一二頁。

＊33 同右、二一頁。

＊34　毛利敏彦『明治六年政変の研究』（有斐閣、一九七八年）、同『明治六年政変』（中公新書、一九七九年）。なお、征韓論政変の近年における研究については、勝田政治「征韓論政変と大久保政権」（明治維新史学会編『講座 明治維新』第4巻、有志舎、二〇一二年）がある。
＊35　毛利敏彦『明治維新の再発見』（吉川弘文館、一九九三年）二一七頁。
＊36　同右、二頁。
＊37　同右、七頁。
＊38　同右、二一四頁。
＊39　『岩波講座　日本歴史』近世4（岩波書店、一九六三年）。
＊40　大島真理夫「山崎隆三の学問を振り返る――山崎史学私論――」（『経済史研究』一五号、二〇一二年）一八七～一八八頁。
＊41　山崎隆三「『講座派』理論の批判的継承のための序説」（『経済学年報』三五号、一九七五年）、後に山崎隆三『近代日本経済史の基本問題』（ミネルヴァ書房、一九八九年）に収載。
＊42　大島、前掲論文、一九二頁。
＊43　同右、一九三頁。
＊44　同右、一九四頁。
＊45　山崎に対する筆者の見解は本書第二編第四章を参照されたい。
＊46　青山忠正『明治維新と国家形成』（吉川弘文館、二〇〇〇年）二一五～二一六頁。
＊47　同右『明治維新の言語と史料』（精文堂、二〇〇六年）。
＊48　この叢書は日本の近代（一部近世・現代も含まれる）思想史料集（全三一巻）であるが、サブタイトルに「解放と変革」と題されており、これまでの思想史的叢書とは一線を画するようなテーマに溢れている。
＊49　青木孝平編『天皇制国家の透視――日本資本主義論争Ⅰ――』（思想の海へ29、社会評論社、一九九〇年）。
＊50　河西勝編『世界農業問題の構造化――日本資本主義論争Ⅱ――』（思想の海へ30、同右）。
＊51　青木、前掲編著、七頁。

＊52　河西、前掲編著、三〇九頁。また、河西は次のようにも云う。「一九二〇～三〇年代の軍国主義日本の経済的社会的危機にたいして封建制か否かを、あるいは資本主義の発展の程度を争ったにすぎない日本資本主義論争は、大衆の自覚的な社会の創造を、歴史上の物の法則に押し込めて権力的に利用しうるとしたその科学（的社会）主義によって、大衆に忌み嫌われるようになったのである。そのことに現代マルクス主義はなお気がついていないようにみえる」（七頁）。

＊53　「宇野経済学」からの論争総括の視点は、この「論争」に強い不満をもっていた宇野弘蔵によって、「論争」を契機として宇野特有の「段階論」的方法が構想されたということに尽きる。云わば「宇野経済学」の成立過程の一齣として位置づけられている（例えば、降旗節雄『「昭和」マルクス理論　軌跡と弁証』社会評論社、一九八九年、他）。

初出等一覧

はじめに――本書の意図と構成――（新稿）

第一編　本源的蓄積論

第一章　日本的原蓄の理論的諸前提――本源的蓄積の二類型――

旧題「本源的蓄積の二類型――日本的原蓄の理論的諸前提――」（明治維新史学会一九八二年度秋季例会報告）に一部加筆・訂正を施し、『歴史評論』四二七号、一九八五年に発表、後に拙著『日本資本主義と明治維新』（文献出版、一九八八年）に収載

第二章　日本的原蓄の政策体系――資金創出メカニズム――

結　日本的原蓄の歴史的特質

旧題「日本的原蓄の政策体系――維新期の財政金融政策――」（明治維新史学会報告、一九八七年度春季例会報告）に一部加筆・訂正を施し、前掲『日本資本主義と明治維新』に収載

附論一　明治維新経済史研究の方法的基盤

旧題「総論　明治維新の経済過程」（『明治維新史学会編『講座　明治維新』第8巻、有志舎、二〇一三年）、

勝部眞人と共著のうち筆者執筆分

第二編　明治維新史論

第三章　明治維新の時期区分

旧題「時期区分の視座と方法――明治維新の時期に限定して――」（明治維新史学会論集研究会報告、

一九九一年、後に明治維新史学会編『幕藩権力と明治維新』吉川弘文館、一九九二年、その後に拙著『歴史学と現在』文献出版、一九九五年、に収載）

第四章　明治維新論争の今日的地平

明治維新史学会一九八八年度秋季例会報告原稿に一部加筆・修正を施し、『日本史研究』三一七号、一九八九年に発表、後に前掲『歴史学と現在』に収載

附論二　日本資本主義と明治維新

『日本資本主義と明治維新』（前掲）に収載

附論三　地方史研究における理論と実証――経済史的視点からする――

『地方史研究』（二〇二号、一九八六年）、後に前掲『日本資本主義と明治維新』に収載

第五章　最近の明治維新論議をめぐって

韓国・忠北大学校地域研究学術討論会講演「明治維新の歴史的位置」一九九四年、および茨城の近代を考える会一九九四年度例会報告「明治維新の考え方」の二本の報告原稿を基に、『茨城近代史研究』一〇号、一九九五年に発表、後に前掲『歴史学の現在』に収載

第六章　明治維新の歴史的位置

「明治維新――近代化の第二段階――」（学習院大学第一三回史学会大会記念講演の報告原稿を基に、『学習院史学』三六号、一九九八年に発表、後に学術文献刊行会編『日本史学年次別論文集――近現代――一九九八年版』朋文出版に再録）、ならびに「十九世紀の地域史」（近代茨城地域史研究会第一六回例会報告、一九九九年、その後、『地方史研究』三三五号、二〇〇八年に発表）、これらの原稿を基にして明治維新史学

会二〇一〇年度大会で報告、この報告原稿を基礎に書いたものを明治維新史学会編『明治維新史研究の今を問う』（有志舎、二〇一一年）に掲載。

跋に代えて――明治維新史論の現況――（新稿）

あとがき

もう七、八年も前になるが、私の拙い研究蓄積を地域史的な論集ならびに明治維新に関する理論的な著作として、それぞれ一書にまとめようと考え、既発表の文章を整理しはじめたが、公務に振り回されることが多くなり、非力な私にはその作業を進めることは不可能となってしまった。その後も、常に頭の片隅にこのことがあり、いろいろとプランを練っては破棄するなどしていたが、実際の作業はほとんど進捗しないままで昨年三月の定年を迎えてしまった。

この間、思いついた取りまとめのプランが次第に膨らんでいった。そのうちの一つが本書の原型であり、五、六年ほど前に有志舎の永滝稔さんに出版をご相談したところ快諾を得たが、やはり、作業は進まないままにプランの変更などもあり、完成は今日に至ってしまった。永滝さんには、多大なご迷惑をおかけしてしまったことをお詫びしたい。

昨年三月、職場を定年退職した後も、職場の事情で八月まで特命教授として業務に従事した後、九月以降にようやく自由な時間が確保でき、本格的に本書の取りまとめへと着手して、さらなるプラン変更などを経由して、ようやく脱稿した次第である。

本書に収めた論文は、明治維新に関する論争を総括し、その歴史的位置を仮説として提示すること、明治維新や日本の近代をいかに認識するか、を課題としたものであり、史学史的、歴史理論的な視座からアプローチしたものである。その基底にあるのは、歴史へと接近する際の構え方にあると云ってよい。

このような論集を編んだ理由は、本文で重ねて指摘したように、「戦後歴史学」から六〇～七〇年代の「講座派」修正理論の展開を経て、次第に実証主義史学が主流となっていった歴史学界に対する不信と疑問から発している。もちろん、実証史学それ自体に不満があるということではなく、研究者自らが発掘した史実を歴史的全体像のなかにいかに位置づけるか、という作業が欠落していることに物足りなさを感じたわけである。私が所属する明治維新史学会においても、個別具体事例の検証に加えて総体的、包括的に明治維新を捉えることの重要性を指摘しているのは（明治維新史学会編『明治維新史研究の今を問う――新たな歴史像を求めて――』有志舎、二〇一一年）、このことと深く関わりあっている。

右のような研究方向の模索を明治維新史研究の課題の一つと把捉し、これまでに発表した関係論文を本書として取りまとめた次第である。以下、収載論文についてごく簡潔に説明をしておきたい。この三〇年ほどの間に明治維新期を対象とする経済史研究は、計量経済史や在来産業史などによる研究の著しい進展があり、かつては通説的位置にあった日本近世―近代社会の「停滞性」論的な認識は、今日に至ってもはやみる影もない。この事実は筆者にとって、本書第一編第一章に収載したマルクスの本源的蓄積論と日本資本主義形成との関係を論じた旧稿が、この間に批判的に言及されることがなかったことをも含めて、基本的な点において通用するとの感を抱いた。

また、第二編四、五、六章で展開した明治維新史論については、重複する箇所もあるが、この間の研究史の整理としても意味があり、かつ、筆者の思考の変化も反映されているので、ここに収載することにも多少の意義があろうと考えた。「跋に代えて」は、拙稿公表後の研究に言及することで、研究史上の欠を多少なりとも防いだものである。

さらに、ここに収載した論文の多くは、かつて二冊の旧書に分載したものであるが、右のような事情に加えて、旧著を刊行していただいた出版社が解散したこともあって、また、旧稿で取り上げた学界における諸問題がいまだに解決されていない現状をも鑑み、ここにあらためて上梓することにした次第である。

ところで、近年の明治維新史研究、特に幕末史研究は、若手研究者の著しい成長に伴い、多くの研究成果が蓄積されるようになった。そこでは、かつての薩長倒幕派を中心とした幕末政治史に加えて、幕府や諸藩の動向にも眼が向けられ、さらにその関係性についても議論が重ねられるようになり（久住真也『長州戦争と徳川将軍』岩田書院、二〇〇五年）、あるいは幕末期における幕府官吏の世界認識が俎上に載せられるなど（奈良勝司『明治維新と世界認識体系』有志舎、二〇一〇年）、旧来の幕末史研究の方法からは一歩も二歩も踏み込んだ新たな視点が提示され、貴重な成果に結びついている。

あるいは、「幕府無能」論が取りざたされ、それとは対極的な「幕府有能」論が主張されるようにもなり、幕府の対外的対応策や諸外国の動向などが詳細に検証される成果を生んだ。今日では、その有能・無能の論理的地平をも超えて当該期徳川政権の国内的・対外的な動向が、さらに掘り下げられた究明が展開されている（明治維新史学会編『講座 明治維新』第1、2巻、有志舎、二〇一一〜一二年）。もちろん、若手に限らず中堅、ベテランの研究者による研究によっても「跋に代えて」において記したように、既存の研究枠組みの見直しが図られ、新史実の発見、再解釈が進められている。家近良樹による幕末期朝廷の実情や新たな孝明天皇像の提示等（家近良樹『幕末の朝廷』中公叢書、二〇〇七年）も、その一例であろう。

今日の現況は、個別テーマに関する新しい史実の提供と旧来の明治維新史研究の枠組みに対する強い疑念も提示されており、この実証的成果が蓄積されてゆくことで、新たな明治維新史像の構築に繋がってゆく日もそう遠くはあるまい。

明治維新の経済史的研究についても、一言附しておきたい。この分野において筆者が主張するような「本源的蓄積」論からする言及はほとんどみられないが、谷本雅之に代表される在来産業研究や、坂根嘉弘による日本近代史における伝統社会（家・村）の新たな解釈等々の成果により、農村史等のイメージは様変わりし、かつてのそれとは著しく異なった拡がりをもつ歴史像が提示されている。こうした近年の動向は、筆者の議論との交錯も十分に可能となったのではないかと考えるのであるが、これは筆者の独りよがりであろうか。

重ねて云うが、「講座派」「戦後歴史学」以来の通説に対する批判的検討というのが本書のスタンスであり、「近代」という時代に対する認識方法の違いを示すことを課題としている。この「近代」への視点を変えれば、それは決して文字通りの「自由」「平等」をもたらした社会ではなく、「奈落」（宮崎学『近代の奈落』解放出版社、二〇〇二年）や差別がうずまく階級社会でもあった。それは日本や後発諸国に限らず、いずれの地域、社会においても同様である。「近代」とは矛盾の凝集体であると云うのが、筆者の認識である。これまでの歴史学や社会科学は、それぞれの地域や社会、国家における「文化」の相異を、すべからく「文明」の発展度に解消する思考に陥り、それが後発国に対する過剰とも云える「後進性」を烙印したものと考えている。

したがって、本書では明治維新の近代性がつとに強調されているが、それは維新の成果を最大限に賞賛することが目的なのではなく、むしろ、維新後にも継続された伝統社会が、しかし、その後の資本主義的発展のなかに包摂されてゆく過程で変質し、資本主義と共存してゆく現実を、日本の近代として捉える第一歩として、明治維新の近代化を位置づけたのである。

このような歴史学界ではあまり流行らない議論を訴えている筆者に、分け隔てなくお付き合いくださった明治維新史学会の方々や、研究者として駆け出しのころから自由に勝手気ままなテーマに取り組んでいた愚者に対して、暖かく見守ってくださった九州大学名誉教授の丸山雍成先生にお礼申し上げたい。

末筆ながら、学術書出版が困難な時代に本書出版のご理解をいただき、また、完成原稿の遅れを厭わずにお待ちいただいた有志舎社主の永滝稔さんにも深甚の謝意を表したい。

佐々木寛司

二〇一五年一月吉日

索　　引

〈事　項〉

あ　行

一元的な土地所有　22, 25, 155
インフレ（ーション）　65, 67, 72
上からの資本主義化　4, 31, 34
上からのブルジョア革命（改革）　5, 134, 154, 158
エンクロージャ　23, 28, 29, 95, 96, 181
王政復古　115, 187
大蔵省兌換証券　54

か　行

「階級均衡」説　157
開港　115, 240
外国荷為替取組　65
開拓使兌換証券　54
学制　226
過渡期　6
貨幣地代　92
為替会社　54, 59, 60, 82, 83
願石代　74
慣習保有農（Custmary tenants）　15
議会（国会）開設　106, 115, 117, 221
起業公債　57
旧慣禁止　230
旧貢租額の維持　228
旧直轄県　224
九分利付外国公債　57
共同体　93, 181, 197, 218
金銀複本位制　72
銀行類似会社　62, 84
金札引換公債証書　61
金札引換公債証書発行条例　61
近代化の第二段階　5, 198, 233
（近代）世界システム　5, 39, 175, 255
近代的租税　128
近代的土地所有　22, 23, 43, 75, 155
近代天皇制　251
金納　75
金本位制　72
銀本位制　72
金禄公債　57
金禄公債証書発行条例　57
組合（村）　218
経済外的強制　15, 24, 43, 155, 181, 187
経済決定論　142, 201
計量経済史　63, 64, 93, 163
原蓄の類型化　46
厳マニュ時代（段階）　89, 92, 93, 128
後期原蓄　21, 22, 28, 32, 33, 64, 84, 88, 153
公債　56, 77, 116
後進国型原畜　4, 22, 29, 33, 43, 98, 124, 154
後進国型ブルジョア革命　5, 156, 161
後進資本主義国　32
貢租　25
高利貸資本　25
雇役制　42
雇役制的労働報酬体系　32, 98
石代納　73, 75
石高制　25, 40, 72, 217
国民国家（論）　5, 192, 194, 215, 219, 234, 255
国立銀行　58, 61, 62, 67, 84, 97, 117
国立銀行券　54, 62
国立銀行条例　61
国立銀行条例再改正　72
国立銀行条例の改正　54, 62, 63
戸籍制度　117, 188
国家―国民関係　182, 187
古典派的残滓　20, 38

さ　行

再版農奴制　42, 43
在来産業　93
在来的経済発展　94
雑税　75
三新法体制改正　236
三分割制　17, 43
時期区分　4
資金（資本）創出　27, 29, 32, 33, 64, 78, 98, 116, 124, 153
自己の労働に基づく私有　3, 15, 16, 17, 18, 33, 35, 44, 92, 203

市制・町村制　228
地主―小作関係　30, 96
地主―小作的分解　24, 26
地主制　17, 25, 46, 93, 96, 128, 178, 252
紙幣整理　67, 68, 72, 85
資本主義　117, 220
資本主義的世界体制　140
市民社会　180, 202, 203, 206
市民社会論的本源的蓄積　91
四民平等　227
一九世紀史　212, 216
従属理論　36
自由な自営農民　14
一八、一九世紀的世界　144
自由保有農（freeholders）　15
準備金　65, 84
小営業段階　90, 92, 128
定永納　74
小経営的生産様式　38
商人資本　23, 27, 77, 92
商法会所　58, 82
商法司　58, 82
殖産興業　30, 34, 56, 76, 79, 80, 83, 84, 117
新貨条例　72, 83
新旧公債　56
新政反対一揆　230
スターリン批判　133
西欧化（政策）　117, 229
西欧的近代（化）　6, 198, 222, 229, 232
生産物地代　92
西南戦争　105
政府（不換）紙幣　54, 61, 62, 67, 68, 116
世界市場　22, 43
世界史の基本法則　130, 133, 140, 162
絶対主義　5, 93, 104, 111, 126, 127, 130, 135, 138, 144, 154, 174, 199, 211
前期原蓄　21, 22, 24, 26, 84, 87, 89, 153
（先進国型）原蓄　22, 28, 29, 33, 98, 153
占有権　24, 25
草創期の維新財政　48, 51
想像の共同体　234, 255
総代制　228
租税国家　86, 97, 188

た　行

大区小区制　218, 228, 231, 232, 236
兌換銀行券　62, 71
兌換制度　61, 62, 72
太政官札　48, 52, 53, 54, 82
脱亜入欧　118
（単線的）発展段階論　94, 183, 212
地域史　170
地租改正　4, 74, 75, 76, 86, 90, 97, 117, 128, 145, 154, 187, 226, 231, 235
地租改正一揆（石代価引き下げ一揆）　228, 230
地租改正の理念　228
地租金納制　228
地租負担の公平　228
秩禄公債　57
秩禄処分　76, 97, 123, 188
（地方）三新法　232, 236
地方史　162, 170
徴兵制　117, 188, 226, 227
徴兵逃れ　227
直輸出　65
通商会社　59, 60, 83
通商司　59, 60, 82
定期借地農（leaseholders）　15
（帝国）憲法発布　106, 108, 115, 117, 122, 221
定石代　74
「停滞性」論　64, 92, 93, 163
デフレ　65
伝統的（慣習）世界　6, 232
天皇制（絶対主義）　127, 176, 211
謄本保有農（copyholders）　15
独立自営農民　14, 15, 32, 37
独立農民層　14
土地所有権の公認　228
土地税制　72

な　行

中山鉄道公債　57
二重の意味で自由な労働力　21, 155
日清戦争　110, 115, 117, 123
日朝修好条規　109, 116, 233, 242
日本銀行　68, 70
日本資本主義　124
（日本）資本主義論争　1, 6, 90, 91, 126, 154, 174, 210, 249
日本的近代（化）　6, 213, 229, 232
任意保有農（tenants at will）　15
「農業停滞性」論　87
農奴主的国家体制　31
農民的所有　25

農民的占有権　113

は　行

廃藩置県　57, 60, 74, 83, 104, 116, 224, 225
版籍奉還　116, 224
半プロ（小作）農家　30, 32, 97, 98
半封建性（制）（的）　94, 127, 145, 178
半封建貢租　128
半封建的土地所有　163, 167
不換紙幣　61, 62, 77
複合革命　205
富国強兵　30
物納　75
不徹底なブルジョア革命　5, 110, 127, 157, 186, 211
府藩県三治　232
フランス革命　140, 191, 219
ブルジョア革命　6, 111, 115, 126, 131, 138, 139, 144, 154, 174
ブルジョア民族主義革命　139
プロレタリアートの創出　27, 29, 32, 33, 97, 98
プロレタリアートへの転化　21, 28, 29, 46
文化革命　139
分割地所有　14
文明化　227
米納　73
平和と民主主義　247
ペリー来航　107, 108, 115, 122, 221, 242, 243, 251
封建的（領主的）束縛　16, 21
戊辰戦争　115
本源的蓄積（原始的蓄積、原蓄）　2, 3, 4, 10, 13, 21, 22, 23, 27, 77, 88, 91, 92, 98, 128, 217

ま　行

松方デフレ　68, 85, 97, 117
マニュファクチュア（段階）　21, 28, 89, 90, 95
未完の（ブルジョア）革命　139, 186
民主主義革命　160
民部省札　54
明治一四年の政変　115, 240

や　行

安石代　74
唯物史観　142
ヨーマン（ヨーマンリ）　14, 16
横浜正金銀行　64

ら　行

琉球処分　109, 116, 233
領有権　16, 24, 25, 113
流民（層）　23, 26, 95
歴史的類型　169
歴史理論　3
連合戸長役場制　231
労働地代　92

〈人名・学派名〉

あ　行

青木孝平　99, 253, 258
青山忠正　243, 252, 255, 258
朝倉孝吉　63, 64, 84
浅田毅衛　39
安孫子麟　46
安良城盛昭　46
淡路憲治　35
アンダーソン・ベネディクト　223, 234, 235, 255
安藤春夫　86
飯沼二郎　159, 199
家近良樹　149, 242, 256
石井孝　122, 123
石井寛治　44, 106, 120, 156, 235
井上勲　7, 186, 204
井上勝生　148
井上清　103, 111, 118, 119, 124
猪俣津南雄　250
今西一　194, 206, 255
岩本純明　38
岩本由輝　94, 99
上山春平　121, 159
ウォーラースティン・イマニュエル　5, 39, 43, 100, 175, 183, 201, 255
鵜飼政志　243, 256
宇野学派（宇野経済学）　1, 2, 147, 171, 211, 253, 259

宇野弘蔵　1, 34, 35, 39, 99, 100, 146, 259
梅村又次　84
ウルティア・M　138
海野福寿　12, 13, 18, 20, 33, 35, 38, 99
遠藤湘吉　86
大石嘉一郎　46, 121
大石慎三郎　41, 158
大内力　1, 43, 44, 81, 86, 146, 158, 171
大内秀明　35
大隈重信　68
大島清　43, 81, 146
大島真理夫　251, 258
大谷瑞郎　1, 39, 41, 44, 147, 158, 170, 208
大塚史学　18, 20, 37, 140, 172, 247
大野健一　239, 254
大野節夫　39
大藪龍介　249, 256
岡本明　202, 257
奥田晴樹　236
尾佐竹猛　107, 120
織田一朗　236
越智武臣　36, 37
小野英祐　146

か　行

戒能通厚　38
笠谷和比古　203, 207, 219, 235
楫西光速 , 43
勝田政治　258
勝部眞人　100
加藤節　235
加藤俊彦　43, 81, 83, 85
加藤尚武　149
河西勝　253, 258
菅野和太郎　82
ギブニー・フランク　139
桐村彰郎　160
久留島浩　207
桑原武夫　139, 159
講座派　1, 5, 89, 90, 103, 126, 127, 130, 137, 140, 164, 166, 168, 202, 211, 234, 249, 251
河野健二　138, 139, 141, 142, 159
小島恒久　89, 171
小島亮　147
後藤靖　134, 148, 201
小林正彬　86
小山弘健　157

さ　行

斉藤修　37
向坂逸郎　157
桜井哲夫　147
佐々木克　80, 191, 206, 235
佐々木潤之介　42
佐々木力　145
佐々木寛司　45, 46, 100, 158, 170, 204, 235, 236
薩長討幕史観　256
鯖田豊之　87, 88, 89
サプルイキン・ユーリ　40
沢田章　80, 81
椎名重明　16, 37, 38, 163, 170
柴垣和夫　43, 159, 206, 235
柴田三千雄　140, 209
芝原拓自　86, 122, 134, 135, 148, 206
下山三郎　134, 147
ジャッセン・M　139
正田健一郎　193, 206
白杉庄一郎　157
新保博　60, 82, 83, 84, 170
杉山和雄　60, 82, 83
鈴木鴻一郎　36
鈴木博　171
隅谷三喜男　44
関順也　48, 80, 158
戦後歴史学　1, 5, 90, 130, 131, 132, 137, 140, 174, 202, 211, 234, 247, 252
千田稔　48, 80, 81

た　行

高木不二　246, 256
高久嶺之介　236
高橋亀吉　81
高橋誠　85
高村直助　46, 124
滝沢直七　82, 85
武田隆夫　86, 146
田中彰　108, 122, 135, 137, 148, 189, 199, 205
田中豊喜　16, 37
谷本雅之　94, 100
玉城哲　88, 89, 94, 99
田村貞雄　124, 171
遅塚忠躬　140, 141, 174, 199, 201
筑波常治　88, 89
土屋喬雄　157

角山栄　44
鶴巻孝雄　235
寺西重郎　85
暉峻衆三　158
トーニー，リチャード・ヘンリー　15, 36
遠山茂樹　104, 108, 110, 119, 121, 124, 136, 157
冨岡倍雄　43

な　行

永井和　256
中井信彦　52, 81
永井道雄　138
長岡新吉　158, 171
中村吉治　41, 73, 85
中村哲　42, 57, 60, 81, 83, 105, 120, 158, 189, 205
中村隆英　81, 146
中村政則　41, 45, 46, 93, 99, 134, 135, 148, 159, 164, 170, 183, 199, 204
中山弘正　44
奈良勝司　7
西川長夫　187, 192, 204, 206, 234, 255
丹羽邦男　41, 60, 81, 83
野呂栄太郎　123, 171, 250

は　行

旗手勲　94, 99
服部之総　89, 99, 107, 120, 134, 136, 157, 201
羽仁五郎　136
林健久　86, 158, 204
速水融　170
原口清　138, 149
原田純孝　38
坂野潤治　123, 239, 254
日高晋　171
秀村選三　41, 85
尾藤正英　203, 208
日南田静真　44, 100
平田清明　19, 20, 35, 91, 99, 202
廣松渉　255
フィッシャー，Ｆ・Ｊ　40
フェドセイエフ・Ｐ　139
福富正美　10
福留久大　37
藤田五郎　93, 99
藤村通　45
船山栄一　40, 100
古島敏雄　42
星埜惇　134, 148
堀江英一　18, 36, 37, 105, 119, 157

ま　行

牧原憲夫　38
松尾正人　80
松方正義　68
松村幸一　17, 37
マルクス・カール　2, 3, 10, 11, 14, 38, 39, 86, 89, 99, 128, 142, 165
マルクス主義（史学）　132 142, 246, 255
丸山政治学　247
宮崎克則　199
宮地正人　109, 122, 241, 254, 255
室山義正　85
明治維新史学会　244, 245, 256, 265
毛利敏彦　80, 108, 121, 164, 171, 190, 206, 251, 257, 258
望月清司　35

や　行

矢木明夫　40, 235
安田浩　149
安丸良夫　235
山口和雄　235
山口徹　42
山崎春成　134, 148
山崎隆三　42, 134, 148, 159, 163, 171, 251, 258
山下直登　35
山田盛太郎　171, 251
山根誠一郎　45
山之内靖　12, 13, 18, 20, 33, 35, 36
山本哲三　35
山本博文　199
山本義彦　250, 257
吉川秀造　81

ら　行

ラティシェフ・Ｉ　139
ルフェーブル・フェルナン　205
労農派　1, 5, 126, 127, 130, 157, 211, 249
呂万和　110, 123

わ　行

渡辺尚志　235
渡辺寛　40, 43, 44, 100
和田春樹　44

佐々木　寛司（ささき　ひろし）
1949年生まれ．学習院大学大学院人文科学研究科博士課程単位取得満期退学，文学博士（九州大学），現在，茨城大学名誉教授
主要著書：『日本資本主義と明治維新』（文献出版，1988年）
『地租改正』（中公新書，1989年）
『歴史学と現在』（文献出版，1995年）
『近代日本経済の歩み』（吉川弘文館，1995年）
『茨城の明治維新』（編著，文眞堂，1999年）
『国民国家形成期の地域社会』（編著，岩田書院，2004年）
『講座　明治維新』第8巻（共編著，有志舎，2013年）

明治維新史論へのアプローチ
――史学史・歴史理論の視点から――
2015年4月25日　第1刷発行

著　者　佐々木寛司
発行者　永滝　稔
発行所　有限会社　有　志　舎
〒101-0051　東京都千代田区神田神保町3丁目10番、宝栄ビル403
電話　03（3511）6085　　FAX　03（3511）8484
http://www18.ocn.ne.jp/~yushisha
振替口座　00110-2-666491
DTP　言海書房
装　幀　伊勢功治
印　刷　中央精版印刷株式会社
製　本　中央精版印刷株式会社

ISBN978-4-903426-94-5